世界货币史丛书（第一辑）　石俊志◎主编

古代阿拉伯货币史

刘文科 著

经济管理出版社
ECONOMY & MANAGEMENT PUBLISHING HOUSE

图书在版编目（CIP）数据

古代阿拉伯货币史 / 刘文科著 . —北京：经济管理出版社，2023.10
ISBN 978-7-5096-9391-9

Ⅰ.①古… Ⅱ.①刘… Ⅲ.①阿拉伯国家—货币史—古代 Ⅳ.①F823.719

中国国家版本馆 CIP 数据核字（2023）第 205632 号

组稿编辑：王光艳
责任编辑：李红贤
特约编辑：黄希韦
责任印制：黄章平

出版发行：经济管理出版社
（北京市海淀区北蜂窝 8 号中雅大厦 A 座 11 层 100038）
网　　址：www.E-mp.com.cn
电　　话：（010）51915602
印　　刷：北京市海淀区唐家岭福利印刷厂
经　　销：新华书店
开　　本：880mm × 1230mm / 32
印　　张：13
字　　数：303 千字
版　　次：2024 年 5 月第 1 版　2024 年 5 月第 1 次印刷
书　　号：ISBN 978-7-5096-9391-9
定　　价：68.00 元

世界货币史丛书
编委会

总 序

理论来源于实践。

货币学理论来源于已经发生的千千万万的货币活动实践，而这些货币活动实践被记载在历史文献中，又被出土的相关文物所证实。

人们从浩瀚的历史信息中寻找货币的起源、发展、演变的普遍性规律，从而产生了货币理论。

货币理论不能依赖一个国家、一个时期的货币实践，而是应该从更为广阔的视角来寻找、分析和总结。只有采用全时空的视角，横向全世界，纵向几千年，对货币的发展过程进行全方位的观察和研究，才能发现其中的普遍性规律，得出科学、准确的结论。

关于货币的这种广视角、全方位的研究学科，便是世界货币史。

为了推动世界货币史学科的发展，获得世界各国货币起源、发展、演变的相关知识，我们邀请了一批国内金融学、法学、历史学和外国语的专家学者，经过认真广泛的调查收集，筛选了一批外国货币史著作，并将其翻译成中文，汇编成“外国货币史译丛”出版，介绍给国内读者。

基于“外国货币史译丛”中的史料知识，通过对世界各国货币史的研究，结合世界各国出土的古代货币实物，以及世界各国货币发展、演变的历史背景，我们针对一些古代国家的货币史以及世界货币史的一些专题，开始撰写一批专著，以“世界货币史丛书”的名目陆续出版。

我们相信，“世界货币史丛书”的出版，对于我国货币理论的研究，以及我国关于世界各国历史、政治、经济和文化的研究，有一定的参考价值。

石俊志

2022 年 10 月 28 日

序

横跨欧、亚、非三大洲的阿拉伯帝国，在世界历史包括世界科技史上占有重要地位。古代阿拉伯货币史作为世界经济史的重要组成部分，对于重构世界经济和社会史尤其是“一带一路”史具有重大意义。

众所周知，“汉志商道”对于沟通东西方贸易起到了重要作用，阿拉伯人自古以来就有商业精神，伊斯兰教亦鼓励远游经商和勤俭创业。而货币对于商业经济的发展和繁荣至关重要，善于学习的阿拉伯人学习拜占庭和波斯，仿制金币和银币。公元7世纪末倭马亚王朝开始打造阿拉伯货币，开启了阿拉伯货币的漫长历史之旅。本书在扼要评述古代阿拉伯历史后，以金银钱币实物研究为基础，辅以文本研究，采用跨学科研究方法，深入研究阿拉伯货币制度和货币文化，重构古代阿拉伯货币经济史。从研究的时间跨度看，往前追溯伊斯兰教出现之前阿拉伯半岛货币史，往后梳理阿拉伯货币制度在奥斯曼帝国、萨法维王朝和莫卧儿王朝的存续，以及对于非洲和欧洲的影响，既体现了历史发展的延续性，又展现出人类文明互学互鉴的宏伟历史画卷。

作为一部货币专门史，本书重点研究古代阿拉伯货币制度、钱币形制与重量标准、货币职能、货币流通，书写出一部古代阿拉伯货币经济生动翔实的发展历史。或许美中不足的是，个别地方资料欠缺，勾勒的历史画面不够清晰。但总体而言，本书的出版，填补了阿拉伯货币史研究的空白，有力地推进了阿拉伯经济和社会史研究。

是为序。

毕健康

中国社会科学院世界历史研究所研究员

前　言

公元6世纪末7世纪初，伊斯兰教在阿拉伯半岛兴起。穆罕默德去世后，国家依次由四位推选的继承人（哈里发）统治，在此之后，阿拉伯人建立了一个横跨亚、非、欧的广大帝国，史称阿拉伯帝国。阿拉伯帝国先后经历了两个世袭哈里发王朝，即倭马亚王朝和阿拔斯王朝。

以经商闻名于世阿拉伯人，早在伊斯兰教兴起之前，就开始使用其他国家的货币，或者仿制其他国家的货币经商。到了倭马亚王朝时期，哈里发马利克创立了阿拉伯帝国的货币制度，发行了金币第纳尔和银币狄尔汗。对于阿拉伯帝国的金币和银币制度所产生的重要影响及其在世界货币史上占有的重要地位，只有在经过细致的整理之后才能得出让人意想不到的结论。

通常认为，货币具有五种职能，首先是价值尺度，然后是流通媒介、支付手段、贮藏手段和世界货币。价值尺度是这些职能的前提。货币作为流通媒介，是从其动态功能角度来理解的。货币在商业交易中作为中介流通，促进交易的发生与发展，使社会产品流动起来。可以说，凡是经济发达、文化昌盛的国家或者地区，货币经济本身一定是发达的。而货币经济衰退，也一定伴随文明的“黑暗”。货币作为财富的贮藏手段，则是从其静态功能角度来理解的。尽管在许多历史时期，人们憎恨财富的聚集者因为财富而获得权力、变得堕落，但是财富的积累促进了商业组织的形成与发展，并且催生了金融行业的诞生。而接下来，商业组织与金融又将人类文明引领向一个新的时代。货币是一种制度，基于这种制度，商品获得流通，商业组织纷纷建立，资金不断积累，生产与流通从自然经济走向市场经济。文明之间的交流伴随货币制度的传播，弥补了自发力量的不足和制度的缺陷，使历史上不同文明在不同程度上完成了若干全球化的进程。当然，历史的发展也并不总是直线上升的，货币制度也同样有倒退，进而导致经济活动以及文化不同程度的倒退。

本书以古代阿拉伯国家的货币史为主线进行研究，尝试从不同的历史文献和前人的研究成果中，对这个主题得出一个一般性的框架。也正因如此，本书的范围不限于四大哈里发时期、倭马亚王朝与阿拔斯王朝的货币史，还包括伊斯兰教兴起前阿拉伯半岛的货币史，以及阿拔斯王朝时期独立存在的西班牙倭马亚王朝、法蒂玛王朝、军事割据的半独立王朝的货币史。在阿拔斯王朝被蒙古人消灭之后，阿拉伯货币制度以及伊斯兰样式的钱币并没有消失，而是在历史上持续影响了几个世纪，因而本书对阿拔斯王朝之后的伊斯兰国家货币史也进行了简单的梳理。

具体到逻辑上，本书大胆模仿了将近一个世纪之前彭信威先生在写作《中国货币史》时的研究思路，因为直到今天，仍很少再有这样严谨而广博的货币史著作问世。由此，本书第一章简要回顾了阿拉伯帝国以及独立王朝和割据王朝的历史；第二章研究了阿拉伯帝国货币制度的产生与发展，以及阿拔斯王朝时期各独立王朝与割据王朝的货币制度；第三章重点研究了货币的形制、重量标准、货币重量与成色的变化，同时关注伊斯兰经济思想中与货币经济有关的理论和与钱币学相关的问题；第四章研究了阿拉伯货币诸职能的表现；第五章重在借助欧文·费雪的货币理论研究阿拉伯货币的购买力和货币流通问题；第六章研究了阿拉伯货币制度的传承及其在世界各地的影响。

本书的写作，首先也是最重要的，得益于石俊志老师的鼓励与帮助。近年来，我们一起探讨货币史问题，亦师亦友。在本书中，对于金属货币信用化的相关研究，得益于石俊志老师最新成果的启发。在石俊志老师的带领下，渐渐地，对世界货币史研究产生兴趣的同志越来越多。于是大家分头工作、各领任务，开始对世界各国货币史进行专门研究。这也是本书写作的缘起。我们相信，世界货币史将在石俊志老师的带领下，逐渐从无到有，发展为一个成熟的学科。

与上一次研究贵霜王朝货币史不同，古代阿拉伯历史的研究资料较为丰富。尽管如此，有关古代阿拉伯国家的货币史，可供研究的素材并不能使用“丰富”来形容。有一些很关键的核心问题，货币史学家竟然十分默契地保持沉默，或是说含糊其词。对此，我只能通过数学上的推演，提出一些理论上的假设。尤其是遵照丛书主编石俊志老师的叮嘱，我在这本书中对度量衡制度以及货币重量制度的演化问题格外关注。这也就意味着，如果说在《贵霜王朝货币简史》一书中我重在通过钱币重现贵霜王朝的历史，那么在本书中我希望更多地借助货币理论探讨古代国家的货币制度和经济制度，以及货币制度的传承与发展。世界货币史同时也是全球史的一部分，我们不能只见树木不见森林。在从微观上讨论钱币细节的同时，我们更应当从宏观上对货币制度的全球交流与发展以及货币经济的全球发展史得出科学的结论。这也是货币史这门历史学科的重要意义所在。

在此还要感谢经济管理出版社王光艳老师长期以来对本人的支持与帮助。感谢本书责任编辑李红贤老师为本书所付出的辛勤劳动。

本书在写作过程中获得了许多朋友的帮助，特别是前辈李铁生先生的关怀与帮助，钱币专家曹光胜先生、寅龙先生的无私帮助和指点，使本书避免了许多错误，在此表示由衷的感谢。受本人学识所限，再加上语言的障碍，本书可能会有错误存在，在此也恳请读者批评指正。

目 录

第一章

历史概况

战争中生下来的孩子也将终生不幸，

他们将把父种下来的恶果承继。

伊拉克的乡镇会让人们获得金钱银币，

战争带来的只有祸患，使你们一贫如洗。

——组海尔（约公元 520—609 年）《悬诗》（节选）

国际组织阿拉伯联盟成员为 21 个：阿尔及利亚、阿联酋、阿曼、埃及、巴勒斯坦、巴林、吉布提、科威特、黎巴嫩、利比亚、毛里塔尼亚、摩洛哥、沙特阿拉伯、苏丹、索马里、突尼斯、叙利亚、也门、伊拉克、约旦、科摩罗。如果以我们今天的眼光观之，穆斯林世界的地域范围要大于阿拉伯半岛，这是阿拉伯人在公元 7 世纪之后对外扩张的结果。

中东（Middle East），地域上包括东北非、西亚和东南欧相交的地区。今天的中东地区，包括土耳其、埃及、巴勒斯坦、以色列、黎巴嫩、叙利亚、约旦、伊拉克、沙特阿拉伯、也门、阿曼、阿联酋、卡塔尔、巴林、科威特、伊朗。在这 16 个国家中，除了以色列，都是以穆斯林人口为主的国家。这些中东国家构成了伊斯兰世界的核心区域。尼罗河上游的苏丹以及北非的利比亚、突尼斯、阿尔及利亚、摩洛哥是非洲阿拉伯国家。中东 16 国加上非洲 5 个阿拉伯国家，可以合称为“文化中东”。在这 21 个国家中，除了以色列，都是穆斯林国家；而除了土耳其、伊朗和以色列，其余 18 个都是阿拉伯国家。[①] 所以，这里首先要说明的是，现代意义上的阿拉伯国家和穆斯林国家并不是一个完全重合的概念，穆斯林国家是指人口以信仰伊斯兰教为主的国家；而阿拉伯国家，则是在文化上属于阿拉伯文化，语言上说阿拉伯语的国家。土耳其尽管以穆斯林为主，但土耳其人属于突厥人，说土耳其语。伊朗人则属于波斯人，说波斯语。除中东地区之外的穆斯林国家，如阿塞拜疆、吉布提、索马里，在人种上都不属于阿拉伯人。

历史上，阿拉伯人兴起于阿拉伯半岛，经过若干对外征服与扩张，阿拉伯帝国横跨亚、非、欧，成为中世纪的大帝国。本书讨论的是历史上的阿拉伯帝国以及帝国分裂后形成的古代伊斯兰教国家。

第一节 伊斯兰教的兴起与哈里发国家的建立

一、早期阿拉伯人

“阿拉伯”一词的意思是“沙漠”。阿拉伯人，则是指游牧人（贝都因人），和定居人对称。[②] 阿拉伯人与犹太人都是闪米特

① 张信刚:《大中东行纪》(修订版)，广西师范大学出版社 2011 年版，第 4—5 页。

② 纳忠:《阿拉伯通史》(上卷)，商务印书馆 1997 年版，第 1 页。

人，属欧罗巴人种—地中海类型。历史上，闪米特人还有巴比伦人、迦勒底人、腓尼基人。闪米特人大约在公元前 3500 年进入两河流域，巴比伦文明由此兴起。巴比伦人给后人留下的度量衡制度和六十位进制[①]，是地中海世界钱币的重量标准和数理逻辑的起源。公元前 5 世纪古希腊史学家希罗多德的《历史》中就对阿拉伯人有所记载。他说：

阿拉伯人比任何其他民族都更加虔诚地遵守誓约。他们用这样的方法来保证他们信守誓约。当两个人要发誓缔结友谊的时候，由第三个人站在双方中间，用一块锐利的石刀在双方各自的手掌上的中指附近划一刀，然后从两人的衣服上分别撕下一块布条，把布条都蘸上血，然后再用它把摆放在他们之间的七块石头都抹上血，与此同时口中高呼狄奥尼索斯和神圣的阿芙洛狄忒的名字。在这之后，缔结友谊的人便把这位异邦人（或者是本国公民，如果他是公民的话）介绍给他所有的朋友，而这些朋友自己也认为必须信守这种誓约了。[②]

宗谱学家认为，伊斯兰教兴起前的阿拉伯人，可以追溯到两个部分，即消失了的阿拉伯人和存在下来的阿拉伯人。已经消失的阿拉伯部落，如阿德（Ade）、塞姆德（Thamud）、朱尔胡姆（Jurhum）等。存在下来的阿拉伯部落，可以分为两部分。第一部分为葛哈坦人，追源于始祖葛哈坦（Gahtan）。葛哈坦人定居于

① ［美］希提：《阿拉伯简史》，马坚译，商务印书馆 2018 年版，第 7 页。

② 希罗多德：《历史：详注修订本》，徐松岩译注，上海人民出版社 2018 年版，第 297 页。

也门，因此也称为“也门人”或“也门阿拉伯人”。第二部分为阿德南人（Adnan），追溯到始祖“阿德南”。据说阿德南是易卜拉欣（《圣经》中称为亚伯拉罕）之子易司马仪的后人，所以阿德南人也以“易司马仪人”而著称。葛哈坦人居住在半岛的时间最长，历史、文化最为悠久。阿德南人是外来人，长期定居于北方的汉志。葛哈坦人称自己为“土著的”，而称阿德南人为“外来的”。[①]居住在南北两地的阿拉伯人有较大的差异。南方的葛哈坦人多定居，有较高的文化；北方的阿德南人则逐水草而生。也门和汉志两地的居民，语言悬殊。然而，南北双方的居民却经常迁徙流动。[②]

历史上，伊斯兰教兴起之前的近百年间，被称为“蒙昧时代”（*jāhilīyah*）。《古兰经》云：

在忧患之后，他又降安宁给你们，使你们中一部分人瞌睡；另一部分人则为自身而焦虑，他们像蒙昧时代的人一样，对真主妄加猜测，他们说：“我们有一点胜利的希望吗？”你说：“一切事情，的确都是真主所主持的。”他们的心里怀着不敢对你表示的恶意；他们说：“假若我们有一点胜利的希望，我们的同胞不致阵亡在这里。”你说：“假若你们坐在家里，那么命中注定要阵亡的人，必定外出，走到他们阵亡的地方；（真主这样做，）以便他试验你们的心事，锻炼你们心中的信仰。真主是全知心事的。”（3：154）

---

① 纳忠：《阿拉伯通史》（上卷），商务印书馆 1997 年版，第 7—8 页。

② ［埃及］艾哈迈德·爱敏：《阿拉伯伊斯兰文化史》（第 1 册），纳忠译，商务印书馆 2019 年版，第 9—10 页。

又云：

难道他们要求蒙昧时代的律例吗？在确信的民众看来，有谁比真主更善于判决呢？（5：50）

伊斯兰教的兴起并不仅仅是宗教的兴起，还是阿拉伯半岛政治和社会的变革，同时也是半岛国家与民族的统一进程。在伊斯兰教兴起前，就已经出现了昭示这次变革的诸多历史事件。[①] 在政治方面，从过去分散的部落逐步走向部落联盟。阿拉伯人的部落是孤立的，有各自的信仰和宗教。但是后来，这些部落逐渐走向联合，其直接原因是应对萨珊以及埃塞俄比亚的战争。尤其是公元 570 年，阿拉伯人抵御埃塞俄比亚人象战的斗争，大大鼓舞了民族斗志。史籍《黄金草原》载，阿卜德·穆泰里卜（先知穆罕默德的祖父）返回麦加后说：

“麦加的居民们，有一位国王率其牙齿中覆盖以泡沫的大象来进攻你们。”

后来，他嘱托古莱氏人前往山谷的深处和大山之巅以躲避阿比西尼亚人（即埃塞俄比亚人——引者注）的蹂躏。……同时，他又赋诗如下：

“我的上帝啊！人很懂得保卫他的住宅，因而也能保卫你的住所！”

“愿他们的十字架不要凯旋性地升起，愿他们的实力永远不要粉碎你的气力！”

① 纳忠：《阿拉伯通史》（上卷），商务印书馆 1997 年版，第 121—125 页。

在此时此刻，上帝派遣一些叫作艾巴比勒的鸟袭击阿比西尼亚人。这种鸟就如同一种燕子，它们用干泥石来袭击他们。每只鸟衔 3 块这样的石头。上帝就是通过这种手段而灭绝了敌人。①

对此，《古兰经》云：

难道你不知道你的主怎样处治象的主人们吗？

难道他没有使他们的计谋，变成无益的吗？

他曾派遣成群的鸟去伤他们，

以黏土石射击他们，

使他们变成吃剩的干草一样。（105：1—5）

经历了这次对埃塞比亚人的象战，阿拉伯人士气大振，为后来伊斯兰教的兴起和半岛的统一奠定了基础。为了纪念这次战争，人们将这一年——公元 570 年称为“象年”。象年 20 年之后的公元 590 年，麦加各族领袖曾举行了阿拉伯历史上第一次贵族联席会议，史称“正义会”。在正义会上讨论了刚刚结束的战争遗留下来的问题，这是部落之间更加紧密团结的表现。穆罕默德当时 20 岁，曾参加这次会议。②

二、先知穆罕默德与麦地那政权的建立

先知穆罕默德的出生年代目前仍有争议，通常认为是公元

① 马苏弟：《黄金草原》，耿昇译，中国藏学出版社 2013 年版，第 516 页。

② 纳忠：《阿拉伯通史》（上卷），商务印书馆 1997 年版，第 122 页。

570 年。此时正值中国南北朝时期。穆罕默德是古莱氏人库塞伊的后裔，属于古莱氏部落的哈希姆氏族。曾祖父哈希姆是古莱氏部落的显赫人物，被视为麦加贸易的奠基者。穆罕默德的祖父阿卜德·穆泰里卜曾经负责掌管麦加唯一的水源渗渗泉。① 穆罕默德的父亲是阿卜德·穆泰里卜的第十个儿子。相传，阿卜德·穆泰里卜曾许愿说：

如果上帝赐给他 10 个男孩，他将作为祭祀品而向上帝奉献一个。大家还非常详细地叙述了当上帝赐给他之所求时，他应该向上帝祭祀其子中他最为宠爱的一个，这就是阿卜德·安拉，也就是先知的父亲。他为此人用箭矢占命并用 100 头骆驼的代价赎回了其儿子的生命。②

穆罕默德在他的父亲客死他乡后出生。在当时的麦加，古莱氏人常常将刚出生的孩子送到邻近的游牧部落中抚养，让孩子在沙漠的环境中度过童年，使孩子有强壮的身体、聪明的头脑和宽广的胸怀。穆罕默德出生后，由萨阿德部落的女子海丽麦带至家中抚养，5 岁时返回麦加。③ 相传，在此期间，先知穆罕默德曾经被天使剖开胸膛，涤除邪恶。对此，《古兰经》云：

难道我没有为你而开拓你的胸襟吗？

---

① 哈全安：《阿拉伯伊斯兰国家的起源》，天津人民出版社 2016 年版，第 68 页。

② 马苏弟：《黄金草原》，耿昇译，中国藏学出版社 2013 年版，第 516 页。

③ 哈全安：《阿拉伯伊斯兰国家的起源》，天津人民出版社 2016 年版，第 69 页。

我卸下了你的重任，

即使你的背担负过重的。（94：1—3）

穆罕默德20岁时开始受雇于叙利亚办理商务。[①]25岁时，娶比他大10岁的赫蒂彻为妻。[②]穆罕默德的家业逐渐殷实。《古兰经》云：

难道他没有发现你伶仃孤苦，而使你有所归宿？

他曾发现你徘徊歧途，而把你引入正路；

发现你家境寒苦，而使你衣食丰足。（93：6—8）

由是，穆罕默德开始有闲暇的时间思考他感兴趣的问题了。他常到麦加以北5公里郊外的希拉山上，隐居在一个小山洞里，昼夜冥思苦想。穆罕默德怀疑现实、思慕真理，以致心烦意乱、精神恍惚。[③]有一次，正当他精神恍惚之际，突然听到：

你应当奉你的创造主的名义而宣读，

他曾用血块创造人。

你应当宣读，你的主是最尊严的，

他曾教人用笔写字，

他曾教人知道自己所不知道的东西。（《古兰经》96：1—5）

---

① 哈全安：《阿拉伯伊斯兰国家的起源》，天津人民出版社2016年版，第69页。

②③ ［美］菲利浦·希提：《阿拉伯通史（第十版）》，马坚译，新世界出版社2008年版，第100页。

穆罕默德受到启示的这个夜晚，《古兰经》命名为“盖德尔之夜”，意为“高贵的夜间”。《古兰经》云：

我在那高贵的夜间确已降示它，

你怎能知道那高贵的夜间是什么？

那高贵的夜间，胜过一千个月，

众天神和精神，奉他们的主的命令，为一切事务而在那夜间降临，

那夜间全是平安的，直到黎明显著的时候。（97：1—5）

后来的穆斯林曾称这个夜晚为“受权之夜”，并在每年的这个夜晚举行纪念活动。[①]穆罕默德首先是从小范围的秘密传教开始的。在此之后，他开始用简明的语言公开传教。但是，当他在麦加开始公开传教并反对夸耀财富时，却触犯了古莱氏族的利益，并遭到抵制和迫害。此后，穆罕默德决心出走麦加迁到埃塞俄比亚，他开始在麦加以外的地区传教。公元620年，有几个叶斯里伯人，在乌卡兹集市上会见了穆罕默德，而且对他说的话开始产生兴趣。[②]公元621年，穆罕默德与叶斯里伯的两个氏族订下《阿格白盟约》：信安拉、不拜偶像；不偷盗、不奸淫、不杀小孩，不背叛先知。此后，穆罕默德派两个门徒去往叶斯里伯教导当地人念诵《古兰经》。次年，穆罕默德偕伯父艾布·阿拔斯往

---

① 哈全安：《阿拉伯伊斯兰国家的起源》，天津人民出版社2016年版，第71页。

② ［美］菲利浦·希提：《阿拉伯通史（第十版）》，马坚译，新世界出版社2008年版，第103页。

见叶斯里伯的穆斯林代表，并订下第二次《阿格白盟约》，叶斯里伯人一致拥护先知，皈依伊斯兰教。[①]

公元 622 年 7 月 16 日，穆罕默德在艾布·伯克尔的陪同下，离开麦加，几经风险，于当年 9 月 26 日到达叶斯里伯郊外的古巴，并奠基建立了第一座清真寺——古巴寺。此后，穆罕默德进入叶斯里伯城，从此这里被称为“麦地那”，即“先知城”。[②] 叶斯里伯的居民曾深受战乱之苦，期盼安宁的生活。根据盟约，穆罕默德成为叶斯里伯各部落的领袖，创建了一个伊斯兰国家，并创立了四大政治纲领：建清真寺、迁士和辅士结为兄弟、《麦地那宪章》、圣战。[③]

公元 622 年穆罕默德迁往麦地那的时间，就是著名的“徙志”（*hijrah*）。徙志是麦加时期的终结，麦地那时期的开始。这次行动是经过两年周密思考的有计划、有步骤的行动。17 年后，哈里发欧麦尔决定将徙志发生的那一个太阴年计为回历纪元的正式起点（此年元旦为公元 622 年 7 月 16 日）。[④] 四年前，中国的唐朝刚刚建立。

穆罕默德率领穆斯林徙志麦地那之初，由于没有经济来源，生活一度陷入饥贫的状态。但是，在麦地那，无论是后来的迁士，还是当地的辅士，都十分团结友善。当地辅士不仅在生活上接济迁士，还和迁士共同生产，并一度可以相互继承。

---

① 纳忠：《阿拉伯通史》（上卷），商务印书馆 1997 年版，第 136—137 页。

②③ 纳忠：《阿拉伯通史》（上卷），商务印书馆 1997 年版，第 140 页。

④ ［美］菲利浦·希提：《阿拉伯通史（第十版）》，马坚译，新世界出版社 2008 年版，第 103 页。

后来，穆斯林开始劫掠麦加商队。这一行动有其复杂的原因。麦地那作为伊斯兰国家的摇篮，象征着阿拉伯半岛的新兴文明。麦加的保守势力恪守传统的宗教观念和社会秩序，并且在整个半岛占有举足轻重的地位，是伊斯兰文明进一步扩展的首要障碍。两者之间的对立，是麦加时期伊斯兰教的皈依者与抵制者矛盾冲突的延续。能否战胜麦加对于新兴伊斯兰文明的存在和发展至关重要，而抢劫商队是迫使麦加屈服的重要方式。[①] 于是，穆罕默德以安拉的名义颁降启示，《古兰经》云：

被进攻者，已获得反抗的许可，因为他们是受压迫的。真主对于援助他们，确是全能的。（2：39）

从公元623年开始，麦地那迁士不断对麦加商队进行劫掠，而更大规模的一次发生在公元624年。古莱氏人的一支由近千峰骆驼组成的商队，载着价值大约5万金币的货物，从叙利亚返回麦加。穆罕默德亲率300余名穆斯林前去拦截。麦加方面则派出了900余人的队伍接应商队。商队为了避开穆罕默德的队伍，沿着红海东岸逃走，并且通知从麦加来的接应队伍。但是麦加的接应队伍并未撤回，而是在巴德尔屯兵示威，一场大战即将到来。来自麦地那的穆斯林在穆罕默德的带领下，毫不畏战，将来自麦加的乌合之众打得溃不成军。[②] 巴德尔战役之后，穆罕默德以安拉

---

① 哈全安：《阿拉伯伊斯兰国家的起源》，天津人民出版社2016年版，第106页。

② 哈全安：《阿拉伯伊斯兰国家的起源》，天津人民出版社2016年版，第108页。

的名义颁布启示，规定了战利品的分配制度。《古兰经》云：

你们应当知道：你们所获得的战利品，无论是什么，都应当以五分之一归真主、使者、至亲、孤儿、赤贫、旅客，如果你们确信真主和两军交锋而真伪判分之日，我所启示我的仆人的迹象。真主对于万事确是全能的。（8：41）

一年以后，麦加人开始进行反击，并在伍侯德山安营扎寨。此次，麦加人集结了3000峰骆驼和3000名士兵，大举北上。由于此次麦加方面兵力更盛，穆斯林方面腹背受敌，最终败北。对此，穆罕默德以安拉的名义颁布启示，《古兰经》云：

你们奉真主的命令而歼灭敌军之初，真主确已对你们实践他的约言；直到了在他使你们看见你们所喜爱的战利品之后，你们竟示弱、内争、违抗（使者的）命令。你们中有贪恋今世的，有企图后世的。嗣后，他使你们离开敌人，以便他试验你们。他确已饶恕你们。真主对于信士是有恩惠的。当时，你们败北远遁，不敢回顾任何人；——而使者在你们的后面喊叫你们，真主便以重重忧愁报答你们，以免你们为自己所丧失的战利品和所遭遇的惨败而惋惜。真主是彻知你们的行为的。（3：152—153）

公元627年，麦加的古莱氏人再次对麦地那穆斯林发起进攻，此次集结了1万人的兵力。穆罕默德此次听从了波斯穆斯林塞勒曼·法里希的建议，在麦地那空旷的背面挖掘壕沟。麦加联军的骑兵此次毫无建功。接下来麦加联军又被离间分化，并因狂风袭击而退却。至此，麦加人反对穆罕默德的企图彻底破灭。他们与叙利亚之间的贸易被迫终止。[①]

麦地那的穆斯林在与麦加的古莱氏人作战的同时，也同当地的犹太人进行战争，并最终将他们驱出了麦地那绿洲。

穆罕默德也一直致力于同半岛的游牧部落缔结联盟，借以扩大影响。徙志初期，穆罕默德首先与分布在麦地那以西至红海沿岸的贝都因人朱海纳部落、穆宰纳部落、扎姆拉部落、吉法尔部落、穆德里只部落、穆哈里布部落、阿斯拉姆部落结为联盟。公元 627 年壕沟战役之后，麦地那以东的贝都因人阿什加尔部落和分布在半岛北部的朱扎姆部落、法扎拉部落相继加入麦地那联盟。但此时，穆罕默德还无法对这些结盟的贝都因人进行有效的保护和控制。[②]公元 630 年，穆罕默德进行了对麦加古莱氏人的讨伐，由于许多贝都因人纷纷加入，到达麦加郊外时，穆斯林队伍已达万人之众。古莱氏人首领见大势已去，率先皈依伊斯兰教。随后，穆斯林队伍进入麦加，古莱氏人不战而降。穆罕默德再次来到克尔白神殿，绕行七周，触摸玄石，命令穆斯林捣毁神殿内所有的供奉之物，只保留玄石作为圣物。[③]穆罕默德向众人高呼：

真理已来临了，虚妄已消灭了；虚妄确是易灭的。（《古兰经》17：81）

---

① 哈全安：《阿拉伯伊斯兰国家的起源》，天津人民出版社 2016 年版，第 111 页。

② 哈全安：《阿拉伯伊斯兰国家的起源》，天津人民出版社 2016 年版，第 114—115 页。

③ 哈全安：《阿拉伯伊斯兰国家的起源》，天津人民出版社 2016 年版，第 118 页。

穆罕默德重返麦加的消息，使半岛上未归顺伊斯兰国家的阿拉伯人不寒而栗。尤其是当穆罕默德率大军战胜海瓦精部落之后，更是让其他部落闻风丧胆。回历9年（公元630/631年）阿拉伯半岛的诸多部落派出代表团前往麦地那谒见先知穆罕默德。这些部落有的来自遥远的阿曼、巴林、哈达拉毛、也门，他们愿意抛弃祖辈的信仰，而皈依伊斯兰教。至此，伊斯兰文明的影响已经遍及阿拉伯半岛的各个角落。①公元632年，穆罕默德自麦地那启程前往麦加主持朝觐仪式，史称辞朝。此次朝觐，参加者皆为穆斯林，人数达十万之众。②在结束了这次朝觐之后，先知穆罕默德对穆斯林发表了告别演讲。随后，又颁降了最后的启示。《古兰经》云：

……今天，不信道的人，对于（消灭）你们的宗教已经绝望了，故你们不要畏惧他们，你们当畏惧我。今天，我已为你们成全你们的宗教，我已完成我所赐你们的恩典，我已选择伊斯兰做你们的宗教。凡为饥荒所迫，而无意犯罪的，（虽吃禁物，毫无罪过，）因为真主确是至赦的，确是至慈的。（5：3）

伊斯兰教兴起之后，阿拉伯人的民族性格和精神面貌发生了根本的变化。前已述及，在伊斯兰教兴起之前的时期被穆斯林称为“蒙昧时代”。蒙昧时代的阿拉伯诗人脱尔法的诗是这样写的：

族人问道：

---

① 哈全安：《阿拉伯伊斯兰国家的起源》，天津人民出版社2016年版，第120页。

② 哈全安：《阿拉伯伊斯兰国家的起源》，天津人民出版社2016年版，第122页。

“谁家子，独行广漠走荒山，
我闻言来细思量，应声急起不彷徨，
长鞭策马往前行，沙如烈火酷骄阳；
胯下雄骓昂摆尾，一似娇姬舞罗衫。
我非杜门逃山野，人求我兮我行善；
贵族会上君求我，盛宴席前舞杯觞；
芬芳洌酒奉尊前，劝君痛饮勿徜徉。
乡里聚会争荣耀，我家贵胄高门墙；
樽前良俦皎若月，白衣歌女衬红衫；
女儿引吭作高歌，珠喉玉润声婉转。
娇音再起多凄凉，哀如母驼悲子殇。
欢乐畅饮无已时，挥金如土父遗产。
穷奢引起家人恨，弃我索居如羔羊。
我虽独处名远播，富家知我贫瞻仰。
君何阻我多欢乐？君何阻我上战场？
如君不能保我千百寿，我必狂饮欢乐寻死亡！”

这是蒙昧时代阿拉伯人道德的最高典型，夸耀勇敢豪迈，夸耀慷慨仁慈，夸耀门第高贵，夸耀与贵族起坐，夸耀欢歌纵饮，有漂亮的朋友，有美丽的歌女。这是那时阿拉伯人的生活。[①] 荷兰学者哥尔德基叶认为，伊斯兰教时代和蒙昧时代的阿拉伯人，

① ［埃及］艾哈迈德·爱敏：《阿拉伯伊斯兰文化史》（第1册），纳忠译，商务印书馆2019年版，第96页。

对于人生最高行为的准则，不仅不相似，而且很相反。如匹夫之勇、无节的豪侠、过分的慷慨、宗教的狭隘、血仇，都是蒙昧时代信仰多神教的阿拉伯人所认定的最高行为的标准。至于伊斯兰教所认为的最高德行为却是：敬事安拉；顺服主命；遵守教律；忍耐；放弃个人和宗族的利益，服从宗教的利益；乐天知足；不矜夸；不聚敛；不骄傲。诚如《古兰经》云：

你们把自己的脸转向东方和西方，都不是正义。正义是信真主，信末日，信天神，信天经，信先知，并将所爱的财产施济亲戚、孤儿、贫民、旅客、乞丐和赎取奴隶，并谨守拜功，完纳天课，履行约言，忍受穷困、患难和战争。这等人，确是忠贞的；这等人，确是敬畏的。（2：177）

在整个人类的野蛮时期，都处于物资匮乏的境地。当人们的生活开始改善时，财富分配出现两极分化。先民在野蛮时期的荒淫与无度，似乎是各个民族共同的现象。而各个民族在文明进程中，通过宗教、礼制来控制自己的骄奢淫逸，又似乎是一个普遍的现象。伊斯兰世界也不例外。

三、四大哈里发

穆罕默德带领穆斯林徙志后，成功突围，并在一系列征战中取得胜利。穆罕默德在麦地那的行动，已经超出了传教的范畴，从氏族联盟的领袖，逐渐成为国家的领袖。公元632年，穆罕默德在返回麦加后去世，由谁来继承他的职位就成为问题。“哈里发”（*khalīfah*）的意思是继承人，也就是作为穆罕默德的继承人，继续统治这个伊斯兰国家。

穆罕默德生前并没有指定继承人，也没有留下遗嘱。同时，穆罕默德也没有儿子在世。几个女儿中，只有一个法蒂玛在世，还有堂弟和女婿阿里。因而，继承人的问题，就成为当时矛盾的焦点。首先是麦地那的辅士认为，他们最有资格继承，因为先知穆罕默德是在麦地那取得的胜利，麦地那辅士的功劳最大。而麦加的迁士则认为，先知穆罕默德与他们属于同一氏族，并且早期与先知一起经历磨难，因而最有资格继承。而阿里则认为，只有先知的苗裔才有资格继承。在穆罕默德去世时，阿拉伯各部落的“酋长”还没有世袭制度，都是被推选出来的。因而，最初的“正统哈里发”[①]都是被推选出来的。[②]

首先就任哈里发的是艾布·伯克尔，他是古莱氏贵族，是穆罕默德的岳父。早年二人曾一起经商，关系密切。后来，先知传布伊斯兰教，艾布·伯克尔是首批奉教者。穆罕默德在传教期间，深受当时古莱氏族人迫害，艾布·伯克尔一直忠诚相伴。艾布·伯克尔曾经将经商获得的财富全部捐出做传教经费，他从小受过良好教育，从不饮酒，以廉洁、正直和公正著称，被人们称为“忠诚的艾布·伯克尔”。[③]穆罕默德在病危时让艾布·伯克尔率领大

---

① “正统哈里发”亦称“四大哈里发”。逊尼派承认其传系的正统，故有此名。什叶派则认为只有阿里是合法继任者，有权继承穆罕默德的“精神遗产”和“物质遗产”。参见金宜久主编：《伊斯兰教小辞典》，上海辞书出版社2006年版，第240页。

② 纳忠：《阿拉伯通史》（上卷），商务印书馆1997年版，第178页。

③ 纳忠：《阿拉伯通史》（上卷），商务印书馆1997年版，第179页。

家礼拜，因为礼拜是伊斯兰教最重要的宗教功课，所以大家也愿意接受领拜的人为哈里发。[①] 艾布・伯克尔在位时间不长，只有公元 632—634 年两年多时间。穆罕默德去世后，许多小部落开始反叛，同时又有许多"伪先知"出现。艾布・伯克尔在位期间的主要功绩就是平叛部落叛乱，并重新统一阿拉伯半岛。中国的唐太宗李世民比艾布・伯克尔稍早一些继位。唐太宗在位 23 年，是唐朝的奠基期，史称"贞观之治"。

欧麦尔是第二任哈里发，公元 634—644 年在位。欧麦尔是在艾布・伯克尔病危时被指定的继承人。[②] 欧麦尔在位期间，阿拉伯半岛已经基本统一于伊斯兰国家的政权之下，并且开始了大规模的对外征伐，伊斯兰国家的国土面积大为扩张。于是，摆在欧麦尔面前的问题就是，如何治理这个庞大的国家。欧麦尔的治国之策有三个出发点。第一，阿拉伯半岛上只允许伊斯兰教存在，于是他废弃了此前签订的条约，驱逐了犹太教徒和基督教徒。第二，把阿拉伯半岛上的穆斯林组织起来，成为一个宗教的、军事的国家，使所有的成员都保持自己纯洁的血统，不允许任何非阿拉伯人享受公民的特权。为达到这个目的，他不准许阿拉伯的穆斯林在半岛外面占有土地或者耕种土地。第三，只有掳到的动产才构成战利品，才能分配给战士们，而土地不能分配。土地和老百姓交出的钱财，构成公产，为全体穆斯林共有。凡是耕种公产的人都要缴纳土地税，即使他已经改奉伊斯兰教。国家的岁入，

① 伊本・赫勒敦：《历史绪论》，李振中译，宁夏人民出版社 2015 年版，第 284 页。

② 纳忠：《阿拉伯通史》（上卷），商务印书馆 1997 年版，第 206 页。

全部存入国库，行政费用和军费都由国库支出，每年积余若干，完全分配给全国的穆斯林。[①]

欧麦尔于公元644年被刺杀，临终前指定六位继承人组成一个委员会，并规定他的儿子不能作为继承人。从这一点可以看出，伊斯兰国家初期是没有世袭国王的观念的。[②]在倭马亚贵族的操纵下，奥斯曼被推举为继承人。奥斯曼很早就信奉伊斯兰教，并且是穆罕默德的女婿。但是奥斯曼属于倭马亚家族，而不属于穆罕默德的哈希姆家族，两个家族宿仇根深蒂固。因而，奥斯曼出任哈里发引起了哈希姆家族的不满，尤其是阿里的不满。[③]奥斯曼与欧麦尔的性格和执政方略完全不同。欧麦尔提倡节俭，并以身作则。奥斯曼却纵容麦地那贵族，奢靡之风开始弥漫。与此同时，阿拉伯社会也开始出现了两极分化。在政治上，奥斯曼开始陆续安排自己的平庸亲信掌握重要的职位，并罢免了此前欧麦尔任命的官员。奥斯曼在政治上的作为，导致阿拉伯半岛的不稳定。奥斯曼违反了艾布·伯克尔和欧麦尔制定的反对部落宗教主义和阿拉伯一统的政策，以倭马亚家族专政，排挤其他阿拉伯人，因而重燃了倭马亚家族与哈希姆家族之间的仇恨。[④]各地的秘密组织开始密谋推翻奥斯曼。公元656年，奥斯曼被刺杀。奥斯曼和欧麦尔完

---

① ［美］菲利浦·希提：《阿拉伯通史（第十版）》，马坚译，新世界出版社2008年版，第154—156页。

② ［美］菲利浦·希提：《阿拉伯通史（第十版）》，马坚译，新世界出版社2008年版，第163页。

③ 纳忠：《阿拉伯通史》（上卷），商务印书馆1997年版，第218页。

④ ［埃及］艾哈迈德·爱敏：《阿拉伯伊斯兰文化史》（第1册），纳忠译，商务印书馆2019年版，第305页。

全不一样。据说欧麦尔在位时，还穿着带补丁的衣服，而奥斯曼被刺杀后，在他的库房里发现了15万第纳尔金币和100万狄尔汗银币，另有价值20万第纳尔的土地，以及大量骆驼和马匹。[①]

阿里是穆罕默德的堂弟，也是穆罕默德女儿法蒂玛的丈夫，因而也就是穆罕默德仅有的两个男性后裔哈桑和侯赛因的父亲。阿里认为，只有先知的苗裔才有资格继承。穆罕默德刚去世时，人们在白努·萨伊达的一个草棚里召开会议商议继承人，而此时阿里正忙于丧事没有参加会议。《辞章之道》云：

阿里问左右道：在草棚里发生了什么？古莱氏人说些什么？

答道：古莱氏人说他们是穆圣的树身。

阿里道：他们说树身而忘却了果实！

阿里的意思是，古莱氏人是穆圣的树身，哈希姆人却是古莱氏人中的结晶。[②]

阿里继任哈里发之后，首先在军事上解决了政敌的势力，包括穆罕默德的遗孀阿以涉。此后，他又在伊拉克的库法建都。在新的都城，阿里建立了新的制度，并撤换了前朝的官员。此时，奥斯曼的血族、叙利亚的长官穆阿维叶开始以殉道的哈里发奥斯曼的复仇者出现了。穆阿维叶在大马士革的清真寺里展示了奥斯曼的血衣和他夫人纳伊莱的手指，那些手指是她在保卫丈夫时被

---

① 伊本·赫勒敦：《历史绪论》，李振中译，宁夏人民出版社2015年版，第285页。

② ［埃及］艾哈迈德·爱敏：《阿拉伯伊斯兰文化史》（第1册），纳忠译，商务印书馆2019年版，第304页。

割掉的。穆阿维叶开始煽动穆斯林的情绪。他不愿对阿里效忠，想用这样的难题把阿里逼入绝境：不交出杀害依法任命的先知继任者奥斯曼的凶手，就接受同谋犯的身份，从而丧失哈里发的资格。双方在公元657年兵戎相见。[①]此后，穆阿维叶见军事上不利，后来便令士卒枪挑《古兰经》，要求阿里以《古兰经》为裁判，和平解决。[②]此一仲裁，对阿里来说十分不利。由于阿里本身是被推选出的哈里发，接受仲裁就意味着自我怀疑，将身份贬低到和作为总督的穆阿维叶同等的地位。阿里在接受了仲裁之后，帐下也开始乱了起来，有的人失望了，有的人反对仲裁，阿里集团开始分裂。[③]阿里对他们说："真主的仆人们啊！以你们的义务和诚信向前冲击吧，去杀你们的敌人。穆阿维叶、阿穆尔和他们的跟随者，他们不是真正服从《古兰经》的人，我比你们更加了解他们。我跟他们一起长大，他们少年时作恶，长大时也作恶。他们举起《古兰经》说让天经来裁决，这只是一种欺骗，一种阴谋。"[④]

阿里在公元661年被刺杀。同一年，穆阿维叶自称哈里发。至此，历史上"正统哈里发"时期结束。这段时期，共经历了四任哈里发。此后，阿拉伯伊斯兰国家开始了君主世袭制的倭马亚王朝统治。

---

① ［美］菲利浦·希提：《阿拉伯通史（第十版）》，马坚译，新世界出版社2008年版，第165页。

② ［埃及］艾哈迈德·爱敏：《阿拉伯伊斯兰文化史》（第1册），纳忠译，商务印书馆2019年版，第307页。

③ 纳忠：《阿拉伯通史》（上卷），商务印书馆1997年版，第226页。

④ 贾比尔·古麦哈：《四大哈里发论集》，潘世昌、赵新霞译，甘肃人民出版社2012年版，第324页。

四、阿拉伯国家早期的征伐

阿拉伯国家兴起时，直接面对的是东西方世界两个大国，东方是波斯萨珊王朝，西方是拜占庭希拉克略王朝。在更遥远的东方还有中国的唐朝。

波斯是一个古老的国家。公元前 559 年居鲁士二世统一波斯，建立了中央集权的世界帝国，史称阿契美尼德王朝，又称波斯第一帝国。波斯阿契美尼德王朝不仅是世界上最早建立起来的中央集权的庞大帝国，而且是很早就建立起钱币制度的大帝国。在波斯帝国境内，流通着金币大流克和银币西格罗斯。

图 1–1　波斯阿契美尼德王朝大流克金币，8.34 克

理论上，大流克金币的重量是 1 舍客勒 = 1/60 弥那 = 8.33 克。

公元前 330 年，马其顿在亚历山大大帝的领导下攻入波斯波利斯。阿契美尼德王朝末代国王大流士三世被部下所杀，至此王朝灭亡，成为亚历山大马其顿帝国的一部分。但不久后马其顿帝国就开始分裂，这里又成为塞琉古王国的一部分。公元前 3 世纪中叶，波斯北部的小国帕提亚崛起，首领阿萨息斯建立了帕提亚王朝，我国史籍称“安息”。帕提亚王朝的钱币继承了塞琉古王国的传统，采用德拉克马银币为基本货币，理论重量为 4.3 克，但实际重量往往不够。

图 1–2　波斯帕提亚王朝米特拉达梯二世德拉克马银币，4.12 克

帕提亚王朝持续了将近 500 年，公元 224 年，阿尔达希尔一世建立了萨珊王朝，波斯人再一次建立起一个强大的王朝。但萨珊王朝的波斯人继承了希腊人的德拉克马货币制度，波斯语称为“迪拉姆”。

图 1-3　波斯萨珊王朝沙普尔一世德拉克马银币，4.20 克

由于地缘关系，萨珊波斯自始就与罗马有长年的战争。阿拉伯人夹在中间，被东西相邻的两大帝国，既拉拢，又征讨。例如，萨珊王朝的缔造者阿尔达希尔（公元 226—240 年在位），曾和进占克尔曼的阿拉伯人打仗，迫使阿拉伯部族接受波斯人的统治，并废除了许多阿拉伯小酋长国的称号。接着，沙普尔一世（公元 240—271 年在位）向阿拉伯东海岸进军，大肆杀戮巴林地区阿拉伯居民。沙普尔二世（公元 309—379 年）曾向阿拉伯部落发动过一次大战，原因是以伊雅德为首的阿拉伯部落曾占领了伊拉克的塞瓦德地区，沙普尔二世继位后便率军征服了伊雅德部落。于是，波斯人说，这次战斗胜利后，萨珊王朝解除了边患，“肩膀硬起来了”，而沙普尔二世也被称为“右肩膀的沙普尔”。[①]

公元 611 年，波斯人开始进攻叙利亚。波斯人与罗马人之间的战争几百年来一直时有发生。这一次，波斯人占领了拜占庭的安条克、大马士革。公元 614 年，波斯人又向巴勒斯坦进攻，并攻破耶路撒冷。波斯人洗劫了这座城市，并摧毁了基督教堂。波斯人的另一支军队还继续向埃及进攻，并攻陷了亚历山

① 纳忠：《阿拉伯通史》（上卷），商务印书馆 1997 年版，第 59 页。

大城。在耶路撒冷，波斯人夺走了十字架，此事令拜占庭大为震惊。

这一时期，正是拜占庭希拉克略皇帝（公元 610—641 年在位）及其子嗣执政的时代，而在此之前是拜占庭辉煌的优士丁尼王朝时期。希拉克略也同样具有卓越的才能和非凡的活动能力。他的国家概念是罗马的，但他的语言和文化是希腊的，他的信仰是基督教的。由于在他执政时帝国的处境非常危险，因此希拉克略的成就更值得关注。[①] 公元 619 年，波斯人占领巴勒斯坦，继而远征利比亚、安纳托利亚。除了面对东方的来自波斯人的威胁，来自巴尔干半岛的阿瓦尔—斯拉夫游牧部落也率军南下，一度攻破了君士坦丁堡的城墙。为了应对不同方面的威胁，希拉克略决定首先向波斯开战。公元 622—628 年，希拉克略指挥了三次对波斯的战争，每次都取得了辉煌的胜利。公元 629 年，波斯国王库斯老被废黜，其继任者向拜占庭求和。根据和平协议，波斯归还叙利亚、巴勒斯坦和埃及，并交换所掠夺的圣物。对于这一历史事件，《古兰经》中亦有记载。《古兰经》云：

罗马人已败北于最近的地方。他们既败之后，将获胜利，于数年之间。以前和以后，凡事归真主主持。在那日，信道的人将要欢喜。这是由于真主的援助，他援助他所意欲者。他确是万能的，确是至慈的。真主应许（他们胜利），真主并不爽约，但人们大半不知道。（30：2—6）

---

① ［美］A.A. 瓦西列夫：《拜占庭帝国史》（第一卷），许家玲译，商务印书馆 2020 年版，第 304 页。

公元 624 年，拜占庭军队进入波斯帝国腹地，洗劫了甘哲附近的公马圣火，以报复波斯人此前从耶路撒冷夺走了十字架。[①]同时，希拉克略将首都和各省教堂中的珍宝圣器打制成大量的金币和银币。他企图给阿瓦尔—斯拉夫部落的首领送去大批金钱和显贵的人质，劝其退兵。[②]拜占庭人并没有向阿瓦尔—斯拉夫部落的首领支付 24 克拉的索利多金币，而是支付 22 克拉的轻型索利多金币，这种金币理论上只有 4.16 克重。并且随着双方之间交往的终止，公元 680 年该币就停止打制了。[③]

图 1-4　拜占庭希拉克略和君士坦丁三世轻型索利多金币，4.18 克

公元 628 年，波斯国王哥巴德二世继位。这位新任国王杀死了萨珊家族中几乎每一位有资格或者有能力的男性继承人。同年，哥巴德二世遇刺身亡。就在他在位不到一年的时间里，波斯和拜占庭缔结了合约，并归还了此前波斯人占领的所有土地。哥巴德二世的幼子阿尔达希尔三世继位。但是，曾率领军队征战四方的将军沙赫兰古拉兹很快进入首都泰西封，于公元 630 年结束了年幼国王的统治，声称自己是新的“众王之王”。但是他很快也被

① ［伊朗］图拉吉·达利遥义：《萨珊波斯：帝国的崛起与衰落》，吴赟培译，北京大学出版社 2021 年版，第 57 页。

② ［美］A.A. 瓦西列夫：《拜占庭帝国史》（第一卷），许家玲译，商务印书馆 2020 年版，第 304 页。

③ ［英］菲利普·格里尔森：《拜占庭货币史》，武宝成译，法律出版社 2018 年版，第 176 页。

杀死。[①] 在此之后，哥巴德二世的姐妹普兰登上王位，但统治时间只持续了两年，仍然是被一位将军废黜。普兰在位期间企图复兴帝国，但并未取得成功。普兰之后，阿扎尔姆公主当上了女王，但依然是没有维持多久。从公元 631 年普兰去世，到公元 632 年耶兹德卡尔德三世继位之间，有一大批僭主登上王位，他们要么被废除，要么受到萨珊王族其他远亲反对。这一时期可以被称作帝国派系斗争和分崩离析的时期。另外，在帝国的不同区域，从钱币学的证据来看，又都存在不同的统治者。例如，公元 631 年末至公元 637 年，霍尔姆兹五世、库斯老三世、皮鲁兹二世和库斯老四世同时统治帝国的不同区域，而耶兹德卡尔德三世早在数年前就已经登上王位了。[②]

公元 641 年希拉克略去世后，他和第一任妻子的儿子继位，史称君士坦丁三世。君士坦丁三世在位仅 9 个月便去世了。此后是希拉克略与第二任妻子的儿子希拉克洛纳斯继位，但也仅在位几个月就被废了。于是，仅公元 641 年这一年拜占庭就有三个皇帝。希拉克洛纳斯之后，是君士坦丁三世的儿子康斯坦斯二世继位，直到公元 668 年。此时大体上是阿拉伯倭马亚王朝开始的时期。

图 1-5　拜占庭希拉克略和君士坦丁三世索利多金币，4.49 克

① ［伊朗］图拉吉·达利遥义：《萨珊波斯：帝国的崛起与衰落》，吴赟培译，北京大学出版社 2021 年版，第 60 页。

② ［伊朗］图拉吉·达利遥义：《萨珊波斯：帝国的崛起与衰落》，吴赟培译，北京大学出版社 2021 年版，第 62 页。

长久以来，互相敌对的拜占庭人和萨珊波斯人，在好几个世代中进行互相残杀的战争，因而元气大伤。在公元 7 世纪 40 年代，如果有人敢于对人预言说，知道当时还未开化的、默默无闻的阿拉伯有一股从未听到过、见到过的力量，将在未来二三十年后突然出现，猛攻当时的两大世界强国，而成为其中之一的萨珊波斯帝国的继承者，同时夺取另一个帝国拜占庭的几个最富饶的省区，那么他一定会被当作疯子。但是后来发生的事情，果然是那样的。[①]

萨珊波斯被阿拉伯人彻底征服，在历史上犹如大厦崩塌一样地迅速。哈里发伯克尔时期，由木桑那和他的族人在公元 633—634 年打败了波斯的边防军。伯克尔去世后，继任哈里发欧麦尔派去的前线指挥尽管经历了桥头战役的失败，但是木桑那很快就在公元 635 年的布威伯战役中洗刷了桥头战役的耻辱。从此，阿拉伯人士气大振，而波斯人不得不动员全国军力准备阻击。在接下来的历次战役中，阿拉伯人接连取胜。尤其是公元 637 年的噶底西叶战役，阿拉伯人大败波斯军队，取得了决定性的胜利。[②] 当然，阿拉伯人进击波斯人并非易事。波斯人壮如骆驼，并且武器装备强大。阿拉伯人则在气势上更胜一筹。有一次，阿拉伯军队遭遇了一支普兰女王时期征募的波斯精锐部队，他们还带了一头狮子并肩作战。但就在此时，一个阿拉伯勇士跳下战马，勇敢地杀死了这头狮子。见此状，波斯人的抵抗崩

---

① ［美］菲利浦·希提：《阿拉伯通史（第十版）》，马坚译，新世界出版社 2008 年版，第 128 页。

② 纳忠：《阿拉伯通史》（上卷），商务印书馆 1997 年版，第 189—190 页。

溃了。[①]

此后，阿拉伯人乘胜追击，进军波斯本土，连破数城。波斯国王耶兹德卡尔德三世见大势已去，偕家眷侍从逃亡呼罗珊，并于公元651年被侍从杀死。耶兹德卡尔德三世之子卑路斯则数次向当时的中国唐朝求援。《旧唐书·列传·卷一百四十八西戎》载：

伊嗣侯懦弱，为大首领所逐，遂奔吐火罗，未至，亦为大食兵所杀。其子名卑路斯，又投吐火罗叶护，获免。卑路斯龙朔元年奏言频被大食侵扰，请兵救援。诏遣陇州南由县令王名远充使西域，分置州县，因列其地疾陵城为波斯都督府，授卑路斯为都督。是后数遣使贡献。咸亨中，卑路斯自来入朝，高宗甚加恩赐，拜右武卫将军。

仪凤三年，令吏部侍郎裴行俭将兵册送卑路斯为波斯王，行俭以其路远，至安西碎叶而还，卑路斯独返，不得入其国，渐为大食所侵，客于吐火罗国二十余年，有部落数千人，后渐离散。至景龙二年，又来入朝，拜为左威卫将军，无何病卒，其国遂灭，而部众犹存。

《旧唐书》中所言“伊嗣侯”即为耶兹德卡尔德三世。按《旧唐书》所载，卑路斯先是被封为波斯都督府都督，后又相继被拜为右武卫将军、左威卫将军。卑路斯一生数次向唐朝皇帝求援，恳盼光复波斯，但终未果，最后客死中国。

自波斯阿契美尼德王朝始，称霸世界近千年的波斯帝国，至

① ［英］休·肯尼迪：《大征服》，孙宇译，民主与建设出版社2020年版，第139页。

此被阿拉伯人灭亡。尽管波斯故土被伊斯兰化，但是波斯文明却没有被消灭，反而还极大地影响了后来的伊斯兰文明。

公元 633 年，刚上任一年的哈里发伯克尔在平息了半岛部落的叛乱之后，就率领四路大军出征叙利亚。拜占庭人对叙利亚的统治已经延续了 500 余年。假如伊斯兰教早 50 年诞生，并且阿拉伯人在 6 世纪 80 年代，而不是 7 世纪 30 年代入侵叙利亚，那么他们很可能很快就会被击退，当时拜占庭帝国政府还牢牢地控制着这些省份，当地的守备十分完善。恰巧的是，拜占庭刚刚和萨珊波斯之间进行了一场大战，阿拉伯人就立刻出现在这里。① 曾有观点认为，阿拉伯人征服世界是由于宗教上的狂热。但真正的原因可能是半岛上物质的贫乏，以摆脱“沙漠这一灼热的监狱”。②

历史无法被假设。阿拉伯人由于用兵正确，初战告捷，但其很快就遭到了拜占庭的反击。公元 634 年，伯克尔派出大将哈立德向西驰援，尽管取得了一系列胜利，但伯克尔在这一年去世。哈立德在伯克尔去世后攻下了大马士革。伯克尔的继任者欧麦尔任命艾布·欧拜德为新的统帅。新的统帅很快在公元 636 年攻陷霍姆斯，此时阿拉伯人在叙利亚战场上已经取得了基本的胜利，此后欧拜德又偕哈立德相继攻陷了的黎波里、阿勒颇、安条克等城市。叙利亚被征服之后，阿拉伯人将其分为四个军区，相当于拜占庭的四个省区。这四个军区分别是大马士革区、霍姆斯区、

---

① ［英］休·肯尼迪：《大征服》，孙宇译，民主与建设出版社 2020 年版，第 78 页。

② ［美］A.A. 瓦西列夫：《拜占庭帝国史》（第一卷），许家玲译，商务印书馆 2020 年版，第 325 页。

约旦区以及巴勒斯坦区。[①] 公元 639 年，在经历了大主教所弗拉纳斯和哈里发欧麦尔的谈判之后，耶路撒冷也落入阿拉伯人之手，距离波斯人攻占耶路撒冷仅 20 余年。

公元 640 年，阿慕尔奉欧麦尔之命开始进攻埃及。在经历了与拜占庭军队持续一个月的战斗之后，埃及东部的菲尔马仪被攻陷了。阿拉伯军队乘胜追击，相继攻陷巴比罗尼堡，并最终攻陷埃及首府亚历山大港。此后，阿拉伯人又继续向西推进，获取了北非的领土。公元 7 世纪上半叶，在伯克尔和欧麦尔等哈里发的征伐之下，阿拉伯人的版图迅速扩张，在不到半个世纪的时间里，从阿拉伯半岛走出，吞并波斯，占领叙利亚、埃及和北非，并使这些地方开始伊斯兰化。公元 7 世纪的征伐，是阿拉伯帝国时期的开始。在世界文明史上，尽管后来阿拉伯帝国分裂解体，但是伊斯兰文明圈在此时已经奠定。

第二节 倭马亚王朝

一、王朝初创

倭马亚族和哈希姆族是古莱氏人两大氏族。公元 630 年，倭

① ［美］菲利浦·希提：《阿拉伯通史（第十版）》，马坚译，新世界出版社 2008 年版，第 141 页。

马亚族人艾布·苏福彦率领倭马亚族人归顺了伊斯兰教，而且在后来屡建战功。但是，在穆罕默德去世后，倭马亚族人一直觊觎哈里发。至欧麦尔去世后，经过一番斗争，倭马亚族人的奥斯曼登上了哈里发的宝座。尽管后来哈希姆族的阿里又重新成为哈里发，但是，如前所述，穆阿维叶最终还是成功地瓦解了阿里集团。公元 661 年，叙利亚总督穆阿维叶自称哈里发，定都大马士革。历史上所谓“正统哈里发”时期结束,倭马亚王朝建立。至此，我们可以称倭马亚王朝为阿拉伯帝国时期的开始。此后，帝国当局引进萨珊王朝的统治结构，并参考拜占庭的制度安排，打造出世袭哈里发制度的专制王朝。[①] 无论是税收结构还是货币、市政管理，从埃及到安条克的公共生活似乎一直保持着相同或者相似的节奏，仅仅是阿拉伯指挥官在顶端取代了古老的皇室官员这一点除外。[②]

穆阿维叶的父亲就是在公元 630 年归顺穆罕默德的艾布·苏福彦，当时穆阿维叶仅有 23 岁，并曾担任穆罕默德的秘书。欧麦尔攻下波斯领土后，曾派穆阿维叶任一个军区的司令。在倭马亚族的奥斯曼任哈里发时，穆阿维叶被任命为叙利亚总督。穆阿维叶还在担任军区司令时，就显示出对权力的欲望。据说，当年欧麦尔视察时，穆阿维叶安排了盛大的仪仗队，包括许多士兵和武器装备。欧麦尔看不惯，就质问道：“穆阿维叶！你怎么摆起

---

① 张锡模:《圣战与文明：伊斯兰与西方的永恒冲突》，生活·读书·新知三联书店 2016 年版，第 60 页。

② ［英］科林·韦尔斯:《拜占庭的赠礼》，周超宇、李达译，民主与建设出版社 2021 年版，第 122 页。

波斯国王的排场来！”[①]

穆阿维叶兴起于叙利亚，历任军分区司令、全省区总督，经验丰富，他一直在那里坐镇。尽管穆阿维叶在历史上被认为是枭雄，但他所建立的新王朝却一直未能安定下来，各省穆斯林都是被迫屈从。从总体形势来看，包括穆阿维叶在内，当时共有三股力量：一是作为当权派的穆阿维叶，总部在叙利亚；二是拥护阿里家族的伊拉克什叶派，总部在伊拉克库法；三是先拥护阿里后来又倒戈相向的哈瓦力及派。[②]哈瓦力及派是倭马亚王朝的劲敌，不断同倭马亚人战争，并威胁着倭马亚人，以至于在好几次战役中，倭马亚王朝险些被消灭了。[③]

穆阿维叶本来与阿里之子哈桑立约，将来自己死后由哈桑继任哈里发。但是，哈桑却在穆阿维叶之前先去世了。这使拥护阿里的什叶派大为震动。公元680年，在穆阿维叶去世后，他的儿子叶齐德便继任哈里发。这又激起了许多人的反对，尤其是阿里的次子侯赛因。侯赛因认为，穆阿维叶与哈桑有约在前，穆阿维叶死后由哈桑继任哈里发。既然哈桑已经去世，就应当由作为次子的自己继任哈里发。伊拉克库法当地的局势随之开始不安定起来。侯赛因受人怂恿从麦加启程赶赴库法，却在途中不幸被伏击，最终遇难。

---

① 伊本·赫勒敦：《历史绪论》，李振中译，宁夏人民出版社2015年版，第283页。

② 纳忠：《阿拉伯通史》（上卷），商务印书馆1997年版，第245页。

③ ［埃及］艾哈迈德·爱敏：《阿拉伯伊斯兰文化史》（第1册），纳忠译，商务印书馆2019年版，第310页。

侯赛因失利后，全国陷入动荡局面。麦加的伊本·祖拜尔见势宣布独立。他本是麦加古莱氏贵族的后裔，此时自称“信士的长官”（埃米尔），以四大哈里发的正统继承人自居。而与此同时，麦地那的穆斯林也赶走了叶齐德派来的长官，拥立当地人伊本·罕德莱为哈里发。[①] 于是，帝国境内就出现了三个哈里发：大马士革的叶齐德、麦加的伊本·祖拜尔、麦地那的伊本·罕德莱。此后，叶齐德开始派兵征讨麦地那，在麦地那获得胜利后，又派军队征战圣地麦加。但是就在此时，叶齐德突然去世，军事行动也随之告一段落。叶齐德死后，其儿子穆阿维叶二世继位。但在位仅 40 天就被迫退位。此后，王朝再度陷入混乱局面，叙利亚的部落之间也开始了争端。在经历了一番战乱之后，倭马亚族的另一支家族首领麦尔旺·本·哈克木被推选为哈里发，自此倭马亚—麦尔旺王朝开始。[②]

二、进军中亚

阿拉伯人对中亚的侵伐可以分为两个阶段，第一个阶段是公元651—705年。在这一阶段，属于小规模的不断袭略。公元705年，阿卜杜勒·马利克去世，他的儿子韦立德继位，阿拉伯帝国倭马亚王朝此时处于鼎盛期。阿拉伯人开始了他们的第二次大规模扩张。

进军中亚，主要是指进军中亚的两河（阿姆河与锡尔河）流

① 纳忠：《阿拉伯通史》（上卷），商务印书馆 1997 年版，第 250 页。

② 纳忠：《阿拉伯通史》（上卷），商务印书馆 1997 年版，第 252 页。

域。这里尽管曾经属于波斯阿契美尼德王朝的领土，但是公元前4世纪被亚历山大大帝的马其顿军团征服，因而成为广大的希腊化文化领域之一。马其顿帝国分裂后，这里属于希腊化国家塞琉古王国的一部分，但是很快就独立为巴克特里亚王国。于是，希腊人在远离故土的中亚两河流域建立了自己的独立王国，并且将希腊式的钱币带到了这里。由于受到东方君主制的影响，这里的希腊式钱币上的图案，不再是城邦的保护神，而是被称为"大王""众王之王"的国王，但这里的钱币制度仍然是起源于雅典的17克左右重的四德拉克马银币。

图1-6　巴克特里亚王国攸提德谟斯四德拉克马银币，17克

公元1世纪左右，从中国西迁的大月氏人开始侵入中亚地区。他们最初并没有消灭这里的希腊王国。但是很快，随着贵霜翕侯的崛起，贵霜人迅速占领了这里，并征服了中亚及印度西北部地区，建立了称霸一时的贵霜帝国。贵霜人广袤的帝国确保了丝路贸易的安全与通畅。为了进行国际贸易，贵霜人没有采用希腊式的银币，而是仿照罗马帝国发行了名为第纳尔的金币。这是第纳尔金币第一次在中亚出现。

图1-7　贵霜帝国阎膏珍第纳尔金币，7.95克

公元3世纪，新兴的波斯萨珊王朝开始侵伐中亚，贵霜西部的领土被萨珊占领，并且萨珊的德拉克马银币也被带到了中亚。

再接下来，嚈哒人不断入侵中亚，这里曾经的大一统局面被打破。突厥人曾经在公元 6 世纪中叶与萨珊人结盟，结束了嚈哒人长达一个世纪的统治。与此同时，突厥人也与拜占庭人建立了外交关系，因为他们希望建立一条将中亚丝绸经过草原贩运到黑海北岸的贸易通道。①

公元 8 世纪，在中亚的两河流域，既有诸多讲不同的伊朗语的国家，又有讲突厥语的国家。各个小国语言不同，民俗也颇有不同。阿拉伯人对这里的侵伐在更早的时候就已经开始了，当地小国纷纷纳贡称臣。当时有一位突厥王名叫尊比勒，不愿按照习惯缴纳贡税，于是阿拉伯人的“孔雀军”就前去征讨。② 对阿拉伯人征战中亚的这一段历史，中国史籍也有所记载。如《新唐书·西域列传·俱蜜》载：

俱蜜者，治山中。在吐火罗东北，南邻黑河。其王突厥延陀种。贞观十六年，遣使者入朝。开元中，献胡旋舞女，其王那罗延颇言为大食暴赋，天子但尉遣而已。

唐朝并未插手此事，只是安慰了一下这位突厥王。

与早期的征服者一样，阿拉伯人执着地希望征服这里，也是为了控制丝路贸易。

公元 705 年，在哈里发韦立德一世继任的同一年，古太白

① ［英］休·肯尼迪：《大征服》，孙宇译，民主与建设出版社 2020 年版，第 298 页。

② ［美］菲利浦·希提：《阿拉伯通史（第十版）》，马坚译，新世界出版社 2008 年版，第 189 页。

经举荐任帝国呼罗珊省长官。作为东方行省的最高军事长官，他奉命率领阿拉伯大军向中亚地区进军。古太白首先跨过阿姆河，攻占吐火罗斯坦首府巴里黑，并进一步攻占萨迦尼亚。第二年，古太白率军进攻索格底亚那。他很快进入布哈拉附近的坎比大城，但是在那里遭到了顽强的抵抗，经过一番鏖战才最终取得胜利。此后他又进军索格底亚那地区的布哈拉，受到当地突厥各部族的抵抗，经过数月鏖战才取得胜利，并将索格底亚那地区收入帝国版图。公元 710—712 年，古太白再次出征，取得撒马尔罕与花剌子模地区，紧接着又将锡尔河中下游的拔汗那地区征服。至此，中亚大部分地区被收入阿拉伯帝国的版图。

公元 712 年，为唐玄宗李隆基先天元年。

三、进军印度

在向中亚进军的同时，阿拉伯人的大军又踏上了征服印度次大陆的征程。

早在十六雄国时期（公元前 6 世纪—前 4 世纪），印度也曾出现了类似中国战国时期的多种货币制度并存的局面。公元前 4 世纪，印度孔雀王朝在月护王和阿育王的统治下，逐步赶走希腊人并成为印度次大陆北方的大国。孔雀王朝货币可以说是印度古代本土货币的代表，其银币的基本货币单位是卡夏帕那，理论重量为 3.5 克，含银量 79%。铜币的基本货币单位也称卡

图 1–8　孔雀王朝卡夏帕那银币，3.46 克

夏帕那，理论重量为 8.5 克。在重量上，1 卡夏帕那 = 4 查柯。印度币制的形状和重量都对希腊—巴克特里亚王国与印度—希腊王国的货币产生了影响，尤其是对犍陀罗地区的印度—希腊王国影响更大。

图 1-9 印度—希腊王国安提亚吉塔斯四德拉克马银币，9.79 克

阿育王去世后，孔雀王朝逐渐分裂并衰落，而希腊人再一次深入印度，这里出现了巴克特里亚王国以及希腊化的钱币体系。最初，希腊人按照故土的币制打制 17 克的四德拉克马银币。后来，逐渐采用一种新的重量体系，打制德拉克马银币。这种新的重量体系可以被称为印度标准，印度标准的四德拉克马理论重量为 9.68 克。银币还包括德拉克马、½ 德拉克马。这种新式的四德拉克马银币，一面为希腊文，另一面为当地的佉卢文。

贵霜人在统治中亚的时候，其势力范围也深入印度。伴随贵霜人来到印度的，还有希腊工匠，他们将希腊的古典雕塑艺术与佛教相结合，创造了伟大的犍陀罗佛像艺术。在贵霜帝国之后，再次兴起的本土政权是笈多王国。公元 320 年左右，笈多王国的一位重要的国王旃陀罗 · 笈多继位，并开始自称“众王之王”。很明显，这个称号来自贵霜人，而贵霜人又是从更早的波斯人那里借鉴来的。笈多王国发行了大量金币，以至于每个时代的诗人都把这一现象比喻为“金雨”。[①] 但这些“金雨”很明显源于贵霜

① ［印］帕尔梅什瓦里 · 拉尔 · 笈多：《印度货币史》，石俊志译，法律出版社 2018 年版，第 70 页。

人的金币。更确切地说，源于贵霜王朝波调时期的丰饶女神阿尔多克修纹饰的狄纳里金币。

阿拉伯人对印度的攻略从信德地区开始。早在伊斯兰教兴起之前，阿拉伯人就已经和信德地区建立了联系。萨珊王朝后期，波斯湾与信德地区之间的贸易持续发展。曾经在阿曼的艾兹德部族很早以前就已经从事印度洋的远洋贸易。他们皈依伊斯兰教之后，在对法尔斯和伊朗其他地区的征服战中扮演了重要的角色。此时，这支势力强大的部族四处游说，企图说服穆斯林政权入侵信德地区以期扩大他们的贸易帝国。[①]公元 707 年，穆罕默德·本·噶西姆为大将，率军侵犯信德地区。在阿拉伯人入侵之前，这里的统治者是达希尔，他出身婆罗门种姓。噶西姆的军队一直深入到印度河下游的河谷与三角洲，导致穆斯林对信德地区和南旁遮普的永久占领。[②]史籍《恰奇史记》记载达希尔王对姐妹们说：

图 1–10　笈多王国沙摩陀罗·笈多狄纳里金币，7.8 克

我们的光辉荣耀已经不再，我们命途也已走到尽头。既然安全与自由已无指望，就让我们收集起木柴、棉花和燃油吧。我认为，对于我们来说最好的结局便是将自己烧为灰烬，快快去来世与夫君团圆。

① ［英］休·肯尼迪：《大征服》，孙宇译，民主与建设出版社 2020 年版，第 379 页。

② 纳忠：《阿拉伯通史》（上卷），商务印书馆 1997 年版，第 271 页。

达希尔王的姐妹们都进入一间房屋，点燃火焰自焚了。在此之后，穆罕默德·本·噶西姆下令处决了军事阶层种姓，而工匠、平民和商人，则要么皈依伊斯兰教，要么缴纳人头税。[①]

阿拉伯征服者的脚步并没有止步于信德地区，而是更加深入。中国史籍记录了在公元 8 世纪上半叶的唐朝开元年间，阿拉伯人入侵的事迹。《旧唐书·西戎列传·天竺》记载：

其年，南天竺国王尸利那罗僧伽请以战象及兵马讨大食及吐蕃等，仍求有及名其军。玄宗甚嘉之，名军为怀德军。

四、进军伊比利亚半岛

伊比利亚半岛的西班牙和葡萄牙被阿拉伯人称为安达卢斯。公元 5 世纪，西哥特人征服了这里，并以拖雷多为首都。公元 711 年，穆斯林大军渡过直布罗陀海峡，到公元 716 年，伊比利亚半岛大部分就已在某种形式上成了穆斯林统治下的领土。[②]实际上，比起发动艰苦卓绝、耗费巨大的战争，穆斯林更乐意与当地人议和，以保证自己不会遭受敌对活动的侵扰，并得以取得贡税。以称臣纳贡为条件，当地人可以完全自治。一个典型的例子是签署于公元 713 年的一份西班牙东南部

---

① ［英］休·肯尼迪：《大征服》，孙宇译，民主与建设出版社 2020 年版，第 386 页。

② ［英］休·肯尼迪：《大征服》，孙宇译，民主与建设出版社 2020 年版，第 392 页。

的穆尔西亚统治者迪奥德梅尔和征服者阿卜杜·阿齐兹之间的合约：[①]

奉至仁至慈的真主之名。本合约由阿卜杜·阿齐兹·本·穆萨·本·努赛尔起草，在此为图德米尔·本·加杜什立下和平约定与真主及先知（愿主福安之）的安全担保。我们（阿卜杜·阿齐兹）不会设立额外条款以针对他或任何他的子民，亦不会侵扰他，或剥夺他的地位。他的臣民不会遭受杀戮或掠夺，亦不会被迫妻离子散。他们不会因宗教问题而遭受胁迫、他们的教堂不会遭受焚烧、圣物也不会被掠夺出境，只要迪奥德梅尔恪守诚信，并遵守我们设立的以下条款：

此合约对以下七个城镇生效：奥利维拉、瓦伦西亚、阿利坎特、穆拉、比加斯特罗、爱罗、洛尔卡。

他不得庇护逃犯及敌人，不得煽动受保护民惧怕我们，亦不得隐瞒有关敌人的任何信息。

迪奥德梅尔与他的子民每年应缴纳 1 第纳尔，以及四批量大麦、四批量浓果汁、四批量醋、四批量蜂蜜和四批量橄榄油。奴隶缴纳额度减半。

西班牙被穆斯林统治历时将近 800 年，直到 1492 年在阿拉贡国王斐迪南二世和卡斯帝里亚女王伊莎贝拉一世的十字军前，穆斯林最后的堡垒坍塌了。曾经，穆斯林统治下的西班牙有 70

---

① ［英］休·肯尼迪：《大征服》，孙宇译，民主与建设出版社 2020 年版，第 401 页。

个公共图书馆，首都科尔多瓦拥有 50 万册藏书以造福世人。在当时，人们可以学习数学、历史、哲学、天文学、植物学和法理学，来自法兰西、德意志和英格兰的学生成群结队涌向这里，只有在穆斯林生活的城市中，学生们才能看到知识的源泉。[①] 可以说，穆斯林的到来，并没有摧毁这里的文明，而是使这里更加昌明。

第三节 阿拔斯王朝

一、阿拔斯革命

倭马亚王朝始自艾布·苏福彦的儿子穆阿维叶于公元 661 年成为哈里发。公元 680 年，他的儿子叶齐德一世继位，在位三年。公元 683 年，叶齐德一世的儿子穆阿维叶二世继位，但在位不到三个月。此后，奥斯曼的堂弟，倭马亚家族麦尔旺支派的麦尔旺一世继位。公元 685 年麦尔旺一世去世之后，他的儿子阿卜杜勒·马利克继任哈里发，并在位 20 年。马利克时期，阿拉伯帝国发行了自己的伊斯兰钱币。马利克之后，除了他的侄子欧麦尔二世在公元 717—720 年继任，其余的则是他的四个儿子相继

① ［英］斯坦利·莱恩－普尔：《伊比利亚八百年：摩尔人统治下的西班牙》，中国工人出版社 2022 年版，第 3—4 页。

继任哈里发，因此马利克被称为“列王之父”。马利克的这四个儿子分别是韦立德一世（公元705—715年在位）、苏莱曼（公元715—717年在位）、叶齐德二世（公元720—724年在位）、希沙木（公元724—743年在位）。

史学家对希沙木的评价很高，并将他和穆阿维叶与阿卜杜勒·马利克相提并论，承认他是倭马亚王朝的第三位政治家，也是最后一位政治家。①

尽管希沙木励精图治，希望挽回持续衰落的帝国，但他仍然在统治上有所不足。例如，他害怕哈立德权势过重，就借口哈立德少缴土地税而将其免职。哈立德的去职，使伊拉克的局势再度陷入失控状态。

希沙木时期，帝国新开拓的领土上并不稳定。在东部的中亚地区，突厥人的势力正在崛起，时常进行抵抗。在西部，阿拉伯的大军曾经在公元732年越过比利牛斯山却以失败告终。此前，阿拉伯人进入西班牙已近30年，但始终是分裂的局面。②

随着帝国财富和奴隶的增加，统治者逐渐开始堕落。公元744年继位的叶齐德三世，是帝国第一位由女奴所生的哈里发；而在他之后的两位哈里发，也都是女奴所生。史学家说，文明所特有的各种弊病，特别是酒色歌舞，已经控制了沙漠的子弟，开始摧毁年轻的阿拉伯社会的生命力

① ［美］菲利浦·希提：《阿拉伯通史（第十版）》，马坚译，新世界出版社2008年版，第255页。

② 纳忠：《阿拉伯通史》（上卷），商务印书馆1997年版，第339页。

了。[①] 首先是希沙木之后继任的韦立德二世，他在政治上的失误给了王朝的敌人可乘之机——一直以来企图夺取政权的阿拔斯家族；不忘旧恨的什叶派阿里后裔；桀骜不驯的哈瓦力及派；志在复国的波斯新穆斯林。这些反对势力结成了大联盟。与此同时，叶齐德三世率军攻入大马士革，开始了倭马亚家族的第一次火并。公元 744 年，韦立德二世被暗杀，叶齐德三世继位。但新上任的叶齐德三世十分贪婪，克扣军饷。不孚众望的叶齐德三世遭到各方反对，在位不到六个月就去世了。他的弟弟易卜拉欣继位，但由于此人平庸无能，遭到了更多人的反对，在位仅三个月就去世了。[②]

阿拔斯人的祖先阿拔斯是穆罕默德的伯父，因此阿拔斯人的后裔以正统自居。阿拔斯族人已经密谋了近 30 年的夺权活动，他们联合了什叶派以及波斯新穆斯林反对倭马亚王朝。倭马亚王朝的最后一任哈里发麦尔旺二世，尽管也曾希望复兴帝国，但是面对摇摇欲坠的政权，已经回天乏术。由于各地起义与反抗不断，阿拔斯革命的时机已经成熟。

公元 747 年，阿拔斯革命正式举起了什叶派的黑色旗帜，并在呼罗珊起事。首先夺取了呼罗珊首府木鹿，继而夺取伊拉克首府库法。公元 749 年，阿拔斯人的领袖艾布·阿拔斯被拥戴为哈里发，并于第二年率师西进与麦尔旺二世的白旗军展开大战。白旗军在战役中大败，首都大马士革陷落，麦尔旺二世逃亡埃及。

---

① ［美］菲利浦·希提：《阿拉伯通史（第十版）》，马坚译，新世界出版社 2008 年版，第 255 页。

② 纳忠：《阿拉伯通史》（上卷），商务印书馆 1997 年版，第 340 页。

此后，倭马亚王室的阿卜杜·拉赫曼逃往西班牙，另立王朝。倭马亚王朝至此覆灭。[①] 对这一段历史，《旧唐书·西戎列传·大食》有非常详细的记载：

摩诃末后十四代，至末换。末换杀其兄伊疾而自立，复残忍，其下怨之。有呼罗珊木鹿人并波悉林举义兵，应者悉令着黑衣，旬月间众盈数万。鼓行而西，生擒末换，杀之。遂求得悉深种阿蒲罗拔，立之。末换已前谓之白衣大食，自阿蒲罗拔后改为黑衣大食。

《旧唐书》中，所谓“摩诃末”，即指穆阿维叶；被杀害的“伊疾”是指叶齐德；“并波悉林”是指在木鹿发动革命的将领艾布·穆斯林；“悉深种”是指哈希姆族；“阿蒲罗拔”是指艾布·阿拔斯。

有人认为，倭马亚王朝和阿拔斯王朝的区别在于，倭马亚王朝是阿拉伯人的，而阿拔斯王朝是国际性的，因为这个新的帝国包括了各种民族成分，阿拉伯人只是其中的一个。[②] 这种看法十分中肯，因为到了阿拔斯王朝时期，帝国境内的各民族成分更加复杂，最初是波斯人，后来是突厥人，纷纷占据帝国中十分显赫的职位。而阿拔斯家族则是通过“先知家族”血统的印记，将哈里发职务绝对君主化乃至神格化，彻底完成了哈里发作为伊斯兰

① 纳忠：《阿拉伯通史》（上卷），商务印书馆 1997 年版，第 342—343 页。

② ［美］菲利浦·希提：《阿拉伯通史（第十版）》，马坚译，新世界出版社 2008 年版，第 263 页。

共同体统合象征的历史工程。[①]

阿拔斯王朝的首任哈里发艾布·阿拔斯，穷兵黩武自称屠夫（al-saffah），艾布·阿拔斯三十几岁便因天花丧命。他的继任者是他的弟弟艾布·哲耳法尔。哲耳法尔自称曼苏尔（al-Mansur），意为常胜者。曼苏尔是阿拔斯王朝的奠定者，此后王朝的几十位哈里发，都是他的直系子孙。

在平定了帝国的战乱之后，曼苏尔要在大马士革之外建立新的首都。他选择了萨珊王朝时期的一个小村庄——巴格达。巴格达的意思是"天赐"。曼苏尔说：

> 这个地方是一个优良的营地。此外，这里有底格里斯河，可以把我们和老远的中国联系起来，可以把各种海产和美索不达米亚、亚美尼亚及其四周的粮食，运来给我们。这里有幼发拉底河，可以把叙利亚、赖盖及其四周的物产，运来给我们。[②]

定都巴格达，不仅意味着波斯文化对阿拔斯王朝的影响更加深入，而且意味着帝国的政治中心向东方移动。这就给东方的文明传入打开了方便之门。由于波斯文明的不断深入影响，伊斯兰文明开始进入文化上的繁荣期。在政治上，阿拔斯王朝借鉴波斯的君主专制，这与以前的阿拉伯族长制大相径庭。总体来说，波斯文化的影响是全面的，阿拉伯人只保留了宗教和

① 张锡模：《圣战与文明：伊斯兰与西方的永恒冲突》，生活·读书·新知三联书店 2016 年版，第 67 页。

② ［美］菲利浦·希提：《阿拉伯通史（第十版）》，马坚译，新世界出版社 2008 年版，第 266 页。

语言。[1]相较于大马士革，巴格达与波斯有更加广泛的联系。王朝不仅仿照波斯建立了宰相制度，而且选任了许多波斯人出任宰相。在波斯人的治理下，王朝蒸蒸日上。曼苏尔在去世前嘱咐他的儿子们：

吾嘱尔善待呼罗珊人。呼罗珊人乃吾儿左臂右膀，曾为社稷尽忠效力，吾儿应对彼等广布仁爱，多施恩惠，宽宥其过错，奖励其功勋，抚恤其死后留下之眷属及子嗣。[2]

与其说阿拉伯文明和伊斯兰教传到了西亚和中亚，不如说波斯文明借着阿拉伯帝国的身躯再次复兴。

二、哈伦盛世

阿拔斯王朝建立后，开国哈里发是艾布·阿拔斯（公元749—754年在位）。此时正值唐朝天宝年间。天宝十年（公元751年），发生了著名的怛罗斯之战。在这之前，也就是天宝六年（公元747年），安西副都护高仙芝——他是一位高句丽贵族——率兵平定小勃律国，两年后击破揭师国，又进军石国，擒石国国王。石国王子逃难奔走，将此事告知西域诸国。各国听闻后大为震惊，在愤怒之下计划联合阿拉伯军队攻击高仙芝的唐朝军队。高仙芝得知此事后十分惧怕，便率领两万精兵深入，并与阿拉伯军

① ［美］菲利浦·希提：《阿拉伯通史（第十版）》，马坚译，新世界出版社2008年版，第267页。

② ［埃及］艾哈迈德·爱敏：《阿拉伯伊斯兰文化史》（第2册），朱凯、史希同译，商务印书馆2019年版，第47页。

队在怛罗斯城遭遇，结果大败。《新唐书》载："仙芝众为大食所杀，存者不过数千。"在这种危急的局势下，副将李嗣业说："将军你深入胡地，后面又没有救兵。如今大食军队获胜的消息被其他胡人知道了，必然会乘胜追击。如果咱们全军覆没，我和将军都被敌人俘虏，还有谁能报答圣恩呢？不如我们尽早做突围撤退之计。"高仙芝起初并没有答应，在李嗣业的一再劝说下才决定退守突围。这段历史就发生在艾布·阿拔斯在位期间。

在开国哈里发阿布·阿拔斯的短短几年统治之后，就是曼苏尔对王朝的奠基期（公元 754—775 年）。怛罗斯之战后，唐朝又经历了安史之乱，自此走向衰落。在西方，公元 751 年丕平出任国王，公元 768 年查理曼大帝继承王位，法兰克王国加洛林王朝正逐步走向强大。

曼苏尔去世后，麦赫迪（公元 775—785 年）继位。由于曼苏尔在世时获得重用的波斯宰相哈立德治国有功，于是他的家族都受到重用。麦赫迪在位期间，哈立德的儿子继续担任重要的职位。

麦赫迪去世后，其子哈迪继任，但不久就去世了。此后，哈迪的弟弟哈伦·拉希德继位，并开创了阿拔斯王朝的鼎盛期中的顶峰（公元 786—809 年）。早在之前的公元 780 年，哈伦·拉希德继位就曾统兵征讨拜占庭，公元 782 年再次率军远征君士坦丁堡，迫使拜占庭女皇伊琳娜纳贡乞和。[①]

哈伦·拉希德在位时注重兴修水利，发展农业。同时，他也重视保护手工业和商业，尤其是对商业进行了很大的支持，修建

① 哈全安：《哈里发国家史》，天津人民出版社 2016 年版，第 119 页。

驿站，使帝国境内商业繁荣。通过勾连东方与西方的贸易，巴格达成为当时有名的贸易中心。哈伦·拉希德还在税收方面进行改革，国家收入进一步提升。

公元 792 年，哈伦·拉希德指定长子穆罕默德（即艾敏）作为哈里发的第一继承人，次子阿卜杜勒（即麦蒙）为第二继承人。兄弟二人中，哥哥艾敏有较为纯粹的阿拉伯血统，而弟弟麦蒙则有波斯血统。公元 802 年，哈伦·拉希德在麦加明确规定了兄弟二人的权限，艾敏首先继承父位，出任哈里发，并且直接治理伊拉克和西部各省；弟弟具有承袭兄位的权利，并且统辖扎格罗斯山以东的地区。公元 809 年艾敏继位后，他不能容忍二弟麦蒙和另一个弟弟与自己共治天下，开始分别向他们发难，[①] 王朝开始进入短暂的内战期。

三、学术黄金期

麦蒙和他的哥哥进行了数年的战争之后于公元 813 年取得了胜利，于 818 年从呼罗珊的木鹿入主伊拉克。麦蒙时期是帝国文化上的黄金期（公元 813—833 年）。

黄金期源于当时造纸术在帝国的传播。在大约 60 年前的唐朝与大食之间的怛罗斯城战役中，一些掌握了造纸术的唐朝军人被俘至中亚的撒马尔罕。于是，中亚的第一批造纸厂诞生了。此后，造纸术逐渐西传，到了公元 8 世纪的最后十年，巴格达的造纸厂也开始运作了。造纸术的运用与书籍装订制作技术的发展，

① 哈全安：《哈里发国家史》，天津人民出版社 2016 年版，第 123 页。

使知识的传播开始了爆发式的增长。缘起于当时人们对占星术的痴迷，并得益于中国的造纸术，阿拔斯王朝开启了百年翻译运动。[①]公元10世纪的一部名为《书目》的著作中，既记载了巴格达学者的传略，又收录了所有的阿拉伯文书籍。同时，这部书中还讲述了这样一个故事：

麦蒙梦见一个面色红润、前额较高、眉毛浓密、秃头、深蓝色眼睛、身形英朗的人坐在椅子上。麦蒙说："我梦见自己充满敬畏地站在他面前。"我问："你是谁？"答曰："我是亚里士多德。"我很开心能见到他，又问："哦，哲学家，我可以问你一些问题吗？"答曰："可以。"又问："何谓善好？"答曰："符合理智的一切。"再问："除此之外呢？"答曰："大众认为好的事物。"我继而问："此外呢？"答曰："别无'此外'。"[②]

麦蒙是一个经历过战争的人，明白帝国需要新的道德风尚，这一切给了他决心和见识。他用许多时间去追求精神生活，他喜欢读书，喜欢钻研哲学，喜欢辩论宗教和教法问题。各个学科的学者聚集在他的周围，他和学者之间经常展开讨论和辩论。[③]帝国的学者逐渐从对占星术的痴迷，转向了对古典哲学的热爱与研

① ［英］吉姆·哈利利：《寻路者：阿拉伯科学的黄金时代》，李果译，中国画报出版社2020年版，第52页。

② ［英］吉姆·哈利利：《寻路者：阿拉伯科学的黄金时代》，李果译，中国画报出版社2020年版，第18页。

③ ［埃及］艾哈迈德·爱敏：《阿拉伯伊斯兰文化史》（第2册），朱凯、史希同译，商务印书馆2019年版，第131页。

究，在翻译著作的同时，也存世大量原创作品。学者还对纯粹的学问有浓厚的兴趣，当时的数学、物理学都取得了辉煌的成就。大名鼎鼎的“阿拉伯字母”也是在这一时期产生。

四、王朝衰落

公元 833 年，麦蒙统治结束，穆阿台绥姆继位。正是从这一时期开始，突厥将军踏上阿拔斯王朝的政治舞台。突厥将军不仅排挤和打压阿拉伯人与波斯人，而且取得了许多政治与经济利益，甚至可以操控哈里发的命运。在这一时期，王朝首都迁往萨马拉，王朝政府完全被突厥将军控制，穆阿台绥姆悔不当初。[①] 伊本·赫勒敦在《历史绪论》中说：

这时，当权派依靠他们的家奴和家臣来维持国家政权。这些家奴和家臣要么是在同一族亲意识的熏陶下成长起来的，要么是族群以外的人，他们投靠过来，完全支持这个政权。阿拔斯王朝发生的情况就是这样的。到了穆阿台绥姆和他的儿子瓦西格朝代时，阿拉伯人的亲族意识遭到了破坏，后来他们就依靠波斯人、突厥人、德莱姆人和塞尔柱人等。这些非阿拉伯民族的势力逐渐壮大，控制了许多地区的政权，王朝的势力范围日渐缩小，只剩下巴格达及其周围地区。[②]

在穆阿台绥姆之后的哈里发瓦西格（公元 842—847 年在位）

① 纳忠：《阿拉伯通史》（上卷），商务印书馆 1997 年版，第 595 页。

② 伊本·赫勒敦：《历史绪论》，李振中译，宁夏人民出版社 2015 年版，第 197 页。

希望重整河山，但仍然无果，郁郁而终。此后他的弟弟穆台瓦基里（公元 847—861 年在位）继位，即便是处在偏安的萨马拉，哈里发仍然修建了十分宏伟的建筑群。据说，穆台瓦基里后来被突厥人暗杀。在穆台瓦基里之后，哈里发分别是孟台绥尔（公元 861—862 年在位）、穆斯台因（公元 862—866 年在位）、穆耳台兹（公元 866—869 年在位）、穆赫台迪（公元 869—870 年在位）。这些哈里发都受到突厥人的控制，并且在位时间很短。公元 870 年，第十四任哈里发穆尔台米德（公元 870—892 年在位）继位，他在位的二十几年里，在他的弟弟艾哈迈德·穆瓦法格的帮助下，使王朝出现了短暂的复兴。穆瓦法格利用突厥将军内部出现分裂的时机，首先把处于分裂状态的突厥军统一起来，并置于自己的控制之下；然后借着派遣大军，把各地的反抗势力分别镇压下去。由此他挽救了帝国，在一定程度上恢复了哈里发的尊严。[①]

公元 9 世纪末，在东方，大唐灭亡，中国进入五代十国时期。

公元 891 年，战功显赫的穆瓦法格先于他的哥哥穆尔台米德去世。公元 892 年，穆尔台米德也去世，于是，穆瓦法格的儿子穆尔台迪德（公元 892—902 年在位）继位。穆尔台迪德既是一位军事家，也是一位政治家，他在任上成功将首都迁回巴格达。穆尔台迪德在位十年，治国有绩。

穆尔台迪德去世后，他的儿子穆克台菲（公元 902—908 年在位）继位。继位后不久，突厥人就卷土重来。公元 908 年，穆克台菲郁郁而终。此后，突厥人扶持了 13 岁的傀儡哈里发穆格

---

① 纳忠：《阿拉伯通史》（上卷），商务印书馆 1997 年版，第 598 页。

台底儿（公元 908—932 年在位）上位。突厥将军与权贵，不仅横征暴敛，而且大量蓄养奴隶。公元 934 年继位的哈里发拉基在位时，国内局势更加混乱。无奈之下，哈里发任命将军伊本·拉伊格为总埃米尔，也就是总长官，负责处理全国军政事务。哈里发从此成了总埃米尔的傀儡。

公元 946 年，突厥军政力量衰落。波斯人布韦希的势力逐渐登上政治舞台，并控制了哈里发。[①] 公元 960 年是中国的宋太祖赵匡胤建隆元年。1057 年，塞尔柱人进入巴格达，赶走了布韦希势力和法蒂玛军队。阿拔斯王朝在塞尔柱人的监护下最后又延续了 200 年。

1160 年，哈里发穆斯坦吉德继位（1160—1170 年在位）。他在位期间，东部花剌子模的突厥人开始挑战塞尔柱王朝。在这一时期，哈里发穆斯坦吉德甚至要靠纺织卖钱度日。据 12 世纪旅行家本杰明记载，巴格达的哈里发穆斯坦吉德“只享受那些凭自己双手获取的事物，处分凭自己双手赚的钱，因此亲自织造裯，并再盖上他的玉玺。这些裯被他的官员在公共集市上销售，被土地贵族购买，所获收益为其提供日常之用”。[②] 此后，1180 年继位的阿拔斯第 34 代哈里发纳绥尔（1180—1225 年在位）使王朝一度出现了回光返照。

1251 年后，蒙古军队在旭烈兀的率领下开始第二次西征。此时，阿拔斯王朝当政的是末世哈里发穆斯台耳绥姆（1242—

① 纳忠：《阿拉伯通史》（上卷），商务印书馆 1997 年版，第 601 页。

② 《本杰明行纪》，李大伟译注，商务印书馆 2022 年版，第 321 页。

1258 年在位）。旭烈兀率师一路西进，征服中亚与西亚，并最终围城巴格达。旭烈兀兵临城下之际，致书哈里发，命其来见。哈里发不至，但表示愿缴纳贡赋。此后，旭烈兀第二次催促哈里发来见，但哈里发意志坚定，决心御敌，拒不往见。于是，旭烈兀猛烈攻城数月，于 1258 年 2 月攻入巴格达。哈里发和诸王公大臣全部被俘，旭烈兀搜刮了宫中金珠，又入后宫掠宫女 700 余人，又掘地寻宝。至此，阿拔斯王朝历代哈里发五百年的积蓄被洗劫一空。[①]1279 年，陆秀夫负宋帝蹈海死，宋亡。

第四节
割据王朝与后续王朝

一、后倭马亚王朝与法蒂玛王朝

后倭马亚王朝与法蒂玛王朝先后兴起于西班牙和北非，前者是由倭马亚王朝后裔建立的，后者是由什叶派穆斯林建立的。这两个王朝和巴格达的阿拔斯王朝互不隶属，相对独立，但都属于古代阿拉伯国家。

后倭马亚王朝。阿拔斯革命时期，曾对倭马亚家族进行清洗。公元 750 年，大马士革的倭马亚王朝哈里发希沙木的孙子阿卜杜勒·赖哈曼·伊本·穆阿维叶开始了他的逃亡生涯。在逃亡的途

① 纳忠：《阿拉伯通史》（上卷），商务印书馆 1997 年版，第 634—635 页。

中，他结识了许多叙利亚人。这些叙利亚人是倭马亚王朝的旧部，他们并不支持阿拔斯王朝的统治。此后，阿卜杜勒·赖哈曼率领这些叙利亚人，在公元756年攻克了西班牙的科尔多瓦。在控制了西班牙后，这位倭马亚王族后裔自称埃米尔。尽管巴格达的哈里发几次希望武力攻灭这位西班牙的埃米尔，但均未成功。真正使后倭马亚王朝强大起来的是阿卜杜勒·拉赫曼一世，他不仅成为东方的阿拔斯王朝的强大对手，也是与阿拔斯王朝哈里发结盟的查理曼大帝的强大对手。公元757年，他停止了在金曜日对阿拔斯王朝哈里发的祝福，但是仍自称埃米尔。到了10世纪初，阿卜杜勒·拉赫曼三世统治时期（公元912—961年在位），后倭马亚王朝达到极盛时期。阿卜杜勒·拉赫曼三世也自称哈里发。后倭马亚王朝一直持续了275年，直到1031年灭亡。[①]

法蒂玛王朝。阿拔斯王朝建立后，曾经的同盟什叶派穆斯林备受迫害。于是，这些穆斯林躲避到叙利亚，以图发展。此后，库法城的学者艾布·阿卜杜勒·侯赛因在公元900年左右到北非传布什叶派教义。经过多年努力，艾布·阿卜杜勒·侯赛因网罗了大批信徒，并组织了一支强大的武装力量。当时潜伏在叙利亚北方的伊斯玛仪派首领欧贝杜拉·麦赫迪闻讯后，乔装为商人，离开叙利亚，经巴勒斯坦、埃及到达突尼斯，但在突尼斯不幸入狱，后经艾布·阿卜杜勒·侯赛因营救出狱。公元909年，欧贝杜拉·麦赫迪（公元909—934年在位）率领军队，推翻当地政权艾

① ［美］菲利浦·希提：《阿拉伯通史（第十版）》，马坚译，新世界出版社2008年版，第463页。

格莱卜王朝，在莱嘎代城宣布建立哈里发王朝。由于欧贝杜拉·麦赫迪自称先知穆罕默德之女、阿里之妻法蒂玛的后裔，故新王朝自称法蒂玛哈里发王朝。自此，法蒂玛王朝势力逐渐扩张，几乎囊括大部分北非。[①]公元973年，法蒂玛王朝的第二位奠基人昭海尔将首都迁至嘎希赖，即开罗城，使这里成为伊斯兰教一个新的中心。法蒂玛王朝第五任哈里发阿齐兹时期（公元975—996年在位），是法蒂玛王朝的鼎盛时期。阿齐兹治下的开罗的哈里发王朝，甚至使巴格达的哈里发王朝黯然失色。阿齐兹时期稍晚于西班牙后倭马亚王朝阿卜杜勒·拉赫曼三世时期。[②]在阿齐兹时期之后，法蒂玛王朝逐渐衰落，直至1171年灭亡。

二、波斯人的割据王朝

阿拔斯王朝时期，波斯人逐渐受到重用。在获得了政治上或军事上的权力后，波斯人开始地方割据，相继形成一个个割据王朝。

塔希尔王朝。巴格达的哈里发麦蒙在继位之前与其弟弟艾敏曾经进行过激烈的斗争。在这个斗争的过程中，他曾重用波斯将军塔希尔·本·侯赛因。公元820年，麦蒙任命塔希尔为呼罗珊总督。此后，塔希尔拥兵自重，不服巴格达的指挥。塔希尔去世后，麦蒙不得已承认了他的家族对呼罗珊总督的世袭。由此看来，尽管麦蒙时期是阿拔斯王朝的极盛期，但东部的呼罗珊仍然自塔

① 纳忠：《阿拉伯通史》（下卷），商务印书馆1997年版，第33页。

② ［美］菲利浦·希提：《阿拉伯通史（第十版）》，马坚译，新世界出版社2008年版，第566页。

希尔开始成为一个半独立的国家。塔希尔并不敢自称国王，只称自己为埃米尔。但是，他在穆斯林的聚礼上已经停止为哈里发祈祷，将“求安拉赐福于哈里发麦蒙”的祷词，改为“求安拉赐福于先知穆罕默德的信徒”。[①] 塔希尔一朝共有 5 位埃米尔，前后共历时 50 余年，并多次以狄尔汗向巴格达上缴赋税。历史学家评价说：“在理论上，塔希尔王朝没有任何实质性的东西发生变化，而实际上，第一个独立的穆斯林王朝已经在伊朗的土地上建立起来了。波斯人的政治复兴开始了。”[②] 塔希尔王朝最初建立在呼罗珊，后来迁到木鹿，再后来迁到尼沙普尔，并在那里维持自己的势力。塔希尔王朝一直持续到公元 872 年。[③]

萨曼王朝。塔希尔王朝崛起后，巴格达哈里发为了巩固在中亚的统治，一方面扶植直属的官员，并在当地大兴水利；另一方面将原本属于呼罗珊省的撒马尔罕、拔汗那等地从塔希尔统辖区域独立出来，以避免塔希尔家族插手河中地区的事务。这样做也是为了防止呼罗珊的塔希尔家族侵吞年税。[④] 随着萨法尔家族的崛起，巴格达哈里发又委任萨曼家族的奈斯尔·本·艾哈迈德为河外地区长官，统辖河外全部地区，并以布哈拉为首府。奈斯尔去世后，其弟弟易司马仪继位，于公元 904 年攻灭萨法尔王朝，

---

① 纳忠：《阿拉伯通史》（上卷），商务印书馆 1997 年版，第 605 页。

② R. N. Frye, *The Cambridge History of Iran*, Vol. 4, Cambridge University Press, 1975, p. 90.

③ ［美］菲利浦·希提：《阿拉伯通史（第十版）》，马坚译，新世界出版社 2008 年版，第 420 页。

④ 蓝琪、赵永伦：《中亚史》（第二卷），商务印书馆 2018 年版，第 235 页。

此后逐渐扩张势力，一时间中亚大部分地区在萨曼王朝控制之下。[①] 萨曼王朝建立于布哈拉，而撒马尔罕也是王朝的主要城市，作为学问和艺术的中心，几乎使巴格达相形失色。[②] 萨曼王朝于10世纪末灭亡。

萨法尔王朝。萨法尔王朝的建立起源于一场“银铜大战”。公元853年，呼罗珊南部锡斯坦的狄尔汗（Dirham）开始反对当地的当权者，而在这场内讧中，被称为“铜匠”（Saffar）的雅库布崭露头角。雅库布在狄尔汗的阵营中掌控了兵权，但是又在公元861年推翻了狄尔汗，自己成为锡斯坦的统治者，自此，因“铜匠”而得名的萨法尔王朝建立。雅库布曾希望推翻巴格达哈里发的统治，公元876年先锋部队一度开到距离巴格达城只有50公里的地方。当时的巴格达哈里发组织了有效的反击，击退了雅库布的军队。就在雅库布的军队进攻巴格达的同时，此前曾攻下的土地却被塔希尔王朝占领。公元879年，雅库布去世，他的两个弟弟开始争夺埃米尔之位，最终阿慕尔·布·莱斯获胜。阿慕尔·布·莱斯曾经在王朝创立过程中立下汗马功劳。他登上埃米尔之位后，经过一番努力，重新确立了王朝在呼罗珊的统治。[③] 萨法尔王朝建都尼沙普尔，于1002年灭亡。

白益王朝。公元946年，波斯布韦希人再一次进入阿拉伯帝国的政治核心。布韦希人不满足于总埃米尔的称号，而是自称国

---

① 纳忠：《阿拉伯通史》（上卷），商务印书馆1997年版，第606页。

② ［美］菲利浦·希提：《阿拉伯通史（第十版）》，马坚译，新世界出版社2008年版，第421页。

③ 蓝琪、赵永伦：《中亚史》（第二卷），商务印书馆2018年版，第229页。

王，甚至是“王中王”（沙赫沙）。他们只是将哈里发作为宗教上的领袖。[①]这个实际上控制了阿拔斯王朝哈里发的“国中之国”就是白益王朝（公元945—1055年，又称布韦希王朝）。他们兴起于伊朗地区，相传是萨珊波斯王朝后裔。这个家族最初由三个兄弟统领，分别是阿里、哈桑和艾哈迈德。进入巴格达的就是最后一个兄弟艾哈迈德。兄弟三人中，实力最强的阿里作为王朝的核心。他去世后，指定哈桑的儿子阿杜德·道莱（公元949—983年）继承大统。阿杜德·道莱——他的名字是哈里发御赐的，意为“国家的胳膊”——十分有才干，其所控制的范围远超过去的突厥人。可以说，阿拔斯王朝除阿拉伯半岛之外的大部分地区都由他控制。阿杜德·道莱在位30余年，文治武功，在获得军事和政治上的成功之外，还对伊斯兰文化的再次繁荣起到了非常重要的作用。白益王朝分为若干小的统治区，父子相传。王朝内各个统治区的统治者通常自称埃米尔，而更加资深的埃米尔则自称“埃米尔中的埃米尔”，他们也会自称“国王中的国王”。白益王朝结束于1055年。

三、突厥人的割据王朝

10世纪下半叶，正是西班牙的后倭马亚王朝和非洲的法蒂玛王朝的鼎盛期，其力量足以抗衡欧洲和巴格达的阿拔斯王朝。与此同时，白益王朝兴起，并逐渐控制了巴格达的哈里发，而东部突厥人相继建立了若干割据王朝。阿拔斯王朝在此时正陷入分

---

① 纳忠：《阿拉伯通史》（上卷），商务印书馆1997年版，第601页。

裂的局面。

伽色尼王朝。伽色尼王朝是从萨曼王朝内部分化出来的，创始人阿尔卜特金原来是萨曼人的突厥奴隶。阿尔卜特金为人精明干练，立下战功，受到重用，相继被委任为呼罗珊和印度北部苏里曼山区伽色尼地区的埃米尔，统率着一支能征善战的突厥军队。阿尔卜特金后来羽翼丰满，势力做大，逐渐脱离了萨曼人的控制。公元 962 年，尽管名义上承认萨曼王朝为宗主国，实际上已经独立，自称伽色尼王朝。[①] 阿尔卜特金去世后，他的女婿纳斯尔伦丁 · 素卜克特金（公元 976—997 年在位）继位。素卜克特金是伽色尼王朝的真正奠基者。他打着萨曼王朝的旗号向印度北部扩张。他打败了拉合尔的军队，占领旁遮普，最后统治了印度北方的广大山区和辽阔的平原。由此，伽色尼王朝一跃成为一个幅员辽阔、实力雄厚的王国。公元 998 年，素卜克特金去世，其子马哈茂德继位（公元 998—1030 年在位），此时伽色尼王朝国事兴隆，达到鼎盛。[②] 自马哈茂德起，伊斯兰独立王朝的统治者开始被称为"苏丹"。[③] 伽色尼王朝灭亡于 1186 年。

德里苏丹王朝。1186 年，伽色尼王朝亡于古尔人。古尔王

---

①② 纳忠：《阿拉伯通史》（上卷），商务印书馆 1997 年版，第 609 页。

③ "苏丹"（sultan），原意为力量或权柄。在马哈茂德被授予"苏丹"的称号后，哈里发常将此头衔授予帝国辖区内各地君主，遂为伊斯兰国家广泛使用。而在阿拔斯王朝灭亡之后建立的奥斯曼帝国，其统治者也称苏丹。苏丹统治的国家被称为苏丹国。参见金宜久主编：《伊斯兰教小辞典》，上海辞书出版社 2006 年版，第 284 页。但另有观点认为，根据钱币学的证据，塞尔柱王朝的君主才是最先使用"苏丹"这一称谓的人。参见［美］菲利浦 · 希提：《阿拉伯通史（第十版）》，马坚译，新世界出版社 2008 年版，第 423 页。

朝的苏丹穆罕默德于1206年遇刺身死，其国家分裂。而统治印度的总督库特布丁·艾伊拜克以德里为中心独立为苏丹，故称德里苏丹国，北印度从此开始了德里苏丹王朝的时代。其后的320年间经历了彼此没有家族关系，甚至没有种族关系的5个王朝、32个苏丹的统治。

塞尔柱王朝。公元10世纪中叶，兴起于阿姆河外吉尔吉斯草原的土库曼乌古斯部落的酋长塞尔柱·本·达戛格，联合本地区的土库曼诸部落，建立部落联盟，开始向外大迁移、大扩张的过程。最初塞尔柱率领所辖部落联合萨曼王朝一起攻灭河外地区汗国，并陆续攻占布哈拉、撒马尔罕等重要城市。萨曼王朝灭亡后，塞尔柱人的势力日益壮大，趁机吞并了萨曼王朝所统治的河外地区领土。11世纪初，塞尔柱的子孙开始第二次大迁移、大扩张，渡过阿姆河后南下、西进。1037年，其击败伽色尼王朝军队，夺取尼沙普尔、木鹿，并以木鹿为首都，建立了塞尔柱王朝。此后，塞尔柱人夺取了巴里黑、戈尔甘、塔巴里斯坦、花剌子模、赖伊、哈马丹、伊斯法罕、设拉子等地。1054年，塞尔柱的孙子突格里勒将呼罗珊和伊朗纳入王朝版图。此后，突格里勒率领塞尔柱人进行第三次大迁移、大扩张。当时，戛伊姆名义上是阿拔斯王朝的哈里发，但实际上已经是白益王朝的傀儡。1055年，突格里勒率部进入巴格达，哈里发戛伊姆率重臣迎接，奉其为“救星”，任命其为摄政王，并加封“东方和西方的苏丹”。[①]1057年，突格里勒转战他地，法蒂玛绿衣大食鼓动御

① 纳忠:《阿拉伯通史》(上卷)，商务印书馆1997年版，第617—619页。

林军突厥首领白萨西里乘虚而入。白萨西里攻入后处死当朝宰相，并放逐哈里发戛伊姆。不久后，突格里勒杀回巴格达，铲除白萨西里，并迎回哈里发戛伊姆。1059 年，塞尔柱人相继赶走巴格达的布韦希人和法蒂玛绿衣大食。塞尔柱人建立的庞大帝国，史称“大塞尔柱国”。1071 年，塞尔柱人的鲁姆塞尔柱国开始进攻拜占庭，并占领了小亚细亚地区，与君士坦丁堡隔岸相望。突厥人的进攻，使拜占庭人受到了前所未有的挑战，以至于遣史中国希望获得帮助。《宋史》载：“元丰四年十月，其王灭力伊灵改撒始遣大首领弥厮都令厮孟判来献鞍马、刀剑、真珠。”

赞吉王朝。在向中国求援的同时，拜占庭皇帝还向西方的罗马教会求援。1096 年，罗马教会为了统一东西方教会，发动西欧的封建主和骑士掠夺土地，开始了历时 200 年的十字军东征。第一次东征历时两年，十字军攻下小亚细亚，攻陷耶路撒冷，在耶路撒冷建立拉丁国。在十字军的占领区，穆斯林遭到压迫，结果日趋团结。1127 年，摩苏尔地区塞尔柱人的埃米尔伊马顿丁·赞吉形成了一股强大的力量，建立赞吉王朝，向十字军发起反攻。经过一系列战争，叙利亚地区大部分重要城市已经落入赞吉人之手。[①]1146 年，赞吉去世，其子平分了赞吉王朝的土地。长子赛福丁·加齐以摩苏尔为首府，领有美索不达米亚；次子努尔丁·马哈茂德以阿勒颇为首府，领有叙利亚地区。此后，赞吉王朝后裔不断分封，又相继出现了若干封建小国。

① 纳忠:《阿拉伯通史》(下卷)，商务印书馆 1997 年版，第 75 页。

艾尤卜王朝。1164—1169 年，十字军进攻埃及，塞尔柱将军西勒克和侄子萨拉丁率军迎战。在击退十字军后，西勒克和萨拉丁先后被任命为埃及的法蒂玛王朝的首相。萨拉丁任法蒂玛王朝首相后，同父亲艾尤卜仍然是赞吉王朝的部将。1171 年，萨拉丁废黜法蒂玛王朝，艾尤卜王朝建立，萨拉丁称自己为“苏丹”，并宣布拥护巴格达的哈里发。1174 年，赞吉王朝努尔丁去世，萨拉丁立即宣布埃及独立，并获得巴格达哈里发的承认。萨拉丁先后获得了埃及、马格里布、努比亚、阿拉伯半岛西部以及巴勒斯坦等地，并于 1178 年收复耶路撒冷，此后又取得叙利亚大部分地区。[①] 然而，在萨拉丁去世后，他的儿子们开始争夺领地并导致王朝分裂。13 世纪，艾尤卜王朝逐渐为西征的蒙古人所控制，并最终灭亡于马木留克王朝。

花剌子模王朝。10 世纪末，中亚花剌子模绿洲名义上是萨曼王朝的臣属领地，实际上由两个独立政权统治着，一个是阿拉伯帝国的花剌子模总督马蒙家族；另一个是花剌子模本地人建立的阿夫格里王朝。10 世纪末，马蒙家族推翻阿夫格里王朝，自称“花剌子模沙”，建立花剌子模第一王朝。11 世纪初，伽色尼王朝苏丹马哈茂德又推翻了马蒙家族的政权，确立了伽色尼王朝在花剌子模的统治，其王朝所派遣的突厥将军阿尔通塔什的家族开始了对这里的实际统治，自称“花剌子模沙”，史称花剌子模第二王朝。1043 年，塞尔柱人推翻阿尔通塔什后人的统治，结束了花剌子模第二王朝。大约在 1077 年，塞尔柱马立克沙任命

① 纳忠：《阿拉伯通史》（下卷），商务印书馆 1997 年版，第 79—81 页。

其将领讷失特勤为花剌子模沙黑纳，此后，花剌子模绿洲就一直处于讷失特勤的统治之下，史称花剌子模第三王朝。①12 世纪的中亚地区十分混乱。地处花剌子模绿洲，讷失特勤家族同周边的塞尔柱王朝和西辽王朝战争不断。花剌子模第三王朝第二代君主忽都不丁·穆罕默德，与塞尔柱王朝还保持着密切的联系。讷失特勤的孙子阿即斯则终其一生都在为花剌子模的独立奋斗，尽管多次遭到失败，但他为花剌子模王朝奠定了基础。②除了与塞尔柱人有关系之外，花剌子模王朝和西辽王朝的关系也相当复杂。阿即斯在世时，曾在一次战役中败于西辽，从此称臣纳贡，每年缴纳 3 万第纳尔或者是与其相当的实物。尽管在阿即斯的子孙们统治之时，王朝开疆扩土，但由于西辽在地理位置上屏障蒙古人的重要战略地位，因此仍然坚持履行纳贡的协议。直到 1200 年阿劳丁·摩柯末继位，其在位期间斩使毁约，摆脱了与西辽之间的臣属关系。但好景不长，1215 年，摩柯末首先挑衅术赤率领的蒙古军队，结果 5 年后，蒙古人大举进军，摩柯末在西逃途中去世。③

四、后续王朝

塞尔柱人的登场，开启了哈里发帝国史上的一个新纪元。11 世纪他们从东方兴起时，哈里发的帝国几乎完全被瓜分了。哈里

---

① 蓝琪、刘如梅：《中亚史》（第三卷），商务印书馆 2018 年版，第 283 页。

② 蓝琪、刘如梅：《中亚史》（第三卷），商务印书馆 2018 年版，第 286 页。

③ 蓝琪、刘如梅：《中亚史》（第三卷），商务印书馆 2018 年版，第 289 页。

发以前的权力已经只剩下一个影子了。[①]12 世纪中叶，蒙古大军灭亡了阿拔斯王朝，至此，阿拉伯帝国彻底灭亡。本部分所谓的后续王朝，是指阿拔斯王朝灭亡后信仰伊斯兰教的古代中世纪以及近代早期的王朝。

伊尔汗国。13 世纪初，成吉思汗在统一蒙古草原之后，和他的四个儿子术赤、窝阔台、察合台、拖雷曾分别率领蒙古军队向世界各地征伐，并建立了大蒙古国。成吉思汗在世时曾希望将蒙古高原作为大蒙古国的中心，首都哈拉和林作为世界性的大都市。在他之后，大蒙古国尽管名义上还奉哈拉和林为大汗国，但实际上已经通过分封而分裂。长子术赤分得西亚及中亚部分地区；察合台汗国则主要分得西域及中亚地区；蒙古西部地区为窝阔台汗国；拖雷继承蒙古本土。成吉思汗的孙子辈中，术赤之子拔都建立金帐汗国，国土已囊括东欧。拖雷之子忽必烈在中原地区建立了元朝。拖雷的另一个儿子旭烈兀则于 1258 年 2 月率大军攻入巴格达，结束了阿拔斯王朝，并建立伊尔汗国。旭烈兀统治下的伊尔汗国，东起印度河、锡尔河，西至小亚细亚，北至高加索山，南达波斯湾。旭烈兀以蔑剌哈（今伊朗东阿塞拜疆省马腊格）为首都，设宰相以掌管全国政务，并任命了各省长官。伊尔汗国存在了 100 余年。

马木留克王朝。12 世纪中期，在十字军战争中，艾尤卜王朝开始从西亚购买突厥奴隶，组建“奴隶军团”，这其中就有一

① ［美］菲利浦·希提：《阿拉伯通史（第十版）》，马坚译，新世界出版社 2008 年版，第 431 页。

支“马木留克军团”。军团中的兵士终身生活在军营中，受到严格训练。军团中的精明强悍者，被提拔为军队头目。他们转而又到各地去购买新的奴隶。如此往复，马木留克军团不断壮大，并获得君主的信任，被委以重任。在第七次十字军战争中，艾尤卜王朝末代苏丹萨利哈·奈吉木丁突然死去，王后舍查尔·杜尔与马木留克军团首领伊兹丁相互勾结，并篡夺王位，自称女王。但不久后因遭到各方反对，只得将王位让给马木留克军团首领伊兹丁。1250年，马木留克王朝建立。伊兹丁上位后，开始肃清国内叛乱以及艾尤卜王朝残余势力，从而掌握了埃及和叙利亚的大权。[①]伊兹丁去世后，他的幼子继位，但很快就被权臣古突兹篡位。当时王朝局势十分紧张。1258年，旭烈兀的军队攻灭巴格达的阿拔斯王朝，于两年后率军西进，占领叙利亚，直抵巴勒斯坦，逼近埃及。古突兹迅速指派大将拜伯尔斯应对，在巴勒斯坦大败蒙古军队，并乘胜追击，收复加沙。此后，蒙古军队又重新杀回，几番回合下来，蒙古军队全军投降。[②]此后，拜伯尔斯刺杀古突兹，登上苏丹位，又决定在开罗恢复哈里发制。1261年，他将巴格达遭劫后的一位名叫艾布·噶西姆的阿拔斯人后裔隆重地迎回开罗，拥戴他为哈里发。接着，除埃及之外，叙利亚、汉志、也门、伊拉克，以及各地宗教领袖和军队领袖都宣布拥护新的哈里发。此后，拜伯尔斯让新任哈里发率领一支小部队，以全世界穆斯林的名义，进军巴格达，宣称要光复哈里发首都。结果

① 纳忠：《阿拉伯通史》（下卷），商务印书馆1997年版，第99页。

② 纳忠：《阿拉伯通史》（下卷），商务印书馆1997年版，第109页。

新哈里发被蒙古军队在途中杀死。拜伯尔斯再一次挑选了新的人选做哈里发。在此后的250年里，阿拔斯家族的子孙，一个接一个地登上哈里发宝座，接受穆斯林大众的效忠。[①] 尽管如此，他们终究只是马木留克王朝的傀儡而已。但无论如何，开罗成了伊斯兰世界新的中心，这里的经济、文化曾一度繁荣昌盛。14世纪是马木留克王朝统治之下的埃及的极盛时期，到15世纪以后，马木留克王朝逐渐走向衰落。16世纪上半叶,马木留克王朝灭亡。

奥斯曼帝国。奥斯曼土耳其人起源于中亚一个叫古兹的突厥部落。13世纪初，奥斯曼领袖苏莱曼率本部向西流动，通过伊朗到达小亚细亚东部草原地区。后来，塞尔柱人支持奥斯曼人向小亚细亚拜占庭帝国的属地扩张。1288年，苏莱曼的孙子奥斯曼获得半独立的地位。奥斯曼人继续向西扩张，攻占了拜占庭帝国在小亚细亚的大部分土地。1299年，奥斯曼宣布完全独立，建立奥斯曼王国，自称埃米尔。1453年，穆罕默德二世率军攻占君士坦丁堡，并将其改称伊斯坦布尔。16世纪上半叶，奥斯曼帝国在苏莱曼大帝的统治下达到极盛时期。奥斯曼帝国到第一次世界大战后的凯末尔革命终结，共延续了600余年。

帖木儿帝国。帖木儿家族出自突厥化蒙古部落巴鲁剌思部落。帖木儿年轻时在巴鲁剌思部异密合扎罕麾下效力，在东察合台汗统一察合台汗国的战争中崭露头角。帖木儿势力强大之后，陆续兼并河中地区的割据势力，于1370年建立了自己的政权。经过30多年的战争，帖木儿打败了东察合台汗国，遏制了其对

① 纳忠:《阿拉伯通史》(下卷)，商务印书馆1997年版，第112—113页。

河中地区的扩张企图，收复了被钦察汗国占有的花剌子模绿洲，征服了呼罗珊，最终建立起帖木儿帝国。[①] 帖木儿兴起于呼罗珊，其一生都在对外征伐。他除了率军多次与东察合台汗国发生战争之外，还西征波斯、北伐钦察汗国、南征印度，并企图东征中国明朝。帖木儿帝国的鼎盛时期横亘小亚细亚到印度德里的西亚、中亚和南亚，费尔干纳盆地，北起锡尔河和咸海，南及阿拉伯海和波斯湾。1405 年，帖木儿去世，帝国随之分裂崩塌。

黑羊王朝与白羊王朝。帖木儿去世后，他的继承人分得了他在 15 世纪控制的伊朗东部的领土。与此同时，由土库曼人结成的联盟——黑羊王朝与白羊王朝则开始出现在伊朗的西部。1410 年，黑羊王朝首领卡拉·优素福（1390—1400 年、1406—1420 年在位）在打败蒙古人之后，占领了阿塞拜疆大部分和伊朗西部许多地方。在此之后，帖木儿帝国的统治者承认黑羊王朝的首领为阿塞拜疆省总督。然而不久后，黑羊王朝首领贾汗沙（1438—1467 年在位）开始反对帖木儿帝国进行统治，占领了北至格鲁吉亚、南至克尔曼的新领土。与此同时，黑羊王朝的宿敌是西边的白羊王朝。这个王朝控制着安纳托利亚的东部和美索不达米亚北部的大部分地区。1435 年，白羊王朝的埃米尔卡拉·奥斯曼被黑羊王朝的首领俘虏并杀害，之后这两个王朝就结下了深仇。白羊王朝最强大的首领是乌宗·哈桑，他的远大理想是建立一个可以和帖木儿帝国、奥斯曼帝国以及马木留克王朝并驾齐驱的苏丹帝国。1467 年，他伏击并杀死了黑羊王朝的首领贾汗沙，夺去

① 蓝琪、刘刚：《中亚文明史》（第四卷），商务印书馆 2018 年版，第 235 页。

了原黑羊王朝的大部分领土，并将自己的首都迁到大不里士。两年之后，他又打败并杀死了企图阻止他向东扩张的宗主——帖木儿帝国的统治者阿布·赛义德。白羊王朝后期的威胁主要来自内部的权力争夺。随着乌宗·哈桑的去世，白羊王朝开始走向衰落。①

萨法维王朝。波斯萨法维家族的海达尔是白羊王朝乌宗·哈桑的女婿。15 世纪下半叶，海达尔组织了一支“红帽军”。白羊王朝开始将海达尔的红帽军看作一种威胁，于 1488 年派军将其杀害。1499 年海达尔的儿子易司马仪·萨法维继任红帽军的首领，次年就率军为父亲报了仇。此时，易司马仪只有 13 岁。在 1501 年进入大不里士之后，在过去蒙古人和突厥人统治的伊朗、伊拉克和阿塞拜疆的废墟上，易司马仪建立了波斯人的萨法维王朝，并采用了波斯帝国的君主称号——沙阿（Shah）。② 王朝第五位沙阿阿拔斯一世（1587—1629 年在位）时期，王朝达到鼎盛时期。阿拔斯二世（1642—1666 年在位）时期王朝开始衰落。1736 年，萨法维王朝灭亡。

昔班尼王朝。16 世纪初，在中亚北部草原游牧的乌兹别克人推翻了帖木儿帝国在中亚的统治，建立昔班尼王朝。昔班尼王朝的创立者是成吉思汗长子术赤的后裔穆罕默德·昔班尼。昔班尼王朝首都最初设在撒马尔罕，后来迁至布哈拉。昔班尼去世后，昔班尼王朝也就分裂了。历史上，曾经定都布哈拉的三个乌兹别

---

① ［美］埃尔顿·丹尼尔：《伊朗史》，李铁匠译，东方出版中心 2016 年版，第 84—85 页。

② ［美］埃尔顿·丹尼尔：《伊朗史》，李铁匠译，东方出版中心 2016 年版，第 87—88 页。

克人王朝——昔班尼王朝、札尼王朝、曼格特王朝，被称为布哈拉汗国。[①]

莫卧儿王朝。“莫卧儿”是“蒙古人”的另一种音译。印度次大陆的莫卧儿王朝，是由帖木儿帝国后裔巴布尔开创的。巴布尔早期势力范围在中亚，于1505年进入阿富汗地区，于1525年进入印度，并于1526年击败德里苏丹。巴布尔的儿子叫胡马雍，父子俩曾一起打天下，但是未能建立坚实的统治基础。1542年，胡马雍被逐出印度。在流亡13年后，1555年胡马雍再次返回印度。胡马雍返回印度后仅一年就去世了。他的儿子巴克尔继位。巴克尔（1556—1605年在位）时期是莫卧儿王朝真正的奠基时代。此后的贾汉季（1605—1627年在位）时期和沙贾汗（1627—1658年在位）时期，则是王朝的鼎盛时期。1857年，莫卧儿王朝灭亡。

① 蓝琪：《中亚史》（第五卷），商务印书馆2018年版，第33页。

第二章

货币制度

就在那时，她用那朱唇玉齿
让你吮吸那甘美的玉液琼浆。
从她口中透过门齿沁向你的气息
好像发自一个香料商浓郁的麝香。
又好像出自一片尚未放牧的草场，
春雨过后，万紫千红，馥郁芬芳。
在那里，每朵云彩都挟雨而下，
留下一个个积水坑像银币一样。

——安塔拉（公元 525—615 年）《悬诗》（节选）

第一节 阿拉伯货币诞生前的情况

一、使用称量货币的时代

在世界范围内，各民族在钱币诞生之前，通常使用粮食或者贵金属称量货币。这是世界货币史的一个普遍规律。阿拉伯半岛的古代居民也是如此。阿拉伯半岛也门地区有一个古老的民族，叫作赛伯邑族。这个民族是当时阿拉伯半岛南部的一个人口众多的民族，他们生活的地方也被称为“福地”。在这里我们仅以赛伯邑族人的历史为例进行说明。

《古兰经》里面曾经记载了赛伯邑族的事迹：

赛伯邑族，在他们的居处，确有一种迹象：两个园圃，分列左右。“你们可以吃你们的主的给养，你们要感谢他。一个肥美的地方，一个至赦的主宰。”

随后，他们悖逆，所以我使水库的急流去淹没他们，我把他们的两个园圃，变成两个只生长苦果、柽柳，和些微的酸枣树的园圃。

我因他们的忘恩而以这报酬他们，我只惩罚忘恩的人。

我在他们与我所福佑的那些城市之间，建设了许多显著的城市，我均分各站间的距离。“你们在其间平安地旅行若干昼夜吧！”

然后，他们说：“我们的主啊！求你放长各站之间的距离。”他们自欺，所以我以他们为谈助。我使他们流离失所。对于每个多忍多谢的人，此中确有许多迹象。（34：15—19）

在以色列人的《旧约》中，赛伯邑被称为“示巴”。

按照《旧约》的记载，示巴女王向所罗门王奉献 120 他连得黄金。他连得是古代以色列人使用的重量单位，1 他连得折合现代重量为 30 千克，120 他连得重量为 3600 千克。

古希腊历史学家斯特拉博的《地理学》中对赛伯邑人也有所记载：

与这些部落相邻的地区，是萨比（即赛伯邑人——引者注）富饶的地区，他们是一个非常强大的部落。他们的地区出产没药、乳香和桂皮；在沿岸地区有香脂树……居住在附近的人们不断地收获香料，然后把它们转卖给自己的邻居，直到叙利亚和美索不达米亚地区……民众部分从事农业生产，部分从事香料贸易，既有本地的，也有埃塞俄比亚进口的香料。为了获得埃塞俄比亚的香料，他们乘皮筏渡过海峡……由于他们从事香料贸易，萨比人和格尔哈人成了最富裕的人。他们有许多金银物品，如金沙发、三角凳和金碗，还有金的酒杯和非常昂贵的住宅。因为他们的大门、墙壁和天花板都镶满了象牙、金银和宝石。[①]（XⅥ . ⅳ .19）

古代赛伯邑人生活的区域是古代阿拉伯半岛最富庶的地区，生产黄金、香料。赛伯邑人和周边地区的商贸是广泛的。他们同西方的罗马和东方的安息交往频繁，在同两国贸易中发财致富，贸易持续顺差。[②]赛伯邑人出售香料、宝石换取黄金白银，但从来没有用他们获得的钱财购买外国人的任何东西。[③]由于赛伯邑人控制了当时非常重要的贸易渠道，罗马人开始觊觎这里的控制权。罗马皇帝奥古斯都派出远征军，《奥古斯都功业录》载：

我将罗马人民的所有行省——与那些还未归服于我们帝国的部族相邻的行省——的边界扩大了……两支军队在我的命令和指挥下被带进埃塞俄比亚和被称为“福地”的阿拉伯地区，来

① 斯特拉博：《地理学》，李铁匠译，上海三联书店 2014 年版，第 1125—1126 页。

② 纳忠：《阿拉伯通史》（上卷），商务印书馆 1997 年版，第 23 页。

③ 斯特拉博：《地理学》，李铁匠译，上海三联书店 2014 年版，第 1127 页。

> 自两个部族的大部分敌军在对垒中被击败，许多城池被攻破，我的军队深入埃塞俄比亚直达麦罗埃附近的纳巴塔城，并且攻入阿拉伯直达萨巴伊人（赛伯邑人——引者注）疆域的马里布城。（§26）

由于马里布城易守难攻，罗马军队粮草遇到困难，沙漠行军举步维艰，最终以失败告终。

赛伯邑人控制着从也门北上到叙利亚的道路。这条商道，即后来著名的与红海平行的“汉志商道”，对古代国际贸易极为重要。这条商道是“海上丝绸”之路的西段，又被称为“香料之路”。[①]

二、早期钱币

历史上看，阿拉伯人早期并没有创造自己独有的钱币，甚至对金钱如何产生都是陌生的。

有这样一则趣闻，欧麦尔曾以为钱币可以用骆驼皮为原料制成。后来谋士告诉他，如果是用骆驼皮做的，就不会有骆驼了！除了使用称量货币，伊斯兰教兴起之前的阿拉伯半岛，商人们也曾经使用其他国家的钱币。同时，一些地方政权也发行过自己的钱币。

在伊斯兰教兴起之前，波斯人和拜占庭人之间的敌对矛盾极其严重，促使麦加人的商业有了很大的发展机会。罗马人的很多

---

① 纳忠：《阿拉伯通史》（上卷），商务印书馆 1997 年版，第 25 页。

生活必需品，都依靠麦加人，甚至如丝绸等奢侈品，也仰仗他们。[①]从自然禀赋上而言，麦加被群山环绕，土地贫瘠，但这里是南北商队的必经之地。麦加的古莱氏人善于经商，渐渐使这里繁荣起来。古莱氏人之所以能使麦加在战乱中保持中立而且繁荣起来，得益于他们与列强签订的“商务协定”以及与当地部落签订的“安全契约”。以麦加为中转站的“汉志商道”，被列强环伺，包括拜占庭人、萨珊波斯人和埃塞俄比亚人。古莱氏人周旋其中，独善其身。他们和叙利亚的拜占庭人谈判，希望开辟类似于自由贸易区的市场。拜占庭人同样对麦加商人的商贸活动有需求，于是双方达成“商务协定”。在这一背景下，布斯拉、加沙、亚喀巴港成为阿拉伯人进行商贸交易的“自由贸易区”。公元 5 世纪末，古莱氏人和萨珊波斯人、埃塞俄比亚人都签订了“商务协定”。同时，古莱氏人又与半岛商路沿途的各个部落签订“安全契约”，包括当地的盖斯族、台米姆族、艾赛德族、勒比尔族、木德尔族等，以至于古代诗人说古莱氏人是“获得大地上所有地区的君主们的条约和根据安全条约而旅行的人”[②]。由此，古莱氏人与当地部落在商业贸易这一共同的积极基础上，彼此互利，保证了商道的畅通无阻。[③]

在伊斯兰教兴起以前的时代，罗马和波斯的货币是在汉志流通的，同时汉志还有其他地方的货币流通。欧麦尔、穆阿维叶等

---

① ［埃及］艾哈迈德·爱敏：《阿拉伯伊斯兰文化史》（第 1 册），纳忠译，商务印书馆 2019 年版，第 18 页。

② 马苏弟：《黄金草原》，耿昇译，中国藏学出版社 2013 年版，第 445 页。

③ 纳忠：《阿拉伯通史》（上卷），商务印书馆 1997 年版，第 86—87 页。

早期哈里发，对于流通外国货币已经满足，[①]即使在伊斯兰政权建立之初，也并未发行自己的货币，这可能是因为在扩张的过程中没有充足的精力，其钱币在罗马或波斯也未必被接受。[②]阿拉伯人在初期扩张时所占领的土地有两部分：一是西部的拜占庭领土，这里的货币经济建立在金币和铜币的基础之上；二是东部的萨珊波斯领土,这里的货币经济几乎完全建立在银币的基础上。[③]因而，拜占庭的金币和波斯的银币，都在阿拉伯人的领域内流通。阿拉伯史学家白拉祖里在《各地的征服》一书中写道："尽管第纳尔是用黄金铸造的，但阿拉伯人却曾以其为中介，进行货物买卖，称之为'硬币'。将用白银铸造的狄尔汗称作'纸币'。"伊斯兰教兴起之初，这两种货币就被先知穆罕默德承认和接受，在"先知城"麦地那长期流通。这里面有疑问的是，同时期，无论是公元5世纪分裂前的罗马帝国，还是公元5世纪之后的拜占庭，应该都未曾将金币称为"第纳尔"。第纳尔在罗马世界曾经是银币的名称。

穆罕默德把女儿法蒂玛许配给阿里时，曾以480个银币作为陪嫁。此外，他还规定，穆斯林要用这两种货币缴纳天课，规定"每个狄尔汗应含银一个欧基亚"。[④]同时，拜占庭的铜币也在早

---

① [美]菲利浦·希提：《阿拉伯通史（第十版）》，马坚译，新世界出版社2008年版，第199页。

② 马玉秀：《伊斯兰经济思想概论》，上海社会科学院出版社2013年版，第74页。

③ Robert Tye, *Early World Coins and Early Weight Standards*, York: Early World Coins, 2009, p.128.

④ 王有勇：《阿拉伯货币的发展（一）》，《阿拉伯世界》，2000年第2期。

期流通。除此之外，早期的阿拉伯国家还充斥了波斯劣质的银币和拜占庭的假币。

图 2–1　希木叶尔王国银币（公元 1 世纪左右），3.02 克

除了来自波斯的银币，阿拉伯半岛南方的古国希木叶尔王国也仿照帕提亚以及雅典的银币打制了自己的银币。这些银币也在早期阿拉伯半岛流通。

三、仿制拜占庭的金币与铜币

在阿拉伯伊斯兰政权的西部，是通过对拜占庭帝国进行攻掠而获取的新领土，包括中东地区的叙利亚、西奈半岛、巴比伦，非洲的埃及、昔兰尼加、的黎波里塔尼亚、扎布。就如同日耳曼人在公元 5 世纪和 6 世纪占领拜占庭西部省份后打制仿造的拜占庭币一样，阿拉伯人也在 7 世纪仿制拜占庭币。在这两个事例中，起初，统治者都自然而然地打制与所占领区正在流通的货币相似的货币。① 阿拉伯人最初仿制的金币源自拜占庭的索利多金币。

拜占庭作为东罗马帝国的继承者，其货币制度也是延续自罗马帝国。

公元前 31 年，屋大维在亚克兴角战役的胜利标志着罗马帝国时期货币史的开始，奥古斯都（屋大维）开始牢牢掌握着金币和银币的发行权。在此基础上，他意欲与元老院共享青铜币的发

① ［英］菲利普 · 格里尔森：《拜占庭货币史》，武宝成译，法律出版社 2018 年版，第 246 页。

行权，钱币上相应地标记了字母“SC”（经元老院批准）。奥古斯都时代，金币奥里斯理论重量1/40罗马磅，即7.96克，纯度高于99%；金币奎那里＝1/2奥里斯，重3.89克。银币狄纳里重1/84罗马磅，即3.89克，纯度在96%—98%，1狄纳里＝1/25奥里斯。铜币阿斯重2/5盎司，即10.92克，1阿斯＝1/16狄纳里。铜币中还有赛斯特提（4阿斯，27.3克）、都蓬第（2阿斯，13.65克）、夸德伦（1/4阿斯）等。

图2–2　罗马帝国奥古斯都奥里斯金币，7.87克

公元63年，尼禄对钱币进行了改革，主要是减重：金币奥里斯的重量减到1/45罗马磅，即7.39克，但纯度保持在99%。银币狄纳里的重量减到1/96罗马磅，即3.41克，同时纯度降至平均94%。铜币赛米斯币＝1/2阿斯，重5.50克，这是尼禄改革时新出现的币种。从公元82年开始，图密善皇帝发行的奥里斯金币的理论重量采用的是尼禄改革前的7.80克，但后来又再次降到了理论重量7.55克。

图2–3　罗马帝国图密善奥里斯金币，7.52克

公元215年，卡拉卡拉皇帝的货币改革将金币奥里斯的重量标准降到了1/50罗马磅，即理论重量为6.54克。公元294年，戴克里先的货币改革，是罗马帝国货币史上最彻底的一次改革。金币奥里斯按照1/60罗马磅的重量标准生产，并常常用希腊数

字“Σ”来表示，它是表示“60”的“Ξ”的一种形式。公元310年还出现了1/72罗马磅的金币索利多，并逐渐成为主要的金币，这也为后世的金币奠定了基础。公元383年，新发行的特里米斯币，重量相当于一枚索利多币的1/3，平均重量为1.51克，其币值也成为罗马帝国后期极其常见的一种。

图2-4　罗马帝国霍诺里乌斯索利多金币，4.44克

公元395年，狄奥多西一世去世后，罗马帝国正式分裂为东、西两个帝国，但理论上罗马帝国仍然被视为一个整体，而且整个帝国的币制大体上继续保持统一。从货币史的角度来讲，关于何为拜占庭的货币史，历来有不同的观点。第一种观点认为，不应当将拜占庭的货币史作为一个单独的历史，而应当作为罗马帝国货币史的延续，并且一直延续到1543年君士坦丁堡陷落。第二种观点认为，阿卡迪乌斯统治时期，即公元395—408年是拜占庭货币史的起点，依据在于当时罗马帝国分裂为东、西两个部分，而拜占庭帝国正是在讲希腊语的东部地区发展起来的。第三种观点认为，拜占庭货币史的起点应当是阿纳斯塔修斯一世统治时期，即公元491—518年，因为在这一时期，首先是西罗马帝国灭亡了，同时他还推行了拜占庭造币的特有样式，这种样式被沿袭了几个世纪之久。①

① ［英］菲利普·格里尔森：《拜占庭货币史》，武宝成译，法律出版社2018年版，第3页。

多数学者和钱币学家赞成第三种观点。以此为基础，拜占庭的钱币制度经历了以下发展时期：①阿纳斯塔修斯一世到福卡斯时期，即公元491—610年。此时，拜占庭的金币为索利多体系，包括塞米斯（1/2索利多）、特里米斯（1/3索利多）。银币比较罕见，而铜币则以小额的努姆斯为单位，制造40努姆斯（弗里斯）、20努姆斯（半弗里斯）等大个头的铜币。在纹饰上，基督教的天使像、十字架逐步取代了过去罗马帝国的“胜利”拟人女像。②希拉克略时期至狄奥多西三世时期，即公元610—717年。此时拜占庭对外战争频繁，部分国土丧失，导致货币领域缩小。公元615年出现了一种被称为赫克格拉姆的银币，但是从公元680年就不再打制了。③利奥三世时期至迈克尔二世时期，即公元717—820年。此时，从外观上看，拜占庭货币已经同罗马帝国时期的货币渐行渐远。塞米斯金币和特里米斯金币的打制越来越少，而阿纳斯塔修斯时期建立的铜币体系也正式结束了。公元720年，出现了一种被称为米拉瑞逊的银币，有观点认为这种钱币是参照阿拉伯帝国的迪拉姆银币生产的，也就是一面印满了铭文的纹饰取代了原来的肖像。最开始这种钱币仅是作为纪念币发行，后来，逐渐开始流通起来。④迈克尔二世时期至尼基弗鲁斯二世时期，即公元820—969年。这一时期，金币仅剩下索利多，塞米斯和特里米斯仅作为纪念币发行。银币米拉瑞逊的重量多次发生变化，但是外观变化不大。⑤约翰一世时期至尼基弗鲁斯三世时期，即公元969—1081年。这一时期，拜占庭的货币的核心索利多金币发生了最深刻的变化。最初是索利多金币被拆分为两种面值的钱币，即希斯塔麦伦和特塔特伦。后来，它不断贬值，并出现了碟形币，这也是之后拜占庭造币的最显著特征。银币和金币一样，开始出现了更多的种类。而这一时期的铜币，都大而重。⑥阿莱克修斯一世时期至阿莱克修斯五世时期，即1081—1204年。在这一时期，出现了一种被称为海伯龙的优质金币，同时又出现了金银合金币与银铜合金币。⑦流亡时期，即1204—1261年。在这一时期，拉丁人占领了君士坦丁堡，拜占庭被一分为二，造币出现了相对混乱的局面。⑧迈克尔八世时期至君士坦丁十一世，即1261—1453年。在拜占庭最后的两个世纪里，海伯龙金币开始减重，在1350年之后，其仅作为一种记账货币存在。14世纪初，出现了一种被称为巴斯里肯的银币，而到了14世纪中期，则出现了一种被称作斯塔夫雷的非常重的银币，记账价值为海伯龙金币的一半。银铜合金币与铜币作为辅币，在这一时期规模开始逐渐变小。而14世纪中期，凹面币——拜占庭货币的典型特征，则突然消失了。[①]

阿拉伯人最初发行的金币是仿制的拜占庭的索利多币，打制于公元660年以及公元690年，大体上在倭马亚王朝开始之后。仿制的索利多币重4.1克左右，多见1/2索利多金币（赛米斯金币），即重量为2.05克左右，同时也可见1/3索利多金币（特里米斯金币），重量约为1.13克。古代历史学家曾说，倭马亚王朝哈里发穆阿维叶铸造的伊斯兰金币上有其佩带宝剑的肖像。阿拉伯国家保存有穆阿维叶时代铸造的银币，有的现存在伦敦大不列颠博物馆，但穆阿维叶时代铸造的金币却至今没有被发现，因为

---

①　参见［英］菲利普·格里尔森：《拜占庭货币史》，武宝成译，法律出版社2018年版，第5—19页。

它在马利克的货币改革过程中被熔化，用以铸造新币。马利克曾下令国库收缴所有先前铸造的第纳尔，而后按他决定的阿拉伯新币样式造币。[①]今天存世的阿拉伯人仿制拜占庭铸造的金币，正面采用了希拉克略及其两个儿子的纹饰，但是拜占庭皇帝肖像原型上的十字架被去掉了；背面则是源于拜占庭钱币上台阶和十字架的纹饰，但是台阶上的十字架被换成了长条的样子，背面币文为“VICTORIA–AV У ЧB CONOB”。

拜占庭希拉克略索利多金币，4.39 克　阿拉伯仿制拜占庭索利多金币，4.41 克

图 2–5　拜占庭索利多金币与阿拉伯仿制的索利多金币对比

阿拉伯人最初仿制的铜币，则源自拜占庭的弗里斯。

在沙姆（叙利亚）发现的大量铜币证明，欧麦尔在沙姆制币时不加反对地接受了拜占庭货币的样式。[②]叙利亚和巴勒斯坦发行的仿制拜占庭的铜币，只是加上了哈里发的名字，或者造币厂的名字，通常是希腊语和阿拉伯语双语币文。[③]如前所述，拜占庭时期银币已经不常见，小额硬币为弗里斯（follis）铜币，1 弗里斯 = 40 努姆斯。阿拉伯人即仿制这种弗里斯铜币，在阿

①② 王有勇：《阿拉伯货币的发展（一）》，《阿拉伯世界》，2000 年第 2 期。

③ Philip Grierson, “The Monetary Reforms of 'ABD AL–MALIK: Their Metrological Basis and Their Financial Repercussions”, *Journal of the Economic and Social History of the Orient*, Oct., Vol. 3(1960), pp.241–264.

拉伯钱币体系中称为“弗鲁斯”（fulus）。这种铜质弗里斯正面通常为拜占庭皇帝像和皇后像，并且在身后有十字架；背面为花押字“M”，这个花押字应该是希腊文“Μ α ρ ι α”（玛利亚）的缩写。

拜占庭康斯坦斯二世弗里斯铜币　　阿拉伯仿制拜占庭弗鲁斯铜币

图 2-6　拜占庭弗里斯铜币和阿拉伯仿制的弗鲁斯铜币对比

后来的阿拉伯弗鲁斯铜币上，站立的哈里发取代了拜占庭皇帝。

有证据表明当时大马士革曾下令统一币制，而在北部叙利亚建立的这些造币厂造的币，很有可能是为了支付在前线的军队的军饷。钱币正面为站立的佩剑的哈里发，背面为仿制拜占庭钱币纹饰的台阶，四周围绕着伊斯兰清真言“除了真主别无他神，穆罕默德是真主的使者”。但是，不同造币厂造的币在设计上有所差别，包括背面的清真言。①

有学者认为，铜币的不同样式说明了铸币权是由地方控制而不是由哈里发控制。②

① Ingrid Schulze, Wolfgang Schulze, “The Standing Caliph Coins of al-Jazīra: Some Problems and Suggestions”, *The Numismatic Chronicle*, Vol. 170（2010）, pp. 331–353.

② Jere L. Bacharach, “The Shahada, Qur Anic Verses, and the Coinage of 'ABD AL-MALIK”, *Muqarnas*, Vol. 27 (2010), pp. 1–30.

图 2-7 阿拉伯—拜占庭型弗鲁斯（弗里斯）铜币，3 克

阿拉伯钱币上出现肖像是非常罕见的。在这些铜币上能够出现哈里发的肖像，完全是直接仿制拜占庭钱币的结果。因此，有许多细节值得我们进一步研究。例如，不同的铜币上，哈里发的肖像并不完全相同，有的是戴软帽的，有的是头发飞起来的，还有的是长长的卷发的。

图 2-8 铜币上的哈里发肖像

在这些“站立的哈里发”的铜币上，我们从优士丁尼二世钱币上的基督像上可以找到直接的纹饰渊源。但这种非常极致地模仿的阿拉伯钱币是非常少见的。[①]

① Ingrid Schulze, Wolfgang Schulze, “The Standing Caliph Coins of al–Jazīra: Some Problems and Suggestions” , *The Numismatic Chronicle*, Vol. 170 (2010), pp. 331–353.

优士丁尼二世通行钱币上的细节

“站立的哈里发”铜币上的细节

图 2-9　优士丁尼二世通行钱币与“站立的哈里发”铜币的细节对比

四、仿制波斯的银币

阿拉伯人最初仿制的银币来源于萨珊王朝的德拉克马银币。

萨珊王朝是在安息王朝之后兴起的波斯国家，因而先是继承了安息王朝的货币制度，进而间接地继承了塞琉古王国所继承下来的希腊钱币制度。具体来说，萨珊王朝的基本货币是银币德拉克马，波斯语中称“迪拉姆”。萨珊德拉克马约重 4.1 克，有较高的含银量。除此之外，还有四德拉克马、二德拉克马、奥波（1/6 德拉克马）等。萨珊银币是一种薄片钱币，早期直径大约为 24 毫米，而后期直径则大约为 30 毫米。[①]在纹饰上，萨珊银币正面为国王像，背面多为其他皇室成员或祆教火坛。

图 2-10　萨珊王朝阿尔达希尔一世奥波银币，0.66 克

由于在萨珊王朝时期，罗马帝国已经崛起，所以在一定程度上，萨珊王朝的钱币也深受罗马帝国的影响。这一点在金币上尤

① ［英］大卫 · 赛尔伍德、飞利浦 · 惠廷、理查德 · 威廉姆斯：《萨珊王朝货币史》，付瑶译，中国金融出版社 2019 年版，第 10 页。

其可以体现出来。事实上，金币早在阿契美尼德王朝时期就已经出现，当时被称为大流克。萨珊王朝时期的金币被称为第纳尔，这个名字与罗马帝国时期的银币相同，但是与贵霜帝国的金币同名。开始时，萨珊王朝早期的金币大约重 7 克，与罗马帝国的金币奥里斯重量接近。后来罗马帝国发行了新的金币索利多，萨珊王朝随之效仿，也发行了 4.5 克左右的金币第纳尔。鉴于大多数统治者都未曾发行过金币，而且传世金币都保存得极为完好，故而这些金币很有可能只供礼仪使用。[①]

图 2-11　萨珊王朝沙普尔一世第纳尔金币，7.1 克

在伊斯兰教黎明时期，阿拉伯世界东部地区流通的货币仅限于银币，而沙姆、埃及和马格里布地区则一直以金币为主。

一些史学家认为，阿拉伯世界东部地区仅使用银币是因为波斯在公元 7 世纪时严重缺乏黄金。波斯国王意欲向沙姆和拜占庭的其他省份扩张势力，对拜占庭发动了几次战争，但屡战屡败给希拉克略，陷入了难以自拔的混乱局面，战争开支越来越大，国库越来越空虚。

也有些史学家认为，波斯人曾通过做中国丝绸的转口贸易换取必要的黄金。但是，拜占庭人成功地引进了养蚕技术，并摆脱了波斯商人的垄断，成为丝绸出口国，使波斯人失去了重要的黄

① ［英］大卫·赛尔伍德、飞利浦·惠廷、理查德·威廉姆斯：《萨珊王朝货币史》，付瑶译，中国金融出版社 2019 年版，第 11 页。

金来源。这一巨大的商业变化使波斯帝国失去了在经济领域的优势地位，也使之失去了大量的拜占庭金币。

另有学者认为，这不足以解释波斯会因此而放弃铸造金币、拜占庭就此放弃铸造银币。拜占庭曾就货币问题与萨珊朝签署了一项协议，该协议规定萨珊朝只能铸造银币，只能使用拜占庭通行的金币。因此，在阿拉伯人征服波斯时，波斯的货币只是银币狄尔汗，而在那些曾隶属拜占庭统治的地区则通行金币第纳尔。[①]

图 2-12　萨珊王朝沙普尔三世第纳尔金币，4.3 克

另外，有观点认为，由于亚历山大征服波斯阿契美尼德王朝后，将希腊银币德拉克马以及与之相伴的金银兑换比带到这里，使这里的黄金价格下跌，制造金币变得没有利益可图。[②]

萨珊王朝的铜币种类稀少。首先是阿尔达希尔一世和他的继任者曾发行过铜币，这类铜币体积较大，外表美观，1 枚铜币价值大致相当于 8 查柯，等同于 1 奥波。而第二类铜币则体积较小，一枚铜币大约等值于 1—2 查柯。[③]

图 2-13　萨珊王朝阿尔达希尔一世铜币，12.96 克

① 王有勇：《阿拉伯货币的发展（一）》，《阿拉伯世界》，2000 年第 2 期。

② 石俊志：《萨珊王朝的第纳尔金币》，《金融博览》，2022 年第 9 期。

③ ［英］大卫·赛尔伍德、飞利浦·惠廷、理查德·威廉姆斯：《萨珊王朝货币史》，付瑶译，中国金融出版社 2019 年版，第 11 页。

总体来说，萨珊波斯的钱币制度，属于古代西方的货币传统，以银币为基本货币，并且以银币的实际价值为钱币的名义价值，即货币的信用化不明显。货币制度中，传承了自马其顿亚历山大大帝起开创的希腊德拉克马体系。在纹饰上，正面为君王像、背面为神祇像，将君权与神权合二为一，作为帝国宣传的手段。萨珊波斯不仅在其存在时就影响中亚的钱币制度，而且在其灭亡后直接影响了伊斯兰国家的钱币制度。

阿拉伯人沿用了萨珊钱币的名称、重量、材质，甚至是纹饰和币文。阿拉伯人在钱币上并没有取消前朝君主的肖像，也没有取消代表他们宗教信仰的纹饰，这也许说明了阿拉伯人在当地统治初期，希望继续保持当地的传统。最初的阿拉伯—萨珊银币是按照耶兹德卡尔德三世的钱币纹饰打制的，但是很快就以库斯老二世的钱币纹饰为模板。①这些银币，正面为库斯老二世或是耶兹德卡尔德三世的肖像，而背面则是琐罗亚斯德教的拜火坛和两位祭火人。

波斯人的琐罗亚斯德教在西亚及中亚影响十分广大，贵霜王朝的钱币上，曾大量出现君主祭火的纹饰。一份来自公元 7 世纪的文献显示，穆阿维叶时期同时发行了金币和银币，但是在叙利亚地区并没有被广泛接受，原因是无论是仿自拜占庭的索利多金币还是仿自萨珊的狄尔汗银币，上面都没有基督十字。除此之外，叙利亚地区也缺少使用银币的传统，市场上并不认

---

① Jere L. Bacharach，“The Shahada, Qur Anic Verses, and the Coinage of ' ABD AL-MALIK”，*Muqarnas*, Vol. 27 (2010), pp. 1–30.

可银币。[①]

白银货币在古代地中海地区是被广泛使用的。希腊人开始使用银质的德拉克马币之后，影响了整个西亚地区，并且影响到整个罗马地区。但是罗马的银币体系自公元1世纪就开始了信用化的进程，银币的含银量不断下降，银币不断贬值。经亚历山大大帝征服而传播到中亚地区的德拉克马钱币，也经历了几个世纪的繁荣，在希腊化国家、希腊—巴克特里亚王国、印度—希腊王国、塞种人王国都被广泛使用。然而在贵霜帝国时期，中亚地区则以使用金币为主。而西亚的波斯王国，则持续以银币为主，无论是公元6世纪的萨珊波斯，还是此前的帕提亚王国。

萨珊波斯的银币含银量一直保持稳定。较高含银量的特性也为阿拉伯—萨珊型钱币所继承。一般认为，阿拉伯—萨珊型钱币的含银量在90%以上。在重量上，阿拉伯—萨珊狄尔汗也保持了此前萨珊德拉克马4.1克左右的标准。这与几个世纪以前的德拉克马重量几乎没有差别。

图2-14　阿拉伯—萨珊型1/2德拉克马（迪拉姆）银币，1.99克

阿拉伯人在欧斯曼哈里发之前所铸造的货币基本保持了波斯德拉克马的特点，依然采用巴列维语文字。[②]钱币上的君主名讳

① Jere L. Bacharach,"The Shahada, Qur Anic Verses, and the Coinage of 'ABD AL-MALIK", *Muqarnas*, Vol. 27 (2010), pp. 1-30.

② 王有勇：《阿拉伯货币的发展（一）》,《阿拉伯世界》, 2000年第2期。

也没有改变，只是在钱币的边缘多了阿拉伯文“以真主的名义”“为真主”或“以真主的名义，国王”。此时，阿拉伯人开始在钱币上进行自己的政治宣传。由于当地大部分居民只认得巴列维文，用巴列维字母拼写的阿拉伯语，意在让当地居民在学会写阿拉伯语之前先学会读。①

阿拉伯—萨珊钱币大多是那里的总督或大臣下令发行的。起初在钱币上并未见他们的名字。在公元661—664年，一位名叫阿卜杜拉·本·阿米尔的总督，将他的名字用巴列维文打制在钱币上。公元650—690年的阿拉伯—萨珊型狄尔汗银币看起来大体相似，主要区别在于币文上日期、造币厂和将近50位地方统治者的名字。②

图2-15　阿拉伯—萨珊型德拉克马（狄尔汗）银币，3.82克

图2-16　阿拉伯—亚美尼亚祖尊银币，3.76克

阿拉伯—萨珊型钱币实际上是一个意义相当广泛的概念，是指波斯的核心地区以及曾经被波斯征服或是受波斯影响相当大的地区被阿拉伯人征服后使用的源自萨珊波斯的钱币。例如，锡斯坦地区的阿拉伯—锡斯坦钱币，

① David J. Wasserstein, “Coins as Agents of Cultural Definition in Islam”, *Poetics Today*, Summer, Vol. 14, No. 2(1993), Cultural Processes in Muslim and Arab Societies: Medieval and Early Modern Periods , pp. 303–322.

② Jere L. Bacharach, “The Shahada, Qur Anic Verses, and the Coinage of ' ABD AL-MALIK” , *Muqarnas*, Vol. 27 (2010), pp. 1–30.

带有巴克特里亚文的阿拉伯—嚈哒钱币，以及被称为“祖尊”（zwzwn）的阿拉伯—亚美尼亚钱币。

第二节 阿拉伯帝国的货币制度

一、阿拉伯金币的正式发行

公元 7 世纪末，倭马亚王朝哈里发阿卜杜勒·马利克改革自己的货币，具有非常重要的意义。首先，阿拉伯帝国境内所使用的各种钱币呈现相当混乱的局面，这一点从出土窖藏的钱币上可以看出来。于是，将货币进行统一并规范化的时机已经到来。其次，如前所述，倭马亚王朝时期，对商业的巨大需求在一定程度上催生货币经济体系的完善，而优质的铸币无疑是这一体系的前提。无论是进行本国贸易，还是进行国际贸易，优质的通货都是不可缺少的。形势要求把每个第纳尔和狄尔汗的重量标准，按照教法的规定具体化和明确化，减去互相换算的麻烦。[①] 最后，以往使用的波斯钱币或者拜占庭钱币，都属于异教徒的钱币，尽管经历了伊斯兰化，但仍然不具备完美而独立的铸币文化。钱币上的币文与纹饰，是最直接的宣传手段，可以传递帝国的价值观、

① 伊本·赫勒敦：《历史绪论》，李振中译，宁夏人民出版社 2015 年版，第 365 页。

宗教观，这对于一个正在崛起的帝国来说，也是不可或缺的。

马利克的金币改革分为三个阶段。

第一阶段是公元 692—694 年，此时的钱币上还有拜占庭皇帝的肖像。从具体时机上来说，公元 691 年，马利克消灭了汉志的祖拜尔势力之后，才开始发行新式的货币，并以此传播统治权。[①] 钱币背面的希腊字母已经换成阿拉伯文。

图 2-17　马利克改革第一阶段的金币

第二阶段是公元 694—697 年，钱币上为阿拉伯哈里发的肖像。

图 2-18　马利克改革第二阶段的金币

公元 698 年，阿拉伯将领哈桑再次攻占迦太基，拜占庭势力至此绝迹于地中海南岸。这一年也是马利克货币改革的第三阶段，马利克不仅改革了货币的样式和计量，并创制出与传统风格迥异的金币第纳尔。这也就意味着仿制币或是直接使用拜占庭的货币的时代结束了。有说法认为，马利克决定改革货币样式，是由于公元 692 年优士丁二世发行印有基督胸像的索利多金币。对于这些货币，任何有自尊心的穆斯林都不会使用。[②] 而马利克在北非对拜占庭取得的胜利，无疑也增强了他发行完全阿拉伯样式货币的信心。

---

① Jere L. Bacharach, "The Shahada, Qur Anic Verses, and the Coinage of ' ABD AL–MALIK", *Muqarnas*, Vol. 27 (2010), pp. 1–30.

② ［英］菲利普·格里尔森:《拜占庭货币史》，武宝成译，法律出版社 2018 年版，第 246 页。

这些钱币被大量发现，并且我们在仔细考察之后会发现，主要的造币厂发行的钱币，严格遵守重量标准。理论重量为 4.24 克的第纳尔金币，在大马士革被非常严谨地打制。[①] 这个重量略轻于同时代的拜占庭索利多金币。尽管被称作“第纳尔”（ لدينر ），让人听起来像是来自波斯或是更早期的贵霜的钱币，但实际上这个名称源自拜占庭叙利亚行省的“狄纳里奥里斯”（dinarius aureus）。该金币的重量接近拜占庭的索利多金币。

图 2-19　倭马亚王朝阿卜杜勒·马利克第纳尔金币，4.21 克

马利克也曾试图打制非拜占庭人物肖像的仿制货币，但是这些货币的发行引起了民众的抗议，最后迫使他不得不打制以纯粹币文为纹饰的货币。[②] 最终，钱币正面中间横排币文为“除了真主别无真神”（ لا إله إلا الله ），环形币文为“以真主的名义这枚第纳尔打制于”某时某地；背面中间横排币文为“以仁慈且富有同情心的真主的名义”（ بسم الله الرحمن الرحيم ），环形币文为哈里发的名号。从币文的结构可以看出两层含义：第一层是时间、造币厂和打制者等信息；第二层的含义则是统治者要传递的宗教与政治口号。[③]

---

① Robert Tye, *Early World Coins and Early Weight Standards*, York: Early World Coins, 2009, p.128.

② ［英］菲利普·格里尔森：《拜占庭货币史》，武宝成译，法律出版社 2018 年版，第 253 页。

③ David J. Wasserstein, “Coins as Agents of Cultural Definition in Islam”, *Poetics Today,* Summer, Vol. 14, No. 2(1993), Cultural Processes in Muslim and Arab Societies: Medieval and Early Modern Periods, pp. 303–322.

二、阿拉伯银币的正式发行

波斯人主要使用的银币是德拉克马(drachm)。这是一种源自古希腊的银币。在波斯语中借用了这种称谓，严格来讲应当被称为迪拉姆(diram)。阿拉伯人则直接采用了这种称谓，因此，银币在阿拉伯人中稍有变化,被称为狄尔汗(لدرهم)。银币狄尔汗，从来自瓦西特、大马士革以及后来的巴格达的样品来看，重量都保持在2.92克。[①]这个重量是金币重量的7/10。阿拉伯人发行银币的最初动机，应当是适应帝国东部源自萨珊的银币贸易传统，并且东部有银矿和银币的造币厂。

就像最初发行的金币一样，在发行完全阿拉伯样式的银币之前，帝国东部曾发行萨珊样式的银币狄尔汗。但是，区别于萨珊—阿拉伯型银币狄尔汗的是，此时银币的重量已经是2.92克。[②]到公元698年，经典的阿拉伯样式狄尔汗银币才出现。

图2–20　倭马亚王朝阿卜杜勒·马利克狄尔汗银币，2.86克

关于金币和银币的兑换比率，一直没有一致的看法。阿拉伯古代历史学家伊本·赫勒敦明确说出在伊斯兰教初期，1狄尔汗 = 1/7第纳尔，也就是金币和银币的兑换比是7∶1。如果

① Robert Tye, *Early World Coins and Early Weight Standards*, York: Early World Coins, 2009, p.128.

② Stuart D. Sears, "Before Caliphal Coins:Transitional Drahms of the Umayyad North", *American Journal of Numismatics*, Vol. 15 (2003), pp. 77–110.

是这样的话，按照最初制定的币制，金币第纳尔的重量为 4.24 克，银币狄尔汗的重量为 2.92 克。金与银的兑换比为 1∶4.82（2.92 × 7 ÷ 4.24 = 4.82），这说明白银价格相对较高，而黄金价格则相对较低。有资料显示，哈里发进行人丁税改革时，叙利亚省的居民可以缴纳 1 第纳尔或者是 10 狄尔汗的替代物。这意味着第纳尔和狄尔汗的兑换比为 1∶10。还有资料显示，如果谋杀一个自由的穆斯林，则赔偿金为 100 峰骆驼，或者 1000 第纳尔，或者 12000 狄尔汗。此时，第纳尔和狄尔汗的兑换比为 1∶12。9 世纪初，根据古达玛在他的《〈税册〉及其编写》中记录的艾敏时期的金银币兑换比为 1∶15，而到了 9 世纪后期，金银币兑换比则变为 1∶25，10 世纪末法蒂玛王朝哈里发阿齐兹统治时期，金银币兑换比则上升到 1∶34。①

有学者认为，在倭马亚王朝时期，银币和金币并不在同一地域流通。伊拉克地区流通银币，而埃及、叙利亚则流通金币。同一家造币厂并不生产两种钱币。由此，当时并不存在太多货币的法定兑换率的问题。直到同一家造币厂同时打制两种钱币的时期，才会出现法定的兑换率。②

如果仅仅从钱币的名称上分析，阿拉伯第纳尔金币的名称源自拉丁语的狄纳里，也就是“10”的意思，那么是否可以理解为

---

① Norbert Oberauer, “Money in Classical Islam：Legal Theory and Economic Practice”, *Islamic Law and Society*, Vol. 25, No. 4(2018), pp. 427–466.

② Philip Grierson, “The Monetary Reforms of ' ABD AL–MALIK: Their Metrological Basis and Their Financial Repercussions”, *Journal of the Economic and Social History of the Orient*, Oct., Vol. 3(1960), pp.241–264.

1 枚第纳尔兑换 10 枚银币。这种兑换比例也和最初在叙利亚省征收人丁税的规则相一致。如此一来，按照 1 枚金币兑换 10 枚银币，金与银的兑换比为 6.89（2.92 × 10 ÷ 4.24）。这意味着，10 枚银币的重量（29.2 克）约等于 7 枚金币的重量，而在价值上等于 1 枚金币。

三、倭马亚王朝时期发行的金币与银币

作为阿拉伯帝国的第一个世袭王朝，倭马亚王朝尽管融合了被征服土地的许多民族，但是王朝统治者仍然保持着阿拉伯贝都因人的传统，对于其他民族享乐的生活方式并没有全盘照抄，只是吸取其精华，并根据自身的趣味和喜爱加以改造，使之成为阿拉伯式的生活方式。[①] 倭马亚王朝历时不长，仅有三位哈里发在位时间较长，即开创者穆阿维叶、货币改革者马利克、末世统治者希沙木。总体来讲，倭马亚王朝时期，货币制度相对稳定，金币和银币都保持了较高的纯度。

倭马亚王朝开创了阿拉伯帝国的货币。最初发行金币第纳尔的是马利克。倭马亚王朝的金币不仅包括重量为 4.24 克的金币第纳尔，还发行了 1/2 第纳尔金币和 1/3 第纳尔金币。这两

图 2-21　倭马亚王朝叶齐德二世 1/2 第纳尔金币，2.13 克

① ［埃及］艾哈迈德·爱敏：《阿拉伯伊斯兰文化史》（第 2 册），朱凯、史希同译，商务印书馆 2019 年版，第 114 页。

种分币都是严格地按照第纳尔金币的重量标准打制的：1/2 第纳尔金币的理论重量为 2.12 克，1/3 第纳尔金币的理论重量为 1.41 克。

有研究机构统计，在回历 78—84 年（公元 697—703 年）这段时间，造币厂的活动相对频繁，至少有 30 家造币厂生产钱币。最为活跃的大马士革和巴士拉的造币厂，在这段时间共有 93 个正面的钱币模具变种和 107 个背面的钱币模具变种，也就是大约每年有 13 个正面模具变种和 15 个背面模具变种。

回历 85—89 年（公元 704—708 年），只有 5 家造币厂生产钱币。生产钱币的主要地点为大马士革和瓦西特，这里一共生产了大约 80% 的钱币。

回历 90—101 年（公元 709—720 年），造币厂的生产速度开始急速上升，每年大约有 20 个正面模具变种以及 25 个背面模具变种，共有 38 家造币厂生产钱币。

回历 102—132 年（公元 721—751 年），钱币生产速度变缓，每年有 5 个正面模具变种以及 7 个背面模具变种，有 13 家造币厂在生产，而大马士革和瓦西特的产量占到了一半。[①]

倭马亚王朝的银币狄尔汗，一直按照 2.92 克的重量标准打制。马利克的儿子希沙木（公元 724—743 年），史学家对他的评价很高，并将他和穆阿维叶与阿卜杜勒 · 马利克相提并论，承认

① A Seminar at the University of Michigan, "Early Islamic Mint Output: A Preliminary Inquiry into the Methodology and Application of the 'Coin-die Count' Method", *Journal of the Economic and Social History of the Orient*, Dec., Vol. 9(1966), pp. 212–241.

他是倭马亚王朝的第三位政治家，也是最后一位政治家。[①]为了稳定伊拉克的局势，希沙木派遣了一个强有力的总督哈立德·盖斯前去坐镇。伊拉克向来是帝国的重要省份，在帝国与欧亚之间的贸易中起着非常重要的作用。哈立德任总督期间，平息了当地的动乱，并且重视当地建设，兴修水利、改良土壤，尤其重视对货币进行改革。哈立德重视货币的成色，使伊拉克的钱币成为帝国各地方货币中的优质货币，从而获得“哈立德货币”的美称。伊拉克的经济兴盛一时，居帝国各省之冠。[②]有研究者对位于伊拉克的瓦西特造币厂生产的狄尔汗银币进行过科学分析，结果显示，银币的纯度在公元708—742年呈逐渐上升的状态，平均含银量为94.71%，最高达到98.93%。[③]

图2-22　倭马亚王朝希沙木狄尔汗银币，2.95克

四、阿拔斯王朝时期发行的金币与银币

公元747年，阿拔斯革命正式举起了什叶派的黑色旗帜，并在呼罗珊起事。先是夺取了呼罗珊首府木鹿，继而夺取了伊拉克

① ［美］菲利浦·希提：《阿拉伯通史（第十版）》，马坚译，新世界出版社2008年版，第255页。

② 纳忠：《阿拉伯通史》（上卷），商务印书馆1997年版，第336页。

③ Ziad Al-Saa'd, “Chemical Analysis of Some Umayyad Dirhems Minted at Wāsit”, *Journal of the Economic and Social History of the Orient*, Vol. 42, No. 3(1999), pp. 351–363.

首府库法。因而，阿拔斯王朝最初的货币，源自伊拉克地区库法的造币厂。

图 2-23　阿拔斯革命时期打制于库法的狄尔汗银币，2.81 克

阿拔斯王朝创立之初，并没有改变前朝的货币制度，金币和银币的基本样式、币种没有太多变化。但是无论是金币还是银币，钱币背面的币文都有了变化，并从此被固定了下来。

如果从货币史的角度来观察，阿拔斯王朝大致可以分为五个阶段。第一个阶段经历了曼苏尔的王朝奠基期和哈伦·拉希德的王朝鼎盛期（公元 750—809 年）。在这一阶段内，阿拉伯帝国人口增长，经济繁荣，商贸发达，实力雄厚。帝国不仅开始进入财富的增长期，而且进入财富的积累期。与之相伴的是贫富差距的加大。与倭马亚王朝时期截然不同的是，波斯人的享乐与奢侈的生活方式已经完全融入新的风俗习惯中。波斯人传统的元旦——肉孜节，被阿拔斯人当作一个重要的节日，像庆祝开斋节一样大肆庆祝。倭马亚时代的哈里发赠送的礼品常常是骆驼，而到了此时，哈里发的礼物变成了成袋的金币银币、豪华的家具以及鞍具齐备的马匹。[①] 与经济繁荣相伴的

图 2-24　阿拔斯王朝曼苏尔第纳尔金币，4.25 克

① 伊本·赫勒敦：《历史绪论》，李振中译，宁夏人民出版社 2015 年版，第 225 页。

是货币经济的繁荣。在东方的唐朝，在经历了 8 世纪中叶的安史之乱后，则逐渐走向衰落。

当然，王朝的奢侈也并非这样绝对。在王朝奠基者曼苏尔去世后继位的麦赫迪，就是一位慷慨的哈里发。据说，曼苏尔死后留下了 1400 万第纳尔金币和 600 万狄尔汗银币。而在麦赫迪时代，人们摆脱了曼苏尔的吝啬。麦赫迪除了留下他本人上台后征收的税款外，其余尽数分给大家。在麦赫迪的时代，人们开始高度评价慷慨大方的美德，严厉谴责吝啬的行为。[①]

图 2–25　阿拔斯王朝麦赫迪狄尔汗银币，2.90 克

到了哈伦·拉希德时期，王朝进入了鼎盛期。伊本·赫勒敦说，在拉希德时代，国家岁入达到 7015 堪他尔，每堪他尔合 1 万第纳尔，也就是国家岁入为 7015 万第纳尔。紧张的生活导致财富的增加，财富的增加又使生活更加安逸舒适。[②]帝国进入了一个良性循环的时期。

图 2–26　阿拔斯王朝哈伦·拉希德第纳尔金币，4.24 克

在哈伦·拉希德的鼎盛期之后，首先是他的儿子艾敏继位。

---

① ［埃及］艾哈迈德·爱敏：《阿拉伯伊斯兰文化史》（第 2 册），朱凯、史希同译，商务印书馆 2019 年版，第 120 页。

② ［埃及］艾哈迈德·爱敏：《阿拉伯伊斯兰文化史》（第 2 册），朱凯、史希同译，商务印书馆 2019 年版，第 124 页。

艾敏似乎更加追求享乐，他不惜代价购买形形色色的珍禽异兽，又把国库的钱财以及手中的珠宝分给太监和密友。[①]后来，哈伦·拉希德的两个儿子——艾敏和麦蒙之间发生了内战。内战险些使首都巴格达成为废墟。

图 2-27　阿拔斯王朝艾敏第纳尔金币，4.07 克

麦蒙（公元 813—833 年）时期是王朝文化的鼎盛期。公元 821 年，麦蒙对金币第纳尔的样式进行过一次改革，最直观的变化是钱币正面的环形币文由一圈变为两圈，币文的雕刻更为清晰、美观。增加的一圈币文为“以前和以后，凡事归真主主持。在那日，信道的人将要欢喜。这是由于真主的援助”。（《古兰经》30：4—5）从麦蒙时期起，金币的造币厂逐步增多了。

图 2-28　阿拔斯王朝麦蒙第纳尔金币，4.23 克

但是麦蒙时期的银币制度却开始混乱，这可以看作阿拔斯王朝货币史的第二阶段。此阶段出现了所谓重狄尔汗，其重量大致和金币第纳尔一样，即重 4.25 克左右。这个重量很可能来自同时期拜占庭的米拉伦斯币，其理论重量为 4.54 克。还有一种解释是，麦蒙有可能在试图推广银币，希望取代第纳尔金币。两种解释目前都不存在直接的证据。

① ［埃及］艾哈迈德·爱敏：《阿拉伯伊斯兰文化史》（第 2 册），朱凯、史希同译，商务印书馆 2019 年版，第 130 页。

银币狄尔汗的重量出现混乱之后，在穆阿台绥姆（公元833—842年）、瓦西格（公元842—847年）、穆台瓦基里（公元847—861年）几位哈里发在位的近三十年，金币第纳尔出现了不同程度的减重现象。

这很有可能是因为国家无力应付突厥人的横征暴敛，只能采取对金币减重的方式应对；也有可能是因为突厥人控制了铸币权，通过征收更高的铸币税来获得利益。

图 2-29　阿拔斯王朝麦蒙重狄尔汗银币，4.28 克

在穆台瓦基里之后，哈里发分别是孟台绥尔（公元861—862年）、木斯台因（公元862—866年）、木耳台兹（公元866—869年）、木赫台迪（公元869—870年）。这些哈里发都受到突厥人的控制，并且在位时间很短。这一时期的金币第纳尔，重量依然不足4.2克，相较于王朝初期在减重。但是这一时期的银币狄尔汗，却出现了不同程度的增重现象。

图 2-30　阿拔斯王朝穆台瓦基里第纳尔金币，3.98 克

据说哈里发木赫台迪曾希望改变帝国的奢靡之风，禁止饮酒、禁止歌女，并把宫中金银器皿铸成金币和银币。以前的哈里发每天膳食耗资1万狄尔汗，但木赫台迪规定每天为100狄尔汗。然而，木赫台迪的做法引起了上层社会和普通百姓的普遍不满，人们不愿过他所希望的那种清贫生活，不愿他继续执政，便设计把

他杀害了。[①]

图 2-31　阿拔斯王朝木耳台兹狄尔汗银币，3.0 克

阿拔斯王朝货币史的第三个阶段是从公元 892 年穆尔台迪德统治时期开始至公元 946 年穆斯泰克菲统治结束的 50 多年时间。在哈里发穆格台底儿时期，银币的重量持续上升。公元 934 年继位的哈里发拉迪在位时，国内局势更加混乱。10 世纪上半叶的最后 15 年，巴士拉已经落入总埃米尔伊本·伊格的手中；法尔斯落入白益王朝的阿里·本·布韦希手中；伊斯法罕、雷伊、吉勒归了白益王朝艾布·阿里·哈桑·本·布韦希；摩苏尔、迪亚尔、伯克尔和赖比阿归了哈姆丹人的小王朝；埃及和沙姆地区被伊赫什德王朝控制；易弗里基亚和马格里布是法蒂玛王朝的势力范围；萨曼王朝统治了中亚的呼罗珊及河外地区；德伊莱姆人、白里迪人和卡尔玛特派人则分别在塔巴里斯坦和朱尔加尼，胡齐斯坦、巴林和叶玛麦建立了自己的王朝。整个阿拔斯帝国留给哈里发的只有巴格达及其周边地区。[②]这一时期的狄尔汗银币，似乎失

图 2-32　阿拔斯王朝穆尔台迪德第纳尔金币，4.13 克

---

① ［埃及］艾哈迈德·爱敏：《阿拉伯伊斯兰文化史》（第 5 册），史希同译，商务印书馆 2019 年版，第 111 页。

② ［埃及］艾哈迈德·爱敏：《阿拉伯伊斯兰文化史》（第 5 册），史希同译，商务印书馆 2019 年版，第 98 页。

去了统一的重量标准，重量从 2.29 克到 4.0 克都有。

公元 946—1059 年，在历史上被称为白益王朝控制的傀儡政权时期，是阿拔斯王朝货币史的第四个阶段，被称为过渡时期。而属于哈里发的钱币，只打制于巴格达。这一时期的银币狄尔汗，重量增加更加明显。同时，银币狄尔汗的含银量也在大幅度降低，硬币重量不再统一，以至于狄尔汗成了劣质币的代名词。[①]

图 2-33　阿拔斯王朝穆迪尔狄尔汗银币，6.71 克

阿拔斯王朝货币史的最后一个阶段，是从 1059 年塞尔柱人相继赶走巴格达的布韦希人和法蒂玛绿衣大食之后，阿拔斯王朝在塞尔柱人的监护下的最后 200 年。

图 2-34　阿拔斯王朝穆斯坦吉德第纳尔金币，1.09 克

1160 年继位的哈里发穆斯坦吉德时期（1160—1170 年），金币第纳尔的重量处于一种紊乱的状态，重量从 1.09 克到 2.67 克都有。

纳绥尔于 1180 年继任哈里发，并承认了萨拉丁的艾尤卜政权。纳绥尔在位 37 年，在这一时期，首先是阿拔斯王朝的金币的重量变化非常大，他在位时发行的二第纳尔金币制作非常精致。1178 年，宋朝开始行使会子。

① ［德］伯纳德·克鲁格：《世界钱币 2000 年》，杜涵译，中国友谊出版公司 2021 年版，第 65 页。

在纳绥尔之后扎希尔于1225年继位。扎希尔在位仅一年，却在巴格达发行了许多重量规格不统一的金币。这些金币的重量有2.54克、4.03克、5.03克、5.47克、6.12克等。这一时期的混乱局面，导致了黄金以称重计量而非像标准的金币那样计数。①

图2-35　阿拔斯王朝纳绥尔二第纳尔金币，8.81克

在银币消失了几乎三百年之后，阿拔斯王朝在最后的时期，即哈里发穆斯坦绥尔时期（1226—1242年），又重新发行了银币狄尔汗，并且重量标准与规格比较整齐。在此之前，公元1238年还发行了新款的第纳尔金币，重量大约为6.5克。新的第纳尔金币采用了新的纹饰，正面和反面的中间币文都写在了一个四瓣花中。新款狄尔汗银币的理论重量约为2.8克，面值分别为狄尔汗、1/2狄尔汗（约重1.4克）、1/3狄尔汗（约重0.93克）、1/4狄尔汗（约重0.7克）、1/6狄尔汗（约重0.46克）。狄尔汗银币的纹饰沿袭了新款第纳尔，但是1/4狄尔汗的中间币文写在一个方框之中。

图2-36　阿拔斯王朝穆斯坦绥尔第纳尔金币，6.52克

1258年，阿拔斯王朝被蒙古大军所灭，阿拉伯阿拔斯王朝

① ［英］凯瑟琳·伊格尔顿、乔纳森·威廉姆斯：《钱的历史》，徐剑译，中央编译出版社2011年版，第112页。

的货币史至此结束。但是，阿拉伯的钱币制度和钱币形制并没有结束，在此之后还在伊斯兰国家继续传承。当阿拉伯和拜占庭铸造金币时，欧洲仅仅满足于银币。①而就在1252年，佛罗伦萨的执政者在当地商人的建议下决定铸造金币弗罗林。此时，佛罗伦萨正在将旺盛的精力投入发展东西方贸易之中。同一年，热那亚也发行了金币。五年后，英国亨利三世国王发行了金便士。1284年，威尼斯发行了达克特金币。这一年被认为是欧洲货币史的开始。②自此，地中海商业迅速崛起，世界经济最活跃的地方也从此开始转向了欧洲。

第三节 独立王朝与波斯人割据王朝的货币制度

一、后倭马亚王朝

公元8世纪中叶，后倭马亚王朝的拉赫曼统治西班牙时期，开始打制银币狄尔汗，但并未打制金币第纳尔。拉赫曼时期的银币，重量大多数为2.7克左右，略轻于大马士革的标准狄尔汗的重量。

① ［美］彼得·L. 伯恩斯坦：《黄金简史》，黄磊译，上海财经大学出版社2020年版，第122页。

② ［英］威廉·阿瑟·肖：《货币大历史：金融霸权与大国兴衰六百年》，张杰译，华文出版社2020年版，第5—6页。

尽管拉赫曼自称埃米尔，但拉赫曼时期，西班牙已经脱离了巴格达的哈里发政府而独立。到了第八任埃米尔阿卜杜勒·拉赫曼三世（公元912—961年）时期，这个西班牙的后倭马亚王朝达到鼎盛。阿卜杜勒·拉赫曼三世开始称自己为哈里发。也正是从这个时期开始，西班牙的后倭马亚王朝开始发行金币第纳尔。如同银币一样，这里发行的金币重量也要轻一些，早期发行的金币在4.2克以下，后来大多为3.9克左右。阿拉伯人到了欧洲之后，似乎采用了罗马的重量标准。如前所述，这里的狄纳里金币在经历了最初的重量4.2克之后，下降到3.9克左右，而银币的重量则为2.7克。1罗马磅为327克，金币的3.9克为1/84罗马磅，而银币的2.7克为1/120罗马磅。在西班牙，1第纳尔＝10狄尔汗。[①]

图2-37 西班牙后倭马亚王朝阿卜杜勒·拉赫曼狄尔汗银币，2.7克

图2-38 西班牙后倭马亚王朝阿卜杜勒·拉赫曼三世第纳尔金币，4.17克

拉赫曼三世时期，后倭马亚王朝的首都是科尔多瓦，这里与君士坦丁堡和巴格达齐名，并且是欧洲最有文化、最富庶的地方。在科尔多瓦城中，有贵族和官僚的住宅5万多座、平民住

① ［西班牙］奥克塔维奥·吉尔·法雷斯：《西班牙货币史》，宋海译，中国金融出版社2019年版，第74页。

宅10多万座、清真寺700多座、公共浴池900处。[①] 除了先进的农业和手工业，商业也是相当繁荣的，国家的岁入主要来自关税。

后倭马亚王朝持续了275年。1031年，最后一位哈里发希沙木三世继位之后，伊比利亚半岛就进入小王国割据的局面了。

二、法蒂玛王朝

10世纪初，欧贝杜拉·麦赫迪建立法蒂玛王朝之后，就开始发行金币第纳尔和银币狄尔汗。金币的重量大约为4.15克。银币存世不多，而且重量大多为1.3克左右，似乎是1/2狄尔汗。

图2-39　法蒂玛王朝欧贝杜拉·麦赫迪第纳尔金币，4.14克

欧贝杜拉·麦赫迪觊觎埃及，但毕其一生也没能成功。法蒂玛王朝对埃及的进攻一直没有终止。公元968年，法蒂玛王朝第四代哈里发木伊兹（公元952—975年）筹集军费2400万第纳尔，派大将昭海尔对埃及发起总攻。由于当时形势对法蒂玛人采取军事行动有利，再加上昭海尔足智多谋、敏于韬略，埃及被一举拿下。此后，法蒂玛王朝在埃及建立了新的首都。木伊兹离开马格里布时带走了大批的财产，他命人将这些财产铸成了黄金磨盘，仅这些黄金磨盘就动用了100头骆驼来驮运。进入埃及后，木伊

① ［英］斯坦利·莱恩－普尔：《伊比利亚八百年：摩尔人统治下的西班牙》，中国工人出版社2022年版，第114页。

兹将金磨盘安放在宫门的外面。[①] 木伊兹聘请了一位犹太人做宰相。这位名叫雅各·本·基利斯的犹太人原本信奉基督教，后来皈依伊斯兰教。他深受木伊兹信任，年俸达到 10 万第纳尔。他拥有 4000 名黑人和白人奴隶，一件珠宝就价值 40 万第纳尔，一件衣服就价值 500 第纳尔。[②]

在木伊兹任哈里发之前的曼苏尔时代（公元 946—952 年），第纳尔金币上的纹饰就发生了变化，主要是钱币正反面中间的圆圈变小。到了木伊兹时代，出现了一种完全不一样的钱币纹饰，即以前横着写的币文，变成了环绕圆圈写。钱币的正面和背面都有四个同心圆，最里面的圆中间是一个小乳钉，而外面的三层圆则写了三圈币文。这种金币也被称为木伊兹金币。尽管这种金币上的三圈币文并不好辨认，但统治者更关心的是将这种金币与阿拔斯王朝的金币明显地区分开来。[③] 但是，这种纹饰的钱币并没有成为定式，其他纹饰的钱币依然继续被打制。

图 2-40　法蒂玛王朝木伊兹第纳尔金币，4.2 克

阿齐兹在位时期（公元 975—996 年），法蒂玛王朝达到鼎盛。

---

① ［埃及］艾哈迈德·爱敏：《阿拉伯伊斯兰文化史》（第 5 册），史希同译，商务印书馆 2019 年版，第 121 页。

② ［埃及］艾哈迈德·爱敏：《阿拉伯伊斯兰文化史》（第 5 册），史希同译，商务印书馆 2019 年版，第 91 页。

③ David J. Wasserstein, “Coins as Agents of Cultural Definition in Islam”, *Poetics Today*, Vol. 14, No. 2(1993), Cultural Processes in Muslim and Arab Societies: Medieval and Early Modern Periods (Summer, 1993), pp. 303–322.

与此同时，西班牙处于拉赫曼三世时期，也是科尔多瓦的后倭马亚王朝鼎盛时期。阿齐兹也打制了有三个圈纹饰的金币第纳尔，但是重量略轻，而且少了一圈币文。据说，阿齐兹酷爱收藏图书，在他的藏书室中，价值100第纳尔金币的历史名著《民族与帝王史》就有320部之多。[①]法蒂玛王朝之所以如此富庶，原因之一就是获取非洲黄金的便利，以及在国际贸易中的获利。阿齐兹一度希望征服巴格达的阿拔斯哈里发，他甚至花费了200万第纳尔金币修建了一座高级的宫殿，准备接待作为俘虏的阿拔斯王朝的哈里发及其眷属。[②]

图2-41　法蒂玛王朝阿齐兹第纳尔金币，4.14克

然而，法蒂玛王朝后期银币质量开始持续下降，已经可以被看作铜币了。阿齐兹统治时期，金币和银币的兑换率为1∶34。[③]11世纪的开罗，狄尔汗这种所谓的银币与真正的足值银币的兑换率为1∶3。[④]法蒂玛王朝也因此没有真正意义上的铜币。但后期出现过玻璃币，作为铜币的替代品。由于当时的货币比较混乱，因此法蒂玛王朝出现了许多半官方的货币兑换机构。同时，为了应

① 纳忠：《阿拉伯通史》（下卷），商务印书馆1997年版，第44页。

② ［美］菲利浦·希提：《阿拉伯通史（第十版）》，马坚译，新世界出版社2008年版，第566页。

③ Norbert Oberauer, “Money in Classical Islam：Legal Theory and Economic Practice”, *Islamic Law and Society*, Vol. 25, No. 4(2018), pp. 427–466.

④ Goitein, *Mediterranean Society*, 1:360,388.

对不同的需求，商人们会将货币运送到出现货币问题的商业伙伴那里，以获取利润。[①]此外，为了检验钱币的纯度，当时的人们还发明了各种各样的技术手段。

法蒂玛王朝共经历了14位哈里发。1171年，法蒂玛王朝灭亡于艾尤卜王朝手中。

三、塔希尔王朝与萨法尔王朝

公元820年，呼罗珊总督塔希尔拥兵自重，建立了割据的塔希尔王朝。然而，塔希尔并不敢自称国王，只称自己为埃米尔。但是，他在穆斯林的聚礼上已经停止为哈里发祈祷，将“求安拉赐福于哈里发麦蒙”的祷词，改为“求安拉赐福于先知穆罕默德的信徒”。[②]在当地发行的钱币上，也不再写哈里发的名讳。但是后来，在塔希尔王朝控制的地域发行的货币，都会写哈里发的名讳，而不题写塔希尔。[③]这也体现了一种政治格局的变化。

图2-42　塔希尔王朝塔希尔·本·侯赛因狄尔汗银币，2.92克

塔希尔造币的重量，最初和巴格达造币的重量相当。公元822年，塔希尔·本·侯赛因去世。他的儿子塔勒哈继续执掌呼罗珊的军队，但是他已经无力如他的父亲一样保持独立，开始承认哈里发的权威。公元827年，塔希尔家族发生叛乱，巴格达派

① Goitein，*Mediterranean Society*, 1:237.

② 纳忠：《阿拉伯通史》（上卷），商务印书馆1997年版，第605页。

③ 蓝琪、赵永伦：《中亚史》（第二卷），商务印书馆2018年版，第325页。

军平息了这场叛乱。为了表示感恩，塔勒哈向哈里发进奉银币300万狄尔汗，以及价值200万狄尔汗银币的礼物。[①] 从这里我们可以看到，塔希尔家族割据帝国东部，并没有打制很多金币第纳尔，只是时断时续地在撒马尔罕和塔什干打制金币。[②] 另外，值得注意的是，与巴格达的狄尔汗一样，此时呼罗珊的狄尔汗也出现了增重。

图 2–43　塔希尔王朝塔勒哈狄尔汗银币，3.45 克

公元 853 年，呼罗珊南部锡斯坦的狄尔汗（Dirham）开始反对当地的当权者，被称为“铜匠”（Saffār）的雅库布（公元 861—879 年在位）崭露头角。雅库布在狄尔汗的阵营中掌控了兵权，自己成为锡斯坦的统治者，自此，因“铜匠”而得名的萨法尔王朝建立。雅库布早期发行的狄尔汗银币，与巴格达的银币基本一致。但是到了后来，雅库布发行的狄尔汗银币明显具有萨珊王朝迪拉姆的外形，即钱币有一个很大的宽边。雅库布狄尔汗的重量与巴格达狄尔汗的重量近似。

图 2–44　萨法尔王朝雅库布狄尔汗银币，2.74 克

由于萨法尔王朝统治区域处于中亚的东部，所以王朝的钱币

① 蓝琪、赵永伦：《中亚史》（第二卷），商务印书馆 2018 年版，第 218 页。

② ［塔吉克斯坦］阿西莫夫、［英］博斯沃思主编：《中亚文明史》（第四卷），华涛译，中译出版社 2016 年版，第 384 页。

也出现了本地化的样式。例如，极有可能在迦毕试的造币厂打制的银币迪拉姆的纹饰特征具有鲜明的中亚特色，钱币正面币图是瘤牛，背面币图是一名骑士。从钱币纹饰角度而言，骑士的图案源自公元前 1 世纪塞种人王的钱币纹饰。对此《汉书·西域记》中还特别提到，乌弋山离“其钱独文为人头，幕为骑马。”意思是正面为头像，背面为骑马的像。中国史书所描述的与之基本符合，只是正反正好相反。

图 2-45 乌弋山离（塞种人国家）沃诺内斯四德拉克马银币，9.75 克

从货币重量标准角度而言，这种钱币实际上就是源自印度的吉塔尔。印度地区中世纪早期最重要的货币类型可能是源自阿富汗和印度西北部地区沙希王朝的瘤牛和骑士银币，而萨法尔王朝及其后继者的货币制造于公元 870—1000 年。货币上的纹饰可能意味着两个王国的结合（突厥骑兵和印度瘤牛）。这些钱币大多是无名币，印有表示“领袖”的（Spalapati Deva）不同文字字样。与同时期的其他钱币不同，它并没有采用波斯米思考标准，而是重新使用大约 1000 年前的孔雀王朝 4- 玛沙标准。作为中世纪早期的新币种，它与中国的开元通宝、改良后的阿拉伯狄尔汗以及欧洲查理曼大帝的便士同时出现。类似于欧洲的便士，这种钱币有许多衍生品种，用于小额交易长达五个世纪。[①] “瘤牛与骑士”

① Robert Tye, *Early World Coins and Early Weight Standards*, York: Early World Coins, 2009, p. 98.

类型的钱币，在后世又延续了很久，包括后来统治这里的君主都曾发行过。[①]

沙希王朝吉塔尔银币（匿名），3.49 克　萨法尔王朝雅库布吉塔尔银币，2.84 克［钱币正面是梵文“छाड्कषेत्रम्”（Sri Khudarayakah，吉祥领袖），钱币背面是阿拉伯文“عدل”（'adl，公正）］

图 2–46　沙希王朝吉塔尔与萨法尔王朝雅库布吉塔尔对比

雅库布的弟弟阿慕尔·布·莱斯（公元 879—901 年在位）是萨法尔王朝的另一位奠基者，他继承了哥哥的埃米尔位。阿慕尔·布·莱斯统治时期开始发行金币。

图 2–47　萨法尔王朝阿慕尔·布·莱斯第纳尔金币，3.96 克

四、萨曼王朝

萨曼王朝的建立者奈斯尔的弟弟易司马仪继位后，于公元 904 年攻灭萨法尔王朝。萨曼王朝建立后，每一位王朝统治者都在布哈拉铸造了铜币。除了统治者之外，地方王公贵族也具有铸造铜币的权力。这些铜币在中亚地区有许多留存。[②] 另外，在易司马仪之前，呼罗珊地区只打制地方铜币。在此之前的金

① John Walker, “Islamic Coins with Hindu Types”, *The Numismatic Chronicle and Journal of the Royal Numismatic Society*, Vol. 6, No. 3/4 (1946), pp. 121–128.

② 许序雅：《中亚萨曼王朝研究》（增订本），商务印书馆 2017 年版，第 97 页。

币和银币，是以巴格达的哈里发的名义打制的。这说明金币和银币的造币厂仍然控制在中央王朝手中。自易司马仪起，萨曼王朝开始发行金币和银币。萨曼王朝时期的中亚，还保留着萨珊王朝时的传统，以银币为主要通货，金币只作为一种商品或是财富储存的方式。由此也可以解释为何中亚河中地区打制金币第纳尔一直处于断断续续的状态，同时也说明为何窖藏金币一直保持良好的状态。[①]易司马仪在撒马尔罕打制的金币，无论是从纹饰上还是从重量上，都和巴格达的金币相近。

图 2-48 萨曼王朝易司马仪第纳尔金币，4.17 克

公元 914 年，年幼的纳斯尔·本·阿合马德继位，宰相阿布·阿里·贾哈尼和军队统帅哈穆亚·本·阿里辅佐。纳斯尔·本·阿合马德在位初期，其叔叔伊斯哈克·伊本·阿合马德叛乱并占领撒马尔罕。军队统帅哈穆亚·本·阿里率兵征讨，依斯哈克战败被俘。后来，纳斯尔宽恕了他的叔叔，并任命堂兄阿穆尔·穆罕默德·本·阿萨德为撒马尔罕总督。阿穆尔·穆罕默

图 2-49 萨曼王朝纳斯尔·本·阿合马德大型狄尔汗银币，6.0 克

① ［塔吉克斯坦］阿西莫夫、［英］博斯沃思主编：《中亚文明史》（第四卷），华涛译，中译出版社 2016 年版，第 385 页。

德·本·阿萨德在那里打制了自己的铜币。[①] 纳斯尔·本·阿合马德在位期间，出现了一种极具波斯风格的大型狄尔汗银币。这种大型狄尔汗银币由大个的银片打制，具有宽大的圆边，重量也是普通狄尔汗银币的几倍。

萨曼王朝的造币厂分布广泛，从东起中国边境的乌兹根，西至海西南的哈马丹之间都有分布，甚至在统治区域之外的设拉子也都有造币厂。

萨曼王朝在丝路贸易中有相当重要的作用，20 世纪中叶在前苏东国家和斯堪的纳维亚国家出土的窖藏银币中，大部分是萨曼王朝的银币。[②]

11 世纪初期，萨曼王朝被突厥人攻灭。自此，波斯人在中亚的统治结束。

第四节 突厥人割据王朝的货币制度

一、伽色尼王朝与德里苏丹国

10 世纪下半叶，伽色尼王朝建立者阿尔卜特金所发行的银币狄尔汗上，用的还是萨曼王朝麦立克沙的名讳。

① 蓝琪、赵永伦：《中亚史》（第二卷），商务印书馆 2018 年版，第 241 页。

② 蓝琪、赵永伦：《中亚史》（第二卷），商务印书馆 2018 年版，第 325 页。

阿尔卜特金的继任者素卜克特金在征服印度的同时，还发行了印度风格的吉塔尔钱币。当伽色尼人征服印度西北部后，吉塔尔银币的含银量从约70%降至25%。在接下来的几个世纪里，伽色尼人又发行了大量的吉塔尔铜币。[①]换句话说，素卜克特金的吉塔尔银币，在纯度上明显下降，已经可以归入铜币的范畴。同时，吉塔尔造币本身也十分粗糙。在重量上，近似于以前吉塔尔的一半。该种币的纹饰也与以往的“瘤牛与骑士”相区别：正面为大象和阿拉伯文币文，背面为狮子。

图2-50 伽色尼王朝阿尔卜特金狄尔汗银币，4.0克

图2-51 伽色尼王朝素卜克特金吉塔尔铜币，1.77克

除了发行具有印度特色的吉塔尔铜币之外，素卜克特金还发行了阿拉伯风格的第纳尔金币和狄尔汗银币。

伽色尼王朝雄踞中亚和印度的广大土地，除了直接管辖的地区外，还有许多臣属王朝。这些臣属王朝都会对伽色尼王朝纳贡。例如，席亚里王朝每年的贡赋是5万第纳尔，伊斯法罕每年缴纳2万第纳尔和1万匹布，印度王公每年缴纳50头大象等。[②]

12世纪末，伽色尼王朝灭亡于古尔王朝，但很快古尔王朝也分裂了。印度的总督库特布丁·艾伊拜克以德里为中心独立为

① Robert Tye, *Early World Coins and Early Weight Standards*, York：Early World Coins, 2009, p. 98.

② 蓝琪、刘如梅：《中亚史》（第三卷），商务印书馆2018年版，第171页。

苏丹，德里苏丹国的钱币也经历了非常复杂的演化。例如，最初的奴隶王朝（1206—1290 年）发行了 3.5 克左右的金币第纳尔，其正面为吉祥天女，背面为梵文币文。其与笈多王朝的金币非常相似。后来发行了 3 克左右的吉塔尔铜币，正面为骑士，背面为阿拉伯文币文。最后是 11 克左右的天罡币，正面和背面都是阿拉伯文币文。之所以发行纯度较高的天罡银币，据说是为了满足富人的需求，而且当时合金的吉塔尔币正在不断贬值。[①] 从钱币的发展史来看，大体上钱币的纹饰逐渐伊斯兰化，重量则逐渐本地化。从重量方面来讲，印度地区的基础重量单位是拉蒂，1 拉蒂 = 0.11 克，吉塔尔的理论重量是 32 拉蒂 = 3.52 克；天罡币的理论重量是 96 拉蒂 = 10.56 克。[②]

图 2-52　德里苏丹国奴隶王朝纳绥尔 · 阿伦定 · 马哈茂德天罡币，10.61 克

德里苏丹国的政权并不是很稳定，“奴隶王朝”大约持续了 100 年，此后是一个短暂的卡尔吉王朝，再接下来是图格鲁克王朝。1300—1350 年，苏丹的力量延伸到德干地区，从半岛的国王和神庙处攫取大量的可移动的财富，并慷慨地运用这些财富笼络突厥军事贵族和伊朗学者。这个时期是德里苏丹国的鼎盛时期，但也是衰微的开始。只要外在财富来源能满足苏丹国对大量金钱

① Robert Tye, *Early World Coins and Early Weight Standards*, York: Early World Coins, 2009, p. 79.

② Robert Tye, *Early World Coins and Early Weight Standards*, York: Early World Coins, 2009, p. 96.

的需求，苏丹国就能持续繁荣。[①]为了夺富于民，穆罕默德·本·图格鲁克开始发行虚币以替代银币。1329—1332年，他发行了铜质的天罡币，其重量和银质的天罡币完全一样。为了确保虚币能够流通，钱币正面还写着这样的币文："服从苏丹王的人也服从仁慈的主"；后来还在币文中补充道："我希望这种带有标记的天罡币会在交易中流通。"但是他的希望注定破灭，因为这些钱币极易伪造。根据当时以及后世历史学家的记载，随着这种钱币的发行，每家每户都成了造币厂。在这种强制通货的法令失败后，很快这种钱币就被废除了。[②]

图2-53　德里苏丹国穆罕默德·本·图格鲁克天罡铜币，9.33克

二、塞尔柱王朝与鲁姆塞尔柱国

塞尔柱王朝在1040年之前就开始发行金币，1040年之后定期发行高、低纯度的金币，随后是镀金的银第纳尔。[③]有钱币学家指出，在公元913年之前，德黑兰附近的一座叫赖伊的城市的造币厂受到巴格达的哈里发控制，其数量巨大的出土物几乎全是

① ［美］托马斯·特劳特曼：《印度次大陆：文明五千年》，林玉菁译，当代世界出版社2021年版，第215页。

② ［印］帕尔梅什瓦里·拉尔·笈多：《印度货币史》，石俊志译，法律出版社2018年版，第115页。

③ ［塔吉克斯坦］阿西莫夫、［英］博斯沃思主编：《中亚文明史》（第四卷），华涛译，中译出版社2016年版，第395页。

银币狄尔汗。而以布哈拉为根据地的萨曼王朝在赖伊的铸币就发生了变化，42 个出土钱币中有 32 个为金币。公元 945 年，白益王朝接管了这里，这里出土的 63 个钱币中有 44 个是银币狄尔汗。1029 年，以阿富汗为根据地的伽色尼王朝到来，而出土的这一时期的 13 个钱币中，有 9 个是银币狄尔汗。最后，1042 年塞尔柱人接管造币厂后，出土的 44 个钱币中有 43 个都是金币第纳尔。[①] 另有学者对尼沙普尔的钱币出土物研究发现，伽色尼王朝马哈茂德时期的出土物中，147 个钱币中有 15 个是银币狄尔汗；而塞尔柱王朝图格里勒治下，127 个钱币中有 125 个为金币狄尔汗。[②] 从金币打制所占比例可以看出，在大塞尔柱国时期，大宗交易开始逐渐繁荣起来。因而，商品的价值也较之以前有所提高。

1087 年大塞尔柱国建立军事采邑制，将国土分封，于是在宗主国大塞尔柱国之外，形成四个塞尔柱国。首先是波斯的伊拉克地区的塞尔柱国，即米地亚塞尔柱国（1037—1157 年）；其次是大马士革、阿勒颇地区的叙利亚塞尔柱国（1078—1117 年）；再次是波斯南部地区的克尔曼塞尔柱国（1041—1187 年）；最后是拜占庭的小亚细亚地区的鲁姆塞尔柱国（1092—1302 年）。[③] 这些塞尔柱国，由于所处地理位置不同，尽管各地造币都属于阿拉

① George C. Miles, *The Numismatic History of Rayy*, The American Numismatic Society, 1938.

② ［美］理查德 · W. 布利特：《9—12 世纪伊朗的棉花、气候与骆驼》，孙唯瀚等译，北京大学出版社 2022 年版，第 184 页。

③ 纳忠：《阿拉伯通史》（上卷），商务印书馆 1997 年版，第 627 页。

伯币范畴，但在纹饰和重量方面都有所差异。

图 2-54　米地亚塞尔柱国马哈茂德二世 1/3 第纳尔金币，1.17 克

图 2-55　叙利亚塞尔柱国突突什第纳尔金币，2.54 克

图 2-56　克尔曼塞尔柱国麦立克沙第纳尔金币，3.48 克

图 2-57　鲁姆塞尔柱国凯考斯一世第纳尔金币，4.65 克

鲁姆塞尔柱国地处小亚细亚和埃及地区，其名称“鲁姆”，意思就是“罗马”。鲁姆塞尔柱国发行了一些很有特色的弗鲁斯铜币。有的铜币正面是皇帝肖像，具有明显的拜占庭风格；有的铜币正面是骑士像，又具有此前伽色尼王朝吉塔尔的风格。

图 2-58　鲁姆塞尔柱国基利杰阿尔斯兰二世弗鲁斯铜币，3.52 克

三、赞吉王朝和艾尤卜王朝

1127 年摩苏尔地区塞尔柱人的埃米尔伊马顿丁·赞吉形成了一股强大的力量，建立赞吉王朝。1146 年，赞吉去世，其子平分了赞吉王朝的土地。各个小王国的钱币各不相同。例如，摩

苏尔发行的狄尔汗，实际上已经退化为铜币，重量也达到了10克以上。这种铜币的正面为突厥君主的肖像，背面则是阿拉伯文币文。

图2-59　赞吉王朝摩苏尔库巴丁·马杜德狄尔汗铜币，10.11克

图2-60　赞吉王朝阿勒颇阿迪勒狄尔汗铜币，12.6克

再如，辛贾尔地区发行的狄尔汗铜币上，正面币图是双头鹰。

1171年，萨拉丁废黜法蒂玛王朝，建立艾尤卜王朝，萨拉丁称自己为“苏丹”，并宣布拥护巴格达的哈里发。

图2-61　赞吉王朝辛贾尔伊马顿丁·赞吉二世狄尔汗铜币，7.17克

萨拉丁最早在埃及发行的金币，上面都有巴格达哈里发的名讳。与此同时，他也依然表示拥护叙利亚的赞吉王朝旧主，因此在埃及也发行了有努尔丁名讳的金币。

萨拉丁也有只以自己名义发行的金币。萨拉丁时期，黄金出现短缺。

在当时曾有这样一段评论：“说到纯金第纳尔就像对一位嫉妒的丈夫提起妻子的名字，得到这种硬币就像跨过了天堂之门。”黄金从这一时期开始，更多地作为一种记账货币；另外，黄金开始以称量的方式计量，而非像法蒂玛王朝那样计数。[①]

图 2-62　艾尤卜王朝萨拉丁以哈里发穆斯坦维尔名义发行的第纳尔金币，5.18 克

图 2-63　艾尤卜王朝萨拉丁以赞吉王朝努伦丁名义发行的第纳尔金币，4.17 克

不同于赞吉王朝发行的近乎铜币的狄尔汗，艾尤卜王朝的狄尔汗依然是纯度较高的银币，并且保持着阿拉伯风格。只是有的狄尔汗银币上，以大卫六角星作为纹饰，这也许和萨拉丁收复耶路撒冷有关。在此之前，白银已经实质性地消失了一个世纪。而艾尤卜王朝能够重新打制高纯度的银币，其白银可能通过十字军来自欧洲。[②]

图 2-64　艾尤卜王朝萨拉丁狄尔汗银币，2.9 克

在十字军东征时期的赞吉王朝和艾尤卜王朝，伊拉克北部有一个土库曼人的小王朝，叫阿尔图格王朝，12 世纪中叶，赞吉王朝兴起后出兵遏制了其继续扩张的野心。后来，努尔丁吸收他们参加抗击十字军的战争。1174 年，他们成为赞吉王朝的封臣。

①② ［英］凯瑟琳·伊格尔顿、乔纳森·威廉姆斯：《钱的历史》，徐剑译，中央编译出版社 2011 年版，第 111 页。

1185 年，艾尤卜王朝萨拉丁攻占马亚法里津后，又向萨拉丁称臣纳贡。阿尔图格王朝一方面面临西方的拜占庭和十字军，另一方面又向伊斯兰王朝称臣纳贡，它的货币上体现了一种文化交融的现象。

阿尔图格钱币的背面几乎总是带有阿拉伯清真言币文，这表明钱币发行者沿袭了倭马亚王朝以来的钱币样式传统，但是在钱币的正面可能有拜占庭钱币上的皇帝像、圣母像、胜利女神像，甚至于还有一些希腊罗马的图案元素。

在阿尔图格王朝的钱币上，希腊罗马传统、教会传统和伊斯兰传统都可以被发现。[①]有论者认为，这些纹饰可能并没有特别含义的纹章，仅仅是因为受到拜占庭的启发，为了便利东西方之间的贸易而已。[②]

图 2-65 阿尔图格王朝格式多元文化钱币

① 丽贝卡·R. 达利：《货币、艺术与表现形式：中世纪货币强大而实用的外观》，载［美］比尔·莫勒主编，［英］罗里·奈史密斯编：《货币文化史Ⅱ：中世纪黄金的盛宴与贸易兴起》，王小庆译，文汇出版社 2022 年版，第 157 页。

② Paul Balog, *The Coinage of the Mamlūk Sultans of Egypt and Syria*, The American Numismatic Society, 1964, p.18.

四、三个花剌子模王朝

10 世纪末，萨曼王朝的臣属领地花剌子模实际上由两个独立政权统治着，一个是阿拉伯帝国的花剌子模总督马蒙家族；另一个是花剌子模本地人建立的阿夫格里王朝。10 世纪末，巴格达哈里发派驻花剌子模的总督马蒙推翻本地阿夫格里王朝，自称“花剌子模沙”，史称花剌子模第一王朝。

图 2-66　花剌子模第一王朝马蒙狄尔汗银币，4.85 克

花剌子模第一王朝的马蒙家族在这里曾经打制花剌子模的地方币，有银币狄尔汗与铜币弗鲁斯。其中，银币含银量不高，重量也没有固定的标准。

11 世纪初，伽色尼王朝所派遣的突厥将军阿尔通塔什的家族替代马蒙家族成为这里的统治者，自称“花剌子模沙”，史称花剌子模第二王朝。1043 年，塞尔柱人又推翻阿尔通塔什后人的统治，结束花剌子模第二王朝。大约在 1077 年，塞尔柱马立克沙任命其将领讷失特勤为花剌子模沙黑纳，此后，花剌子模绿洲就一直处于讷失特勤的统治之下，史称花剌子模第三王朝。①

目前可以看到的花剌子模第三王朝钱币主要始自王朝的第三代统治者阿即斯，而且都是金币。金币的重量并不统一。② 银币

① 蓝琪、刘如梅：《中亚史》（第三卷），商务印书馆 2018 年版，第 283 页。

② ［塔吉克斯坦］阿西莫夫、［英］博斯沃思主编：《中亚文明史》（第四卷），华涛译，中译出版社 2016 年版，第 396 页。

的缺失，和当时中亚的银荒有关系。在阿即斯之后，他的儿子阿尔斯兰才开始发行银币狄尔汗，但是银币的成色明显不足，而且没有统一的重量。

1200年，摩柯末继位。摩柯末时期，不仅发行了金币，还发行了银币狄尔汗。但是银币的纯度普遍较低，而且没有统一的重量。摩诃末时期是花剌子模王朝的鼎盛时期，史称花剌子模帝国。帝国领域包括整个中亚河中地区、大半个阿富汗地区以及几乎整个波斯。有观点认为，摩柯末将钱币的政治意义看得很重要，许多被征服地区的造币厂都以他的名义发行钱币，包括花剌子模、不花剌、撒马尔罕等，然而摩柯末依然保留了当地的货币体系。

图2-67　花剌子模第三王朝阿即斯第纳尔金币，2.34克

许多城市发行用于零售贸易的弗鲁斯铜币的惯例也并未中断。[①]因为花剌子模帝国在被蒙古人消灭前，征服这些地方也还不到10年。此时的花剌子模，只有一个帝国的胚胎和轮廓，甚至缺乏国家的骨架。[②]

图2-68　花剌子模第三王朝摩柯末第纳尔金币，3.41克

历史记载，花剌子模的摩柯末对蒙古人很好奇，希望能对其

① ［塔吉克斯坦］阿西莫夫、［英］博斯沃思主编：《中亚文明史》（第四卷），华涛译，中译出版社2016年版，第396页。

② ［法］勒内·格鲁塞：《草原帝国》，蓝琪译，商务印书馆1998年版，第242页。

有更好的了解，于是派使团觐见成吉思汗。成吉思汗接见使节后表示双方使节、商人和商队都应该相互往来，各国制造的精良武器、华丽的衣服、精美的材料和珍贵雅致的物件应该互通有无，双方君主应该签订一项永久条约。随后，成吉思汗也派遣了使团随摩柯末的使团一同返还，500 多头骆驼满载着金银、丝绸、特色毛纺织品以及其他珍贵物品与花剌子模进行商品交易。他们在途经讹答剌进入花剌子模时，当地官员海尔汗向摩柯末禀报了商队物资的价值和重要性，请求以莫须有的罪名扣留商队。经过摩柯末同意后，海尔汗扣留并处死了使节和商队所有成员，全部物资被没收。据说，商队中只有一个驼夫因为去洗澡而躲过一劫。他设法逃了回去，并将海尔汗背信弃义、屠杀商队、劫掠物资的事情一一禀报成吉思汗。于是，盛怒之下的成吉思汗召集大军，一举攻下讹答剌，杀光了城里所有居民。此后，大军从讹答剌出发，挺进布哈拉，攻城略地。摩柯末一路遭到追杀，病死在逃亡路上。蒙古大军则征服了整个花剌子模帝国和呼罗珊地区。不仅如此，蒙古人还在伽色尼地区击败了摩柯末的太子札兰丁的军队。[①] 强大的花剌子模帝国就这样在 1221 年毁灭于蒙古大军的铁蹄下。

图 2-69 成吉思汗第纳尔金币，5.62 克

蒙古军队在洗劫了花剌子模

① ［印度］G.D. 古拉提：《蒙古帝国中亚征服史》，刘瑾玉译，社会科学文献出版社 2017 年版，第 80—81 页。

的财富之后，开始在不花剌、伽色尼、巴里黑等地打制成吉思汗的钱币。例如，1221 年，成吉思汗在伽色尼击败札兰丁的军队之后，便在那里打制自己的金币第纳尔。在伽色尼打制的钱币背面币文写着“汗中之汗，正义的、最强大的成吉思汗”。成吉思汗的金币明显带有花剌子模钱币的风格，采用的是第纳尔金币的重量标准，但是要比理论重量略重一些。

第三章

钱币形制及重量标准

我们这里是骑士之乡，谁人不知？
库莱卜却是耻辱的营寨，哪个不晓？
他们在卑贱之家里栖身，
打家劫舍，是伙流氓强盗。
如果客人来临，引起了狗叫，
他们就会让母亲快往火上撒尿，
可她却不肯那样轻易把尿浪费掉，
撒起来，也是尽量节约尽量地少。
一个第纳尔可以买五十斗小麦，
他们却把待客的面包看得贵似香料。

——艾赫泰勒（公元640—710年）《我们这里是骑士之乡》

第一节 钱币形制

一、伊斯兰教兴起之前阿拉伯半岛流通钱币的形制

阿拉伯帝国兴起于阿拉伯半岛，经过倭马亚王朝的征伐与攻略，阿拉伯帝国的疆域早已超出阿拉伯半岛。在伊斯兰教兴起前，

阿拉伯半岛居民通过贸易与外界交流，并且将其他国家的货币以及货币文化带回半岛；同时，阿拉伯半岛历史上曾被腓尼基、马其顿、塞琉古、罗马等相继统治过，所以阿拉伯也曾流通过上述国家的货币。

古代腓尼基人擅长贸易，并且在北非、西西里和西班牙建立了许多贸易殖民地。公元前5世纪—前4世纪，腓尼基人开始发行厚银币。此时腓尼基许多城市都要向波斯帝国纳贡。提尔城（今位于黎巴嫩）的钱币正面是迈尔克斯神（Melkarth）骑着海马，背面则是雅典的猫头鹰；而赛达城（今位于黎巴嫩）的钱币上则是波斯王用匕首刺向一只雄狮。然而，在公元前4世纪被亚历山大大帝征服之后，这里的货币就终结了，而这些城市转而为亚历山大大帝造币，即开始生产亚历山大大帝的赫拉克勒斯和宙斯样式的钱币。尽管提尔城一直在反抗亚历山大，但最终还是失败并遭到毁灭，直到安条克大帝时期被重建。公元前125年，这里又获得了自治权，为了庆祝这一事件，提尔城发行了著名的四德拉克马银币。对于犹太人来说，它比罗马银币更容易被接受，并且被用于宗教事务。

图3-1　腓尼基提尔城舍客勒银币，8.68克

图3-2　腓尼基赛达成1/16舍客勒银币，0.54克

公元前5世纪—前4世纪，地中海东岸的加沙王国也发行了

货币，并且标记了“加沙”的币文。这些钱币大多源自雅典的货币，同时也存在一些独立设计的写着腓尼基字母的钱币。

图 3-3　加沙王国德拉克马银币，4.07 克

公元前 4 世纪，亚历山大大帝征服了从希腊到印度的广袤土地。此后，他便命令疆域内的所有造币厂开始打制他的钱币。亚历山大大帝去世后，没有留下继承人，他的帝国由手下的几位将军割据。其中，塞琉古王国统治着从叙利亚到印度的疆域。而叙利亚的一部分、巴勒斯坦和腓尼基海岸则是塞琉古王国和托勒密王国的战场。公元前 305 年之后，这里开始流通托勒密王朝的钱币，它的特征就是钱币背面的鹰的纹饰。

古犹太王国的首个可以辨认出来的钱币是公元前 1 世纪末犹太国王亚历山大·詹尼亚斯的铜币。古犹太王国钱币上的纹饰主要是棕榈叶、花朵、锚或者丰饶角，币文为希腊语、阿拉米语或者希伯来语。公元前 40 年，尽管犹太国几乎完全被罗马人统治，但希律王被罗马人授予了“犹太国王”的称号，而且是第一位完全采用希腊文钱币的犹太国王。也许是出于这个原因，再加上他的阿拉伯血统，他并不被罗马人完全接受。

图 3-4　犹太王国希律王普鲁塔克铜币，1.33 克

公元 6 年，犹太王国就被罗马划入叙利亚行省，并且在罗马

人的直接控制之下。此时，这里只能打制写着罗马统治者名讳的铜币。考虑到摩西律法，罗马钱币上的人像被取消了，并采取了无生命物体的纹饰。公元 1 世纪在地中海东部流通的银币则是在提尔城打制的，这种银币的正面图案是迈尔克斯神，背面图案则是托勒密钱币上的鹰。这种钱币被认为是犹大出卖耶稣时获得的那种钱币。据说，有人问耶稣："纳税给恺撒可以不可以？"耶稣看出他们的恶意，就说："假冒为善的人哪，为什么试探我？拿一个上税的钱给我看！"他们便递了一个银钱给耶稣。耶稣说："这像和这号是谁的？"他们说："是恺撒的。"耶稣说："这样，恺撒的物当归给恺撒，上帝的物当归给上帝。"

图 3-5　犹太王国舍客勒银币，14.13 克

纳巴泰人（Nabataeans）是在约旦、迦南的南部和阿拉伯北部营商的古代商人。公元前 7 世纪亚述帝国最后一位君主亚述巴尼拔的铭文中曾提到过纳巴泰人。纳巴泰人建立了自己的王国，建都佩特拉（今位于约旦）。纳巴泰人控制了阿拉伯半岛南部的贸易路线，而加沙则是纳巴泰人货物运往小亚细亚、希腊和意大利的主要港口。纳巴泰人第一次发行货币是在公元前 110—前 96 年阿勒塔斯二世统治期间，时间上正好和犹太王国的亚历山大·詹尼亚斯时期接近。

图 3-6　纳巴泰王国 1/2 德拉克马银币，2.18 克

纳巴泰王国从公元前 4 世纪起一直保持繁荣，直至公元 106 年划入罗马的阿拉比亚行省。阿拉比亚行省的中心位于约旦河东岸的佩里亚。为了纪念这一事件，罗马的图拉真皇帝发行了一组特别的钱币：正面币图是他的肖像，背面币图则是面向右站着的“阿拉比亚”拟人女像。

图 3-7　罗马帝国图拉真奥里斯金币，7.19 克

位于也门的“福地阿拉伯”是一片相对富饶的土地。最初，这里被赛伯邑人统治。赛伯邑人统治时期，曾仿照雅典的四德拉克马发行过货币，但钱币上雅典娜的头像被换成了一个男性的头像。

图 3-8　赛伯邑王国四德拉克马银币，5.21 克

公元前 2 世纪，希木叶尔王国统治这一地区。希木叶尔王国带来了一种新的钱币样式：钱币更加宽广，钱币上的男性头像看上去源自戴着王冠的奥古斯都。在这之后，统治者的名字开始出现在钱币上。[①]

图 3-9　希木叶尔王国 1/2 单位银币，1.38 克

① Nayef G. Goussous, Khalaf F. Tarawneh, *Coinage of the Ancient and Islamic World*, Arab Bank, 1991.

二、钱币金属

阿拉伯语中的“金钱”一词，在伊斯兰教兴起以前，指一切财富，包括土地、房屋、牲畜，但习惯上多半指骆驼，后来甚至包括货物、首饰、矿产、木材、枣林、园地、牧场、城堡、河流等。阿拉伯人在创造自己的货币之前，其通用的货币包括波斯的迪拉姆和拜占庭的第纳尔，通常被称为“黄白之物”。阿拉伯人的辞书中往往把“黄金”放在“黄”之下的条目，把“白银”放在“白”之下的条目。衡量一个人的财富，以其拥有的金银多寡为准。同时，他们也以金锭和银锭进行交易。这种情况甚至延续到伊斯兰教兴起之后。[①] 阿拉伯人的政权建立之后，如果要发行金币，如何获得黄金是首要问题。最初的黄金来自拜占庭。例如，公元8世纪的第二个十年，安达卢西亚的首任统治者阿卜杜·阿齐兹被暗杀，继任者穆萨·本·努赛尔上任后就开始打制新的金币。他没有采用西哥特王国的金币，而是采用北非的金币为模板，并在第一批金币上铭刻了拉丁文“IN NOMINE DOMINI NON DEUS NISI DEUS SOLUS”，即“万物非主，唯有真主”的直译。这种穆斯林与拉丁传统混杂的现象并不多见。这批金币可能是在随军造币工坊中利用缴获的战利品作为原料打制的，这些战利品可能是从教堂劫掠的财宝。将这些财宝回炉后重新打制货币，能够更方便地分发给军人。[②] 公元8世纪上半叶，阿拉伯半岛上的汉志

① 纳忠：《阿拉伯通史》（上卷），商务印书馆1997年版，第95页。

② ［英］休·肯尼迪：《大征服》，孙宇译，民主与建设出版社2020年版，第403页。

地区也发现了一座金矿，开采后用于打制金币。[①]为了纪念这一事件，金币背面铸有币文“Ma’dan al-Mu’minin al-Hijaz”（信徒的领袖之矿于汉志）。

穆阿维叶开创的倭马亚王朝，可以被称为阿拉伯帝国的大马士革时代。大马士革的哈里发不仅开始在这里打制阿拉伯金币第纳尔，并且将其作为法定货币。在诸多文学故事中均可发现，阿拉伯人在中世纪是相当富足的，他们会花大价钱——几千枚第纳尔金币去购买一个女奴。除了在大马士革打制金币外，西班牙也有造币厂打制金币。这应该和西班牙与非洲的金矿有关。上埃及的阿斯旺至伊萨卜港一带盛产黄金，黄金经尼罗河或红海水域被运往各地。努比亚是另一个重要的黄金产地，商旅驼队频繁穿越撒哈拉沙漠，将努比亚的黄金运往马格里布。[②]

图 3-10 倭马亚王朝第纳尔金币，4.27 克

1062 年，北非阿尔摩拉维德王朝入侵以前，跨撒哈拉沙漠的黄金贸易主要控制在加纳王国手中。其中一小部分在通布图铸造成锭，大部分以金粉的形式送到非洲北部的造币厂并用来生产第纳尔金币。[③]其间，来自北非的伊斯兰商人在加纳、马里、桑海等国逐渐扩大了黄金贸易。这些国家坐拥丰富的金矿，但是金矿的具体位置被严格保密。这些国家成了当时最富有的国家，

①③ ［英］凯瑟琳·伊格尔顿、乔纳森·威廉姆斯：《钱的历史》，徐剑译，中央编译出版社 2011 年版，第 110 页。

② 哈全安：《哈里发国家史》，天津人民出版社 2016 年版，第 208 页。

旅行者们惊叹，在加纳，狗戴着金项圈，马挂着丝质缰绳。[①]接下来，非洲的黄金开始持续供应。跨撒哈拉的黄金贸易为北非的造币厂持续提供了充足的黄金以打制第纳尔金币。黄金贸易中最受益的地区是非洲北部的城市与西班牙。10 世纪末，地理学家伊本·郝克尔估计，西部路线主要城市西吉马萨统治者来自贸易的年收入为 40 万第纳尔金币。而 10 世纪的法蒂玛王朝，则因为容易获取非洲的黄金以及在国际贸易中的重要作用而暴富。[②]到了 12 世纪中叶，这里的黄金开始出现短缺，萨拉丁时期曾有人说得到一块金币就如同跨过了天堂之门。从这一时期开始，黄金逐渐成为记账货币，并以称量的方式而非计数的方式计算。以铜币为补充的白银货币成为国家货币。[③]12 世纪的伊斯兰学者贾法尔·大马士基在其著作《概论商贸的益处》中认为，谁赢得了这一金属，就赢得了该金属所能够交换的所有商品与服务。[④]

倭马亚王朝时期，用于日常交易的银币狄尔汗，除了在首都大马士革被打制之外，各地也都设立了造币厂，以满足日常交易需要。银矿大部分分布在帝国的东部诸地，如阿富汗、伊斯法罕、费尔干纳盛产白银。据载，兴都库什山区的银矿拥有矿工达万人

---

① ［英］阿诺德·佩西、白馥兰:《世界文明中的技术》，朱峒樾译，中信出版社 2023 年版。

② ［英］凯瑟琳·伊格尔顿、乔纳森·威廉姆斯:《钱的历史》，徐剑译，中央编译出版社 2011 年版，第 110 页。

③ ［英］凯瑟琳·伊格尔顿、乔纳森·威廉姆斯:《钱的历史》，徐剑译，中央编译出版社 2011 年版，第 111 页。

④ 马玉秀:《伊斯兰经济思想概论》，上海社会科学院出版社 2013 年版，第 126 页。

之多。[①] 同时，金属矿的发现也会使当地人口增加并加速城市化。公元9—11世纪，中亚地区金属矿的开采，在增加货币供应的同时，也使得大量矿工迁徙定居，并因此促进了当地的商品交换和服务。[②] 但是后来，有迹象表明，由于矿层枯竭，白银出现了严重短缺。到了1000—1150年，起初东部、继而西部的造币厂打制银币的数量开始减少，并且银币的品质开始下降。白银短缺的另一个原因可能是维京人的贸易，他们从伊斯兰世界抽走白银送到北方。维京人使用银块作为货币，为了商业需要，他们甚至把首饰都熔成银块，当作货币使用。他们也接受外国货币，包括阿拉伯的狄尔汗和加洛林的货币。大量白银进入他们的市场。[③] 同时，从公元1000年之后，来自阿拉伯的银币就很少在斯堪的纳维亚出现了。[④]

就这样，白银实质上消失了一个世纪。13世纪，艾尤卜王朝重新开始大规模打制银币，这部分白银一是来自欧洲的十字军，二是来自安纳托利亚地区由塞尔柱人开采的银矿。[⑤] 由于重新获得了白银，阿拔斯王朝在最后的时光里，重新开始打制比较

---

① 哈全安：《哈里发国家史》，天津人民出版社2016年版，第208页。

② Maya Shatzmiller, "Economic Performance and Economic Growth in the Early Islamic World", *Journal of the Economic and Social History of the Orient* , Vol. 54, No. 2(2011), pp. 132–184.

③ ［法］伊夫·科哈特：《维京人：强盗与水手》，张荣译，吉林出版集团有限公司2018年版，第85页。

④ Kolbjørn Skaare, *Coins and Coinage in Viking-Age Norway*, Universitetsforlaget, 1976, p. 52.

⑤ ［英］凯瑟琳·伊格尔顿、乔纳森·威廉姆斯：《钱的历史》，徐剑译，中央编译出版社2011年版，第110—111页。

规整的银币狄尔汗。

三、钱币纹饰

伊斯兰教反对偶像崇拜，所以除了阿拉伯人仿制的拜占庭钱币及萨珊钱币，马利克改革之后的钱币上没有出现过希腊罗马式钱币那样的人或神的肖像。因此可以说，阿拉伯钱币上，除简单的几何装饰外，就只有币文。这是阿拉伯钱币的最重要特征。

此时，需要某种语言上的通融来实现统治者与被统治者的交流，反之亦然。从设计或符号语言的最低层面来看，可视信息的一些变化至少是可取的，以使变化、变化的性质，或假设的以及宣称的变化的性质，对不同类型的受众可见和可理解，至少在认为必要和/或可理解的程度上是如此，这是新统治者所希望的。[①]例如，中世纪伊斯兰学者伊本·赫勒敦说，钱币上要铸造当权者的标志，要保证标志的质量和金属纯度，在标志中有专门为此制作的铁印章的图像，还有特殊的雕刻。[②]

如前所述，阿拉伯钱币主要通过币文来传递信息，故而币文的变化反映了所传递信息的变化。币文的变化，不仅包括币文的含义，还包括币文的字体以及装饰的纹样。字体的转换，并不仅

---

① David J. Wasserstein, “Coins as Agents of Cultural Definition in Islam”, *Poetics Today*, Summer, Vol. 14, No. 2(1993), Cultural Processes in Muslim and Arab Societies: Medieval and Early Modern Periods, pp. 303–322.

② 伊本·赫勒敦：《历史绪论》，李振中译，宁夏人民出版社 2015 年版，第 316 页。

仅是装饰的问题，其中蕴含了统治者宣称其正统性的目的。[①] 在货币改革之前，曾出现过巴列维文的波斯语币文，或者是希腊语币文。在货币改革之后，则都采用阿拉伯文。阿拉伯文有不同的书法字体，最常见的是库法体，因此，典型的阿拉伯钱币也被称为“库法币”。其他字体则出现在独立王朝、割据王朝或是后继王朝的钱币上，比如艾尤卜王朝采用纳斯赫体（誊抄体）、鲁姆苏丹国采用迪瓦尼体（公文体）、萨法维王朝采用塔利格体（悬体）。

（a）库法体

（b）纳斯赫体

（c）迪瓦尼体

（d）塔利格体

图 3-11　阿拉伯钱币币文的不同书法字体

阿拉伯钱币正面的主要文字和背面的主要文字，是分行写的清真言。正面是“除了真主，别无真神”，或是更详细的表述“除了真主别无真神，独一的主，无物可与之并列的主”。背面通常先是“穆罕默德是真主的使者”，然后是哈里发的名讳。

这些镌刻在钱币上的清真言，晚于马利克时代所建清真寺碑刻上的清真言。也就是说，马利克首先在碑刻上传递了伊斯兰教的清真言，然后才镌刻在钱币上。

---

① David J. Wasserstein, “Coins as Agents of Cultural Definition in Islam”, *Poetics Today*, Summer, Vol. 14, No. 2(1993), Cultural Processes in Muslim and Arab Societies: Medieval and Early Modern Periods, pp. 303–322.

表 3-1　金币上的清真言

钱币	币文	清真言
	لا إله إ لا الله وحده	除了真主，别无真神
	لا إله إلا الله وحده لا شريك له	除了真主别无真神，独一的主，无物可与之并列的主
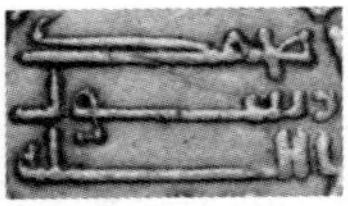	محمد رسول الله	穆罕默德是真主的使者

正面环绕的币文通常是表述钱币打制的时间和地址。首先是“بسم الله ضرب هذا الرهم”（以真主的名义这枚狄尔汗打制），然后是“ب”（于）+ 造币厂名，再接下来是“سنة”（年）+ 回历年。[①]例如，“بسم الله صرب هذا الدينر بصعدة سنة ثمان و سبعين و سبعمائة”（以真主的名义这枚第纳尔打制于萨丁 298 年）。阿拉伯钱币正面也出现过两圈币文环绕的情况，表述时间和地点的币文通常写在内圈。

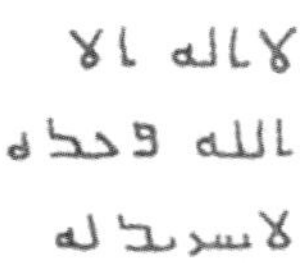

钱币上的阿拉伯文书写方式和当今的并不一样。例如，“لا إله إلا الله وحده لا شريك له”在钱币上是（如图 3-12）这样写的。

图 3-12　币文的书写方式

① Richard J. Plant, *Arabic Coins and how to Read them*, London: B. A. Seaby ltd., 1973, p.40.

表 3-2　币文的书写方式

币文字体	سما لله صرب هد االدرهم بواسط ى سنه حمس و سعين
书写字体	بسم الله صرب هذا الدرهم واسط ف سنة خمس و تسعين
译文	以真主的名义这枚狄尔汗打制于瓦西特回历 95 年

法蒂玛王朝木伊兹金币的币文比较特殊，采用了三个同心圆的方式排列。如此一来，法蒂玛王朝的新式金币马上就会被使用者将其和阿拔斯王朝的金币区分开来。

表 3-3　法蒂玛王朝木伊兹金币的币文

	最里圈	除了真主别无他神，穆罕默德是真主的使者
	中间	阿里是最杰出的实践者是最好信使的宰相
	最外圈	以真主的名义这枚第纳尔在摩洛哥打制于回历 361 年

法蒂玛王朝的金币的三个同心圆的纹饰，很有可能参考了拜占庭的三个同心圆的肖像模板。

图 3-13　拜占庭三个同心圆式的肖像图解

存世的来自法蒂玛王朝的钱币模具显示，与同时期欧洲国家使用铁质的钱币模具不同，阿拉伯国家采用的是含锡量较高的铜合金材质制作钱币模具。欧洲国家钱币模具上的纹饰，是经过上百次的敲打而形成的，阿拉伯钱币上的纹饰则是雕刻上去的。[①]

阿拉伯样式的钱币，随着阿拉伯帝国的疆域而传遍欧亚大陆即阿拉伯半岛。13世纪阿拔斯王朝的倾覆，正统的阿拉伯样式钱币也随之结束。在接下来的几个世纪里，蒙古人、突厥人、波斯人、印度人、非洲人纷纷在阿拉伯帝国故土上建立起新的王朝。由于有共同的宗教信仰，这些后续国家传承了阿拉伯样式的钱币。但是，不同王朝也将本民族的风格反映在钱币上，因而使阿拉伯样式的钱币在纹饰上出现了多元发展的局面。

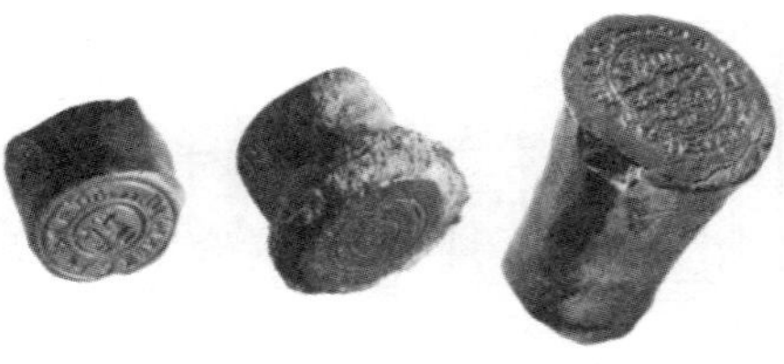

图 3-14 法蒂玛王朝的铜合金钱币模具

首先是蒙古人的伊尔汗国将回鹘文字以及八斯巴文字的蒙古语刻在钱币上，出现了双语的钱币。到了15世纪，清真言则通常以单词或标识的形式出现在钱币的背面。这些文字往往是阿拉伯语，但也有的是波斯语，而且波斯语造币并不局限于伊朗地区。多元化局面的表现在于，有些王朝严格强调

图 3-15 塞尔柱鲁姆苏丹国凯霍斯鲁二世狄尔汗银币，2.94 克

① Haim Gitler, Matthew Ponting, "Chemical Analysis of Medieval Islamic Coin Dies", *The Numismatic Chronicle*, Vol. 166 (2006), pp. 321–326.

信仰的表达，而有些王朝则不然，甚至违背教义在钱币上增加了君主的形象。[①]例如，塞尔柱鲁姆苏丹国的钱币上就出现了君主的肖像。

图 3-16 帖木儿帝国帖木儿弗鲁斯铜币，2.9 克

帖木儿帝国实质性地影响了后续伊斯兰国铸造钱币的样式。帖木儿本人使用的家族徽号为三个圆圈排列于一个三角形中。帖木儿帝国开始在钱币上使用草书阿拉伯语，这一点对后来的萨法维王朝和莫卧儿王朝的钱币产生了深远的影响。

帖木儿帝国之后，伊斯兰世界产生了三个新的帝国，即奥斯曼帝国、萨法维王朝和莫卧儿王朝。这些帝国都受到帖木儿帝国的影响，并且也互相影响。它们通过钱币纹饰向民众传达信息，以截然不同的方式将阿拉伯钱币传统传给后世。奥斯曼帝国的钱币最初沿袭了阿拉伯钱币的纹饰，但通常会有统治者的头衔、名讳以及父亲的名讳，并附有支持统治者的箴言。因此，奥斯曼帝国穆罕默德一世（1413—1421 年在位）发行的银币上有四行币文："宗教保护者，穆罕默德，巴耶济德之子。王

图 3-17 奥斯曼帝国苏莱曼大帝苏坦尼金币，3.47 克

① 巴里·库克：《货币、艺术与表现形式：文本、图像及信息》，载［美］比尔·莫勒主编、［美］斯蒂芬·登编：《货币文化史Ⅲ：文艺复兴时期假币盛行与信任危机》，文汇出版社 2022 年版，第 144 页。

国万岁。”到了 15 世纪 80 年代，币文中通常还包含苏丹的头衔，但是清真言消失了，而经常出现的是“祝您凯旋”或者“愿王国经久不衰”之类。这意味着对苏丹的推崇日渐增强。到了苏莱曼大帝时代（1520—1566 年在位），苏丹头衔开始逐渐增加，诸如波斯语头衔“沙”（国王）以及修饰词“两地两海之主”“辉煌的”。

奥斯曼帝国钱币上最具特色的是一种被称为“图拉格”的阿拉伯草书体的统治者官方签名。随着奥斯曼帝国的扩张，15 世纪叙利亚的当地钱币逐渐摆脱了马木留克王朝的影响。在巴格达和摩苏尔，到了 17 世纪开始采用图拉格的钱币样式。16 世纪，奥斯曼帝国攻占也门和埃及之后，帝国的钱币样式也传播到这里。①

波斯的萨法维王朝也继承了帖木儿帝国的钱币风格，在铸币上印有优雅的草书字体，并且刻有狭长的立柱和错综复杂、冗长交错的币文作为装饰。但这些币文与奥斯曼帝国钱币上世俗化的轨迹截然不同。萨法维王朝钱币体现了什叶派十二伊玛目派——先知和阿里的名字被写在钱币正面的中心位置，周围则是装饰性框架。其他伊玛目的名字则刻在钱币的外缘，按时间顺序排列，或者两三个名字为一组按涡卷形或椭圆形排列。钱币背面则是统治者的名字和头衔，并将其描述为伊玛目的属下。从 16 世纪 70 年代起，波斯文取代了阿拉伯文，有时还会

① 巴里·库克：《货币、艺术与表现形式：文本、图像及信息》，载［美］比尔·莫勒主编、［美］斯蒂芬·登编：《货币文化史Ⅲ：文艺复兴时期假币盛行与信任危机》，文汇出版社 2022 年版，第 146—147 页。

图 3-18　萨法维王朝阿拔斯一世第纳尔（米思考）金币，4.61 克

以诗歌的形式出现，这可能是为了进一步强调萨法维王朝的权威和信仰。[①]

15 世纪时，阿拉伯样式的钱币就已经传播到印度地区。德里苏丹国的钱币上，文字周围用特殊且突出的方形边框装饰。北部的其他苏丹国对此纷纷效仿。16 世纪上半叶，与莫卧儿王朝的扩张相伴的是王朝钱币的扩张。帖木儿的后裔建立起来的莫卧儿王朝，一开始就发行了帖木儿帝国风格的钱币。最初，巴布尔发行了阿拉伯语币文的银币。后来，王朝将所占领的阿富汗地区的钱币风格引入钱币的设计上。在继任者阿克巴的钱币上，清真言消失了，取而代之的是波斯语和阿拉伯语的铭文“真主是伟大的，愿他的荣耀增辉”。这被看作缓和宗教矛盾的极具争议的一次尝试。但这句话不过是一句文字游戏，他想赞颂的还是他自己。阿克巴的继承者贾汉季，则用一长串辞藻来形容造币厂，比如把阿格拉称为“哈里发之城”，把苏拉特称为“祝福的港湾”。莫卧儿王朝的雕刻师用优雅的字体雕刻波斯语经文，通常这些经文的内容将统治

图 3-19　莫卧儿王朝阿克巴摩诃金币，10.85 克

① 巴里·库克：《货币、艺术与表现形式：文本、图像及信息》，载［美］比尔·莫勒主编、［美］斯蒂芬·登编：《货币文化史Ⅲ：文艺复兴时期假币盛行与信任危机》，文汇出版社 2022 年版，第 148 页。

者的权力与钱币明确地联系在一起。在整个伊斯兰世界，这种情况随处可见，在印度更是如此。阿克巴时期的一枚金币上印有“阿克巴的图像使金币更加明亮，他的名字在光辉中发光”。贾汉季的一枚金币上印有“阿克巴之子贾汉季沙在阿格拉装饰了金币的一个面”；而一枚卢比银币上则印有“天空依然在转动，以贾汉季沙之名，让这枚拉合尔的货币像它一样流通不止”。①

四、捐赠币

捐赠币（donation coin）是哈里发或王公大臣专属定制的一种钱币，专门用于赏赐、赠与。当时，贵族也会自己定制一批纪念币。这是贵族追求文雅生活，希望成为文雅之士的体现。有学者认为，阿拔斯王朝之所以开始走向奢靡，与接受了波斯文化有关。按照古代阿拉伯人的喜好和游牧生活的习惯，倭马亚王朝时代的哈里发们赠送的礼物常常是骆驼，到了阿拔斯时代，哈里发们的礼物变成了成捆的金钱、成箱的衣服和鞍具齐备的马匹。②

图 3-20　白益王朝鲁肯·道莱十第纳尔捐赠币，42.96 克

① 巴里·库克：《货币、艺术与表现形式：文本、图像及信息》，载［美］比尔·莫勒主编、［美］斯蒂芬·登编：《货币文化史Ⅲ：文艺复兴时期假币盛行与信任危机》，文汇出版社 2022 年版，第 149—150 页。

② ［埃及］艾哈迈德·爱敏：《阿拉伯伊斯兰文化史》（第 2 册），朱凯、史希同译，商务印书馆 2019 年版，第 116 页。

赛弗·道莱曾特制一批金币，以作为馈赠之礼品，每枚金币重10米思考，也就是10枚第纳尔金币的重量，且金币上还有他的肖像。[①]

尽管目前存世的钱币中没有发现赛弗·道莱的十第纳尔捐赠币，但是我们仍然可以看到白益王朝鲁肯·道莱的十第纳尔捐赠币和依兹·道莱的五第纳尔捐赠币。捐赠币的纯度非常高，可以十足地被称为第纳尔。

在重量上，该币非常精确地反映了10米思考的重量。

依兹·道莱的五第纳尔金币更为精美。这枚金币的正面纹饰是一头狮子正在猎杀一头鹿；背面纹饰则是一只豹子在猎杀一只山羊。

图3-21 白益王朝依兹·道莱五第纳尔捐赠币，20.54克

图3-22 阿拔斯王朝穆格瓦基里二第纳尔捐赠币，8.37克

捐赠币在早期采用的是不一样的币文书法，这是比较明显的特征。例如，穆格瓦基里在萨马拉打制的二第纳尔捐赠币上，正面和背面的阿拉伯字母“ﻻ”的写法明显与其他金币上的不一样。萨马拉造币厂是帝国西部重要的造币厂。萨马拉（Surra man Ra'a）的意思是“让人高兴的地方”。这种币文

① ［埃及］艾哈迈德·爱敏：《阿拉伯伊斯兰文化史》（第5册），史希同译，商务印书馆2019年版，第119页。

的捐赠币，金币和银币都曾被打制过，既有传统重量的（金币4.25克、银币2.97克），也有双倍的或是减半的。穆格瓦基里打制的二第纳尔金币，则是目前已知最早的。阿拔斯王朝这样的捐赠币大概打制了100年，即从回历230年到回历330年，最初只是狄尔汗银币或是减半的狄尔汗银币。

图3-23　阿拔斯王朝穆格台底儿狄尔汗捐赠币，3.81克

除了将传统纹饰及币文打制在捐赠币上，我们发现在一些稀有的捐赠币上有来自中亚的纹饰：钱币正面为骑马的哈里发；背面为来自中亚的瘤牛。这有可能是为了赏赐中亚的王公大臣而打制的。

图3-24　阿拔斯王朝穆格台底儿狄尔汗捐赠币，3.00克

相较于作为流通货币的第纳尔和狄尔汗，捐赠币的纹饰更加丰富。例如，穆格台底儿除了打制过骑士与瘤牛纹饰的捐赠币外，还打制过其他纹饰的钱币。

图3-25　大塞尔柱王朝阿勒卜·阿斯兰镀金第纳尔捐赠币，4.42克

还有大塞尔柱王朝打制于木鹿的一种镀金捐赠币，其正面和反面都镌刻着非常细密的币文，令人叹为观止。

第二节 重量标准

一、古代货币的重量标准

重量对于货币而言，尤其是对于古代金属货币而言，是一个非常重要的因素。因为金属按照其自身内在价值作为货币使用，必须要有重量标准才能成为价值的尺度。最早的金属货币，采用称量的方式，因此这个时期也可以称为称量货币时代。将金属定型化为一定规格的硬币（coin）之后，货币才从称量货币时代迈向数量货币时代。从经济逻辑上说，采用称重的方式确定货币价值，可能会使货币的使用成本变得很高。为了降低这种交易成本，政府参与进来，担当了检验金属的职责，并将这些金属印上标记，于是金属被铸成规则的硬币。[①] 硬币便利了人们的交易活动，更好地履行了货币的流通手段职能。从更广泛的意义上说，人类各种制度，包括货币制度在内，都是沿着降低交易成本的方向发展与进步的。

贵金属钱币往往都是按照特定的标准制作的。[②] 从某种意义上来讲，度量衡制度与货币制度的发展是并行的。这是因为，古

① ［美］布鲁斯·坎普、斯科特·弗里曼、约瑟夫·哈斯拉赫：《货币经济学基础》（第四版），张庆元等译，中国金融出版社 2019 年版，第 50 页。

② Andrew Burnett, *Coins*, British Museum Press, 1991, p.19.

代的人们制定最初的重量标准，非常大的可能性是为了用来称量一般等价物。而世界上一些主要的文明古国，在最初制定自己的重量标准时，通常都与粮食的重量有关。这是因为，有很多的证据表明，粮食是最早用来作一般等价物的物品之一，发挥货币的职能，而重量体系最初大多是由一粒粮食的重量作为基础的。在古代中国，这种粮食是黍；在两河流域则是大麦或是小麦；在恒河流域则是草籽。与基本小颗粒起源相对应的，是一个较大的重量单位，如 500 克。在中国汉朝，2 斤为 500 克，1 斤为 250 克，250 克等分为 16 份，每一份就是 1 两，1 两为 15.625 克，半两为 7.8125 克。1 两又分为 24 铢，每铢 0.651 克，5 铢为 3.26 克。这就是中国古代度量衡和钱币重量的基本关系。而在西方，也同样出现了 500 克的重量，这就是两河流域的弥那（mina）。这个标准很可能从遥远的史前时期开始就被固定下来了。有学者认为，重量单位代表着成人一天的食物配给，具体数据会因所处环境和个人食量而有不同，但在一个以谷物为主的古代文明中，500 克 / 天的基本食物单位似乎是有力的参考。此外，如果把手攥成碗形，用谷粒填满，那么谷粒的重量大约是 250 克。因此，如果用谷粒度量，巴比伦的弥那是最早的古代体积度量衡的简单产物，也就是两把谷粒。[①] 弥那这个重量制度，影响了整个西方世界。

再比如，出土的古代埃及砝码显示，那里 4000 多年前的重量单位是班加（beqa），40 班加的重量为 498.6 克，非常接近于

---

① Robert Tye, *Early World Coins and Early Weight Standards*, York: Early World Coins, 2009, p.117.

弥那。埃及后来又出现了另一种重量单位，即得本（deben）。出土证据表明，1 得本的重量约为 91 克，5 得本的重量约为 455 克。[①]这个重量体系对地中海的度量衡体系也产生了很大的影响。

总体上讲，在研究西方的货币史时，对于货币重量体系的研究，离不开弥那、班加或是得本这三个最基本的重量单位的传播与影响。

二、金币第纳尔的重量标准

如前所述，倭马亚王朝发行的 4.24 克的第纳尔在帝国西部取代了拜占庭理论重量 4.54 克的索利多，重量上出现了差异。关于这个重量的来源，有不同的观点。

第一种观点认为，阿拉伯人采用的是 20 叙利亚克拉（每克拉重 0.212 克）的重量标准，而没有采用希腊罗马的 24 克拉（每克拉重 0.189 克，1 索利多的重量为 24 克拉）的重量标准。[②]克拉是一种树种的重量，拉丁语称为西力克（siliqua），希腊语称为赫拉特（χρατιον），通过阿拉米语转写的称谓是齐拉特（qirat）。就像“码”这种自然单位一样，克拉也由于各地风土不同而有所差别。[③]

---

① Robert Tye, *Early World Coins and Early Weight Standards*, York: Early World Coins, 2009, p.118.

② ［英］菲利普·格里尔森：《拜占庭货币史》，武宝成译，法律出版社 2018 年版，第 253 页。

③ Philip Grierson, “The Monetary Reforms of 'ABD AL–MALIK: Their Metrological Basis and Their Financial Repercussions”, *Journal of the Economic and Social History of the Orient*, Oct., Vol. 3(1960), pp.241–264.

第二种观点认为，当时流通在君士坦丁堡之外的索利多，重量并不到 4.54 克，它的重量不同于拜占庭境内的索利多。流通在叙利亚的索利多大概是 4.38 克。[①] 就像最初的美元重量不同于它的来源，即墨西哥鹰洋的重量。

第三种观点是，索利多的重量标准无法适应阿拉伯的重量单位和金属价值。对于其他的流通金属，4.54 克的重量无法固定一个兑换价值。克拉作为一种重量单位，早于米思考，是作为重量单位的米思考定义了第纳尔金币的重量，而不是相反。[②] 阿拉伯人将 4.24 克作为基准的重量单位，命名为“米思考”（mithqal），意思是小砝码。这个重量单位对阿拉伯世界的影响非常大，几乎成了后世金币的标准重量。

第四种观点认为，4.24 克源自亚历山大大帝在埃及留下的重量标准。如果我们承认重量标准经常保持一个持久的生命力，就很容易发现这一重量的渊源。4.24 克在重量标准的历史中并不鲜见，它延续了亚历山大大帝的德拉克马重量。当阿拉伯的统治者希望摆脱罗马人的习俗时，他们在仔细研究这一地区“真正的”和“真实的”重量标准。于是，他们发现，在一千年以前罗马人占领这个地方之前，亚历山大大帝的标准就已经存在了。亚历山大大帝所采用的阿提卡标准，很容易就被早期阿拉伯人了解了，

---

① Jere L. Bacharach, “The Shahada, Qur Anic Verses, and the Coinage of ' ABD AL-MALIK”, *Muqarnas*, Vol. 27 (2010), pp. 1–30.

② Philip Grierson, “The Monetary Reforms of 'ABD AL-MALIK: Their Metrological Basis and Their Financial Repercussions”, *Journal of the Economic and Social History of the Orient*, Oct., Vol. 3(1960), pp.241–264.

因为他们有大量的钱币样本。[①] 为了让克拉这个重量单位和以德拉克马为基础的米思考重量标准能够协调运作，克拉的重量被定义为米思考的 1/20，因此，克拉的重量标准也就上升了。换句话说，它已经不再是那个源自自然重量的重量单位了。改革货币制度的哈里发马利克更关注的是，他发行的金币重量为一个米思考，并且要使这个重量成为一个方便的单位，还得是克拉的整倍数。[②]

图 3-26　亚历山大大帝四德拉克马银币，17.19 克

古代希腊世界货币的基本单位是德拉克马（drachm）与奥波（obol）。还存在一种被称为标准重量的斯达特（starter，标准重量）的币制。古代希腊不同的城邦或是城邦联盟，形成了不同的钱币重量标准。古希腊钱币共有 16 种主要的币制。[③] 比如，公元前 5 世纪—前 4 世纪，埃伊那（Aegina）标准的斯达特银币重 12 克，为二德拉克马，也就是每德拉克马重 6 克。希腊的大陆部分的多数地区、爱琴海诸岛和克里特岛普遍采用这一标准。阿提卡（Attic）标准的四德拉克马银币，约重 17.2 克，每德拉克马重 4.3 克。这一标准通用于雅典及其联盟、埃维亚岛和西西里。哥

① Robert Tye, *Early World Coins and Early Weight Standards*, York：Early World Coins, 2009, p.128.

② Philip Grierson, "The Monetary Reforms of 'ABD AL-MALIK：Their Metrological Basis and Their Financial Repercussions", *Journal of the Economic and Social History of the Orient*, Oct., Vol. 3(1960), pp.241-264.

③ 曾晨宇：《古希腊钱币史》，文物出版社 2019 年版，第 76 页。

林多（Corinth）及其在希腊西北部的殖民地使用标准重量斯达特，重 8.6 克，为三德拉克马。在南意大利，若干原本由来自伯罗奔尼撒的阿哈伊亚（Achaean）希腊人殖民的城邦使用 8 克重的斯达特，价值三德拉克马。东方还使用其他重量标准，如公元前 4 世纪，希俄斯岛（Chios）、罗德岛（Rhodes）和其他许多城邦使用 15.3 克重的四德拉克马，而波斯舍客勒（shekel）或双西格罗（siglos）重 11 克，腓尼基舍客勒重 14 克。[①]

表 3–4　古希腊币制

地区	斯达特	四德拉克马	德拉克马	奥波
米利都	14.2 克			
弗卡依亚	16 克			
吕底亚	11 克			
阿提卡		17.2 克	4.3 克	0.72 克
哥林多	8.6 克		2.9 克 =1/3 斯达特	
埃伊那	12.4 克		6.2 克 =1/2 斯达特	1 克
萨摩斯		13.4 克 /13 克		
莱希亚	8.3—8.6 克 / 9.5—10 克			
柯西拉	11.6 克			
坎帕尼亚	7.5 克			
罗德岛		15.6 克		

资料来源：曾晨宇：《古希腊钱币史》，文物出版社 2019 年版，第 76–79 页。

由上述古希腊币制的标准可以看出，最接近阿拉伯第纳尔金

① ［英］伊恩 · 卡拉代斯：《古希腊货币史》，黄希韦译，法律出版社 2017 年版，第 4 页。

币的重量标准是阿提卡标准的 4.3 克德拉克马的重量。

出土的阿拉伯铜权可以为金币重量提供参考。首先是来自埃及的一组阿拉伯铜权，分别为 10 米思考和 5 米思考。其中，来自法蒂玛王朝的 10 米思考铜权样本重量为 42.33 克，每米思考重 4.23 克；而 5 米思考的铜权样本重量为 20.58 克和 20.26 克，每米思考约重 4.08 克。来自艾尤卜王朝的 10 米思考铜权样本重量为 42.5 克，每米思考重 4.25 克；而 5 米思考的铜权样本重量为 20.09 克，每米思考重 4.02 克。①

其次是一组来自阿拉伯半岛恺撒利亚故地的铜权样本。这些铜权分别来自法蒂玛王朝、艾尤卜王朝和马木留克王朝。这些铜权的形状各不相同，有的为多面体，有的为盘状，还有的为球状。从倍数来看，分别为 10 倍、5 倍、2 倍、1 倍、1/2、1/3、1/6、1/12、1/24。其中，盘状铜权 1 倍第纳尔重量为 4.148 克，球状铜权 1 倍第纳尔重量为 4.263 克。②

图3-27　来自恺撒利亚故地的10 倍米思考铜权，41.67 克

三、银币狄尔汗的重量标准

倭马亚王朝哈里发马利克货币改革后，最初的银币狄尔汗的理论重量是 2.92 克，看上去这是一个新的重量标准，但它的影

① Paul Balog, "Islamic Bronze Weights from Egypt", *Journal of the Economic and Social History of the Orient*, Vol. 13, No. 3 (1970), pp. 233–256.

② Lionel Holland, "Islamic Bronze Weights from Caesarea Maritima", *Museum Notes (American Numismatic Society)* , Vol. 31 (1986), pp. 171–201.

响深远。为了弄清楚这个重量体系，有必要回溯到埃及和波斯的重量体系。钱币的重量体系和一个国家的度量衡体系有直接的关系。钱币的传承也与度量衡的传承有直接关系。

麦格里齐（Al-Maqrizi）在 15 世纪早期著作中提到了关于马利克的货币改革，他写道：他规定第纳尔的重量为 22 齐拉特（Syrian qirat，即叙利亚克拉）减去 1 哈贝狄尔汗的重量，狄尔汗的重量为 15 齐拉特，1 齐拉特 = 4 哈贝。那么，1 第纳尔 = 87 哈贝（这一说法似乎与前面所说 1 第纳尔的重量为 20 叙利亚克拉有矛盾，存疑），1 狄尔汗 = 60 哈贝。我们知道第纳尔的重量是 4.24 克，所以哈贝重约 0.0487 克，因此，60 个这样的哈贝重约 2.922 克。这种狄尔汗是 1 狄尔汗钱币相当于 60 哈贝重量制度的一部分。鉴于马利克的第纳尔、狄尔汗与麦格里齐的描述如此吻合，很难质疑他准确地传达了马利克所做的事情。[①] 而且，按照这个文献记载，1 哈贝的重量十分接近一个小麦格令的重量。

另一段由伊本 · 赫勒敦记载的历史是这样的：波斯人统治的时候，一个狄尔汗的重量是不固定的。有的是 6 个达奈格，有的是 4 个达奈格或 8 个达奈格。哈里发欧麦尔命人去调查在交易中哪一种狄尔汗使用得最多，结果是 8 个的和 4 个的，两个加起来就是 12 个，所以就确定了一个平均数即 6 个达奈格。一个狄尔汗再加上一个狄尔汗重量的 3/7，就是一个米思考。如果从一个米思考的重量中减去 3/10，就是一个狄尔汗。马利克后来铸造钱

---

① Robert Tye, *Early World Coins and Early Weight Standards*, York：Early World Coins, 2009, p.130.

币，就是用的欧麦尔当年确定的这两种钱币的重量标准。[①]

伊本·赫勒敦又说，伊斯兰教初期，在圣门弟子和再传弟子时期，穆斯林曾举行过公议，一致公决法定：10 个狄尔汗的重量等于 7 个金米思考的重量，1 盎司金等于 40 狄尔汗。由此可以得知一个狄尔汗等于 1/7 第纳尔。一个金米思考的重量等于 72 颗大麦粒的重量。于是一个狄尔汗的重量等于 252/5 个大麦粒的重量。这是当时一致公决确定的重量标准。[②]

按照伊本·赫勒敦的记载，金币第纳尔的基本重量米思考，是源自 72 大麦格令的重量单位。如前所述，银币则建立在小麦格令——哈贝的基础上，也就是银币的 2.92 克 = 60 小麦格令。

对于这个解释，有的学者并不认可。因为 10 个狄尔汗的重量等于 7 个第纳尔的重量并不能解释什么。真正的解释应当是，按照最初的标准首先确定了银币的重量是 2.92 克，并且将其定义为 14 克拉，这样的话，每克拉重 2.12 克。为了将金币和银币的重量协调起来，马利克改革时并没有采用拜占庭 4.54 克的索利多金币重量标准，而是采用了 20 克拉，即 4.24 克的重量标准。[③]

出土的阿拉伯铜权可以为银币重量提供参考。首先是一组来自埃及的阿拉伯铜权。①来自阿拔斯王朝的 10 狄尔汗重量的铜

---

① 伊本·赫勒敦：《历史绪论》，李振中译，宁夏人民出版社 2015 年版，第 366 页。

② 伊本·赫勒敦：《历史绪论》，李振中译，宁夏人民出版社 2015 年版，第 368 页。

③ Philip Grierson, “The Monetary Reforms of 'ABD AL–MALIK: Their Metrological Basis and Their Financial Repercussions”, *Journal of the Economic and Social History of the Orient*, Oct., Vol. 3(1960), pp.241–264.

权，重量为 29.27 克，因此每狄尔汗的重量为 2.927 克。由于这枚铜权上明确写着阿拉伯铭文“عشرة”（10），因此可以确定为10倍狄尔汗的重量。②来自法蒂玛王朝的铜权，分别为5倍、10倍、50 倍狄尔汗重量，由 5 倍铜权计算出来的狄尔汗平均重量为 2.93 克，由 10 倍铜权计算出来的狄尔汗平均重量为 2.97 克，由 50 倍铜权计算出来的狄尔汗平均重量为 2.997 克，由三种铜权计算出来的狄尔汗平均重量为 2.97 克。③来自艾尤卜王朝的铜权，分别为 5 倍、10 倍、20 倍、50 倍狄尔汗重量，其中由 5 倍铜权计算出来的狄尔汗平均重量为 2.99 克，由 10 倍铜权计算出来的狄尔汗平均重量为 3.01 克，由 20 倍铜权计算出来的狄尔汗平均重量为 2.97 克，由 50 倍铜权计算出来的狄尔汗平均重量为 3.03 克，由四种铜权计算出来的狄尔汗平均重量为 3.00 克。④来自马木留克王朝的一枚 50 倍狄尔汗重量铜权，计算出来的狄尔汗重量为 2.83 克。[①]

图 3-28　来自阿拔斯王朝埃及地区的 10 狄尔汗重量的铜权，29.27 克

其次是一组来自阿拉伯半岛恺撒利亚故地的铜权样本。这些铜权分别来自法蒂玛王朝、艾尤卜王朝和马木留克王朝。这些铜权的形状各不相同，有的为多面体，有的为立方体，有的为球体，还有的为桶状。从倍数上来看，分别为 20 倍、10 倍、5 倍、2 倍、1 倍、1/2、1/3。其中，多面体铜权 1 倍狄尔汗重量为 2.895 克，

① Paul Balog, “Islamic Bronze Weights from Egypt”, *Journal of the Economic and Social History of the Orient*, Vol. 13, No. 3 (1970), pp. 233-256.

立方体铜权 1 倍狄尔汗重量为 2.782 克。[①]

四、铜币弗鲁斯的重量标准

作为一种小额的辅币，倭马亚王朝的铜币基本上属于地方币。只有少量属于哈里发。倭马亚王朝的铜币被称为弗鲁斯，源自拜占庭的铜币弗尔斯。据统计，阿拉伯人开始模仿拜占庭打制铜币的希拉克略皇帝时期，拜占庭的铜币弗尔斯呈现的是一个重量逐渐下降的趋势——从最开始的平均重量为 10.8 克，下降到最终重量为 5.2 克。[②] 因而在地理上越接近拜占庭的地方，钱币重量也与之越接近。

倭马亚王朝铜币，4.42 克（安达卢西亚）　倭马亚王朝铜币，5.03（埃及）

倭马亚王朝铜币，2.96 克（大马士革）　倭马亚王朝铜币，1.76 克（巴里黑）

图 3-29　倭马亚王朝各地铜币

① Lionel Holland, "Islamic Bronze Weights from Caesarea Maritima", *Museum Notes (American Numismatic Society)* , Vol. 31 (1986), pp. 171–201.

② ［英］菲利普·格里尔森：《拜占庭货币史》，武宝成译，法律出版社 2018 年版，第 182—183 页。

有的倭马亚王朝铜币弗鲁斯的币文标注了其与银币狄尔汗的兑换关系，这种标识具有重要的研究参考价值。例如，一种打制于木鹿的狄尔汗，背面币文标注了其价值为1/60狄尔汗——“ستين بدرهم”。

图3-30　倭马亚王朝弗鲁斯铜币（价值1/60狄尔汗），2.06克

还有一种打制于呼罗珊或是中亚其他地方的铜币弗鲁斯，其背面标注了价值为1/120狄尔汗。尽管这种价值为1/120狄尔汗的弗鲁斯的重量（2.76克）要重于价值为1/60狄尔汗的弗鲁斯的重量（2.06克），但是它的价值却较后者低了一半。

图3-31　倭马亚王朝弗鲁斯铜币（价值1/120狄尔汗），2.76克

可见，铜币在各地都属于虚币。同时我们也可以看出，标注价值的铜币，应当是与当地的银币并行的，并且以银币为本位。

铜币不仅作为小额钱币使用，也起到补充银币流通的作用。而在阿拉伯帝国的西部，金币和银币可能根本没有直接的兑换关系，金币和铜币是两套不同的体系。

铜币在阿拔斯王朝也不属于中央政府发行的货币。各个地方都由总督负责发行铜币，铜币上偶尔会有哈里发的名字，但通常都是地方长官的名字。因此，铜币的特点并不是通过历代哈里发体现的，而是通过不同的地方体现的。所以在讨论铜币时，我们也按照地方展开。

阿拉伯帝国的行政区划是借鉴了拜占庭的，即将帝国划分成若干省区，每省设一个地方长官，叫作埃米尔。[①]

这里首先简单梳理一下帝国的各个省区：①阿非利加，位于利比亚沙漠以西，包括西西里岛；②埃及；③叙利亚和巴勒斯坦；④汉志和叶麻麦；⑤也门或者南部阿拉比亚；⑥巴林和阿曼，以伊拉克的巴士拉为省会；⑦塞瓦杜或者伊拉克（下美索不达米亚），主要城市除巴格达外，还有库法和瓦西特；⑧哲齐赖（古代的亚述），以摩苏尔为省会；⑨阿塞拜疆，包括阿尔德比勒、大不里士、马腊格等主要城市；⑩吉巴勒（古代米地亚），主要城市有哈马丹、赖伊、伊斯法罕；⑪胡泽斯坦，主要城市有艾海瓦茨、突斯塔尔；⑫法里斯，省会为设拉子；⑬克尔曼；⑭莫克兰，包括现代的卑路斯，并延伸到下临印度河流域的高地；⑮锡斯坦；⑯古希斯坦；⑰古米斯；⑱泰伯里斯坦；⑲竹尔占；⑳亚美尼亚；㉑呼罗珊，包括现代阿富汗的西北部，主要城市有尼沙普尔、木鹿、赫拉特、巴里黑；㉒花剌子模；㉓粟特，在中亚河中地区，有布哈拉和撒马尔罕两座著名的城市；㉔其他，如拔汗那、赭时以及其他一些突厥城市。[②]

各地的铜币都有各自的特点和重量。

---

① “埃米尔”（amir）有亲王、王子、领袖、首领、司令官、首长等不同的含义。其既可以指国家元首，也可以指朝觐团团长等，通常泛指伊斯兰国家的高级官职。第二任哈里发欧麦尔，曾自称为“穆民的长官”，而阿拔斯王朝各省长官亦用此称谓。参见金宜久主编：《伊斯兰教小辞典》，上海辞书出版社 2006 年版，第 285 页。

② ［美］菲利浦·希提：《阿拉伯通史（第十版）》，马坚译，新世界出版社 2008 年版，第 299 页。

（a）阿拔斯王朝铜币，2.96 克（非洲） （b）阿拔斯王朝铜币，9.14 克（埃及）

（c）阿拔斯王朝铜币，3.02 克（巴勒斯坦） （d）阿拔斯王朝铜币，2.87 克（伊拉克）

（e）阿拔斯王朝铜币，1.68 克（呼罗珊） （f）阿拔斯王朝铜币，3.51 克（吉巴勒）

（g）阿拔斯王朝铜币，1.2 克（法里斯）

图 3-32　阿拔斯王朝各地铜币

铜币作为一种地方辅币，尽管在小额交易中发挥了作用，但在阿拔斯王朝后期逐渐退出流通。阿拔斯王朝涉及铜币交易与价值等相关内容的传世文献并不多。我们看到的一些文献和记录，多涉及银币和金币。但是我们可以在《一千零一夜》中略微看到一些关于铜币的使用情况。例如，在《裁缝与驼背人》中，一个裁缝佯装给得了重病的小孩看病，交给了医生的女仆 250 弗鲁斯，然后就跑掉了。由此看来，250 弗鲁斯足够给一个重病小孩看一次病。

第三节 重量标准的演变

一、重量相对稳定的金币

倭马亚王朝的金币重量是稳定的。阿拔斯王朝的金币承袭了倭马亚王朝的体制，长期以来重量也保持在 4.24 克左右。能够做到这一点并不容易。直到 13 世纪初，金币才出现重量标准混乱的局面。

阿拔斯王朝横跨欧亚，处于欧亚商业通衢之地，而丝路贸易的繁荣也使阿拔斯王朝的商人处于十分优势的地位。在这种国际贸易繁荣的时期，金币是不可或缺的硬通货。用所有民族几乎同等地喜爱的物质来制作货币，这一点非常重要。①《隋书·食货志》记载，北周时期（公元 6 世纪中叶），“河西诸郡，或用西域金银之钱，而官不禁”。这些在西域流通的金币，后来经出土遗存证实，是拜占庭的金币索利多及拜占庭金币的仿制币。见诸文献记载的真正

① ［英］威廉·斯坦利·杰文斯：《货币与交换机制》，佟宪国译，商务印书馆 2020 年版，第 38 页。

将金币作为流通货币使用的例证来自鄯善国的尼雅文书。如佉卢文文书第 12 号及第 43 号提到有人找到“金币二枚”，在第 324 号中提及“支那色伽尸”曾在收到别人赠与的礼物男奴一名后，给对方金币二枚和德拉克马银币二枚作为答谢。而真正在交易中使用金币的是第 419 号文书，其中提及一个名叫“阿难陀”的人用金币 1 枚及价值 2 穆立之某物，而后又付价值 12 穆立之某物购买一块葡萄园。[①]

从理论上讲，如果将黄金作为自己国家的货币，那么主权者就必须能获得黄金。

黄金可以来源于境内的金矿，也可以来源于对外贸易或者是进口。黄金本身也是一种稀缺的资源，拥有黄金，意味着拥有财富，从而可以通过黄金资本进行贸易。同时，用黄金铸造金币本身也是一项有利可图的事业。由于没有人能阻止拜占庭与欧洲和亚洲进行贸易，它曾经从跨大陆的远程贸易中获利无数，并且通过这种方式获得了新的黄金。但是，这种局面随着 7 世纪阿拉伯开始扩张，发生了重大的变化。[②]

保持金币规格与重量的稳定，是阿拉伯帝国始终一贯的政策。如果将金币看作一种国际商品，长久以来能够和阿拉伯金币竞争的，只有拜占庭的索利多金币。但我们知道，拜占庭一直以来都没有将金币保持一个良好的状态，因而在国际贸易中并不占优势。

---

① 裴成国：《中古时期丝绸之路金银货币的流通及其对中国的影响》，《吐鲁番学研究》，2021 年第 1 期。

② ［德］伯德·史蒂芬·格雷：《黄金：权利与财富的世界简史》，民主与建设出版社 2021 年版，第 48 页。

来自中亚的黄金和白银主导了新世界的经济。[①] 此前曾在西域地区发现作为流通货币的拜占庭金币，但随着阿拉伯帝国的兴起，其逐步退出西域。

大体上来讲，古代阿拉伯在近代之前有三种金币重量体系。第一是经典的 4.24 克，我们可以称之为“米思考体系”。米思考体系在阿拉伯半岛和中亚有比较广泛的影响。第二是法蒂玛王朝的“木伊兹体系”，该重量源自米思考，但是略轻。木伊兹体系在非洲和地中海地区影响较大。第三是马木留克王朝的“阿什拉夫体系”，该重量由马木留克王朝首先采用，目的是对抗威尼斯的达克特金币，重量为 3.4 克左右。阿什拉夫体系对此后的伊朗、土耳其和印度的金币产生了直接影响。

二、银币重量的变化

哈里发麦蒙（公元 813—833 年在位）时期，出现了所谓的重狄尔汗，其重量大致和金币第纳尔一样，即重 4.24 克左右。此后银币狄尔汗开始减重。然而，孟台绥尔（公元 861—862 年在位）、木斯台因（公元 862—866 年在位）、木耳台兹（公元 866—869 年在位）、木赫台迪（公元 869—870 年在位）时期的银币狄尔汗，却出现了不同程度的增重现象。公元 934 年继位的哈里发拉基在位时，国内局势更加混乱。这一时期的银币狄尔汗，似乎失去了统一的重量标准，重量从 2.29 克到 4.0 克不等。公元 946—1059

① ［德］伯德·史蒂芬·格雷：《黄金：权利与财富的世界简史》，民主与建设出版社 2021 年版，第 48 页。

年这一时期，属于哈里发的钱币只打制于巴格达。这一时期的银币狄尔汗重量增加更加明显。同时，纯度也明显降低。在阿拔斯王朝的最后时期，如前所述，银币逐渐回归到此前的标准重量。此时恰值塞尔柱人控制了帝国。塞尔柱人带来了来自安纳托利亚的银矿。也正是在这一时期，金币逐渐退出，银币成为国家货币，铜币作为补充流通。[①] 当金币退出，而银币逐步复兴之后，阿拔斯王朝金币、银币及铜币共存的局面，就变成了只存在银币的局面。金币和铜币逐渐退出，银币成为国家主要的法定货币。很有可能在王朝的最后时期，统治者根据这个现实，进行了货币改革，决定将银币小额化，以满足日常生活的需要。

由于阿拔斯王朝后期中央政府失去对地方的控制，无论是金币第纳尔，还是银币狄尔汗，各地成色不一、重量不一的现象一直延续到蒙古人统治时期的伊尔汗国。据《史集》载，金银的成色在不同的地方往往是不同的，在某些地方想推行严格的货币制度，制定同样的成色标准，然而不管颁布了多少次命令，事情并未按照命令执行，也无法将其整顿好。阿鲁浑汗和海合都汗曾颁布过诏令，让某些地方的银币成色为九成，但实际上成色却不超过八成。由于各地银币成色不一，商人们自然不买卖货物。每个想在一个地方花掉100第纳尔的人，要遭受10第纳尔以上的损失，甚至经常是20第纳尔的损失。不管哪一种苛捐杂税都不会比这种损失更大。

自麦蒙时代就开始出现银币增重现象，可以说一直持续到阿

---

① ［英］凯瑟琳·伊格尔顿、乔纳森·威廉姆斯:《钱的历史》，徐剑译，中央编译出版社2011年版，第112页。

拔斯王朝的最后时期，经历了大约 400 年。要解释这一现象，必须结合当时的历史背景。公元 9 世纪中叶，不仅在王朝的东部地区开始出现独立的小王朝，而且有迹象表明银矿开始减少。在此之后的一个世纪，随着法蒂玛王朝在埃及的崛起，黄金资源开始流向那里。应当说，无论是黄金资源还是白银资源对于巴格达的阿拔斯王朝而言，都减少了。

表 3-5　阿拔斯王朝若干造币厂银币重量变化统计

公历（年）	回历（年）	造币厂银币重量（克）			
		巴格达	木鹿	撒马尔罕	伊斯法罕
公元 754—755	136—158	2.87（146）			
公元 755—785	158—169	2.87（152）			
公元 785—786	169—170	2.92（154）			
公元 786—809	170—193	2.84（163）			
公元 809—813	193—198	2.92（179）			
		2.91（181）			
		2.89（182）			
		2.92（187）	2.76（185）		
		2.95（190）			
公元 813—833	194—218	2.94（199）			2.97（197）
		2.94（203）			2.89（199）
		3.00（206）			2.70（200）
					3.18—3.30（201）
					2.87—3.00（202）
					2.82（205）
					2.67—3.31（207）

续表

公历（年）	回历（年）	造币厂银币重量（克）			
		巴格达	木鹿	撒马尔罕	伊斯法罕
公元 833—842 公元 842—847 公元 847—861 公元 861—862 公元 862—866 公元 866—869 公元 869—870	218—227 227—232 232—247 247—248 248—251 251—255 255—256	2.92（227） 2.89（236）	2.96（227） 2.96（233）	2.60（253）	2.74（223） 2.84（228） 3.09（237）
公元 870—892 公元 892—902 公元 902—908	256—279 279—289 289—295	2.80（281） 2.90（282） 3.09（292） 3.36（293）	2.80（284） 2.81—3.14（287）	2.90（283） 2.80（289） 3.00（292） 3.03（293）	2.90（281） 2.80（250） 3.04（252） 2.73（276） 2.79（282）
公元 908—932	295—320 320—322 322—329 333—334	2.54（299） 3.45（300） 2.60（306） 2.90（312） 2.58（315） 5.06（319） 4.86（321） 3.68（323） 2.51（326）	2.97（306）	3.01（302） 2.90（304） 2.60（305） 2.10（308） 2.4（310） 3.12（311） 2.40（312） 2.20（317） 3.76（318） 3.30（322） 3.28（325） 2.91（326） 1.90（327） 2.79—3.46（330） 2.87（331）	3.14—4.13（298） 2.95（317）

续表

公历（年）	回历（年）	造币厂银币重量（克）			
		巴格达	木鹿	撒马尔罕	伊斯法罕
公元 946—974	334—363			2.56（347）	
公元 974—991	363—381	3.14（364）		3.37（254）	3.36（356）
				3.40（360）	4.83（358）
				2.79（364）	3.72（365）
					4.68（369）
公元 1075—1094	467—487				
	487—512				
	512—529				
	530—555				
	555—566				
	566—577				
	575—622				
	622—623				
	623—640	2.75（638）			
	640—656	2.98（639）			
		2.97（640）			

注：（ ）内数字表示回历年。

由表 3-5 可以看出，银币重量的变化始于哈里发麦蒙时期，此时的变化趋势是重量上涨。与此不同，自奥古斯都时代打制狄纳里银币以来，银币在罗马帝国就一直在减重或者是减少含银量。到了公元 3 世纪末期，所谓的银币的含银量已经降到了很低的程度。但阿拉伯帝国阿拔斯王朝时期却经历了银币重量持续上升的过程。有一种解释认为，公元 9 世纪，巴格达经历了一次微妙的货币改革，银币的标准重量从 2.92 克增加到 2.97 克。整个伊斯兰世界几乎遍布大量的无名多面体的青铜砝码，这些砝码的重量被调整为2.97克的倍数，最常见的是10狄尔汗的重量，也就是29.7克。

我们也从埃及获得了同样标准的玻璃砝码，其中一些是有刻度的，似乎可以追溯到公元 9 世纪后期。似乎是伊斯兰政府放弃使用两种不同等级的狄尔汗标准，即铸币重量为 2.92 克，而银锭重量为 3.11 克。为了折中铸币和银锭，一种新的单一重量等级被标准化为 2.97 克。无疑，上面的表述过于简化改革的细节，但是捕捉到了改革的精髓。①

但是，在这种行为之前以及之后，我们似乎都可以看到不改变银锭重量，而直接采用 3.11 克的情况。

尽管巴格达的造币厂一直保持了较好的重量标准，但是从穆克台菲时期起，货币重量开始出现了紊乱，既有减重的，也有增重的。尤其是在后来的穆克台底儿时期，银币增重明显。各个王朝铸币的人在选择第纳尔和狄尔汗的标准时，违反了原来法定的标准，造成各个地区的标准不同。人们只在大脑中记着法定的标准，这和伊斯兰教初期的情形一样。各地的人根据当地的钱币与法定钱币之间的比例关系进行换算。②其中可能的原因，一是银币的铸造掌控在地方造币厂手中，出现了重量混乱的局面；二是长途贸易带来了各个地区的金币与银币，各种货币都在流通，其中包括合金币在内；③三是银币逐渐发展为称量货币，计数已经不重要了。

---

① Robert Tye, *Early World Coins and Early Weight Standards*, York: Early World Coins, 2009, p. 132.

② 伊本·赫勒敦：《历史绪论》，李振中译，宁夏人民出版社 2015 年版，第 369 页。

③ Norbert Oberauer, “Money in Classical Islam：Legal Theory and Economic Practice”, *Islamic Law and Society*, Vol. 25，No. 4(2018), pp. 427–466.

对于银币重量的提升，另一种解释为取消了铸币税。铸币税的英文为“seigniorage”，是从法语“seigneur”（封建领主、君主、诸侯）演变而来的，又称铸币利差。在金属货币时代，贵金属铸币税等于钱币所含金属价值与钱币价值之间的差额。铸币税至少需要几个前提：一是国家垄断货币铸造。如果允许私人铸造，则国家无法收取铸币税；二是非钱币形式的金属不具有法偿能力，否则金属块将取代钱币流通；三是钱币所含金属价值与钱币价值之间存在差额。

在金属货币时代，政府获得铸币税的方法通常有以下两种：一是简单地将钱币减重或是降低钱币所含金属的纯度，将贵金属钱币变成虚币。此时，钱币成为信用化货币，政府通过增发钱币获取利益。这种方法主要用于铜币以及银币。二是创造两种不同的重量标准，一种用于称量金属，另一种用于称量钱币。造币厂在收取金属打制货币时，采用一种较重的重量标准；打制后的钱币，则采用一种较轻的重量标准。这样，即使数量一致（如1盎司），但是由于两种重量标准不同，造成实际重量之间的差额，政府从中获取铸币利益。此种方法通常被用在纯度较高的金币或银币上。

在最初哈里发马利克设立银币制度时，征收了1/16的铸币税。具体来说，阿拉伯人采用64哈贝重量作为1狄尔汗银片（bullion dirhem）的重量标准，60哈贝重量为狄尔汗银币（coin dirhem）。[①]伊斯兰的1磅银片重量 = 7680哈贝 = 357克；1磅银币重量 =

---

① Robert Tye, *Early World Coins and Early Weight Standards*, York: Early World Coins, 2009, p.129.

7200 哈贝 = 336 克。于是，每一个狄尔汗银片的重量应当是 3.12 克，每一个狄尔汗银币的重量应当为 2.92 克。其中，两种重量的差为 4 哈贝，比率为 1/16，这一部分就被征收为铸币税。

在缴纳铸币税的情况下，白银应当可以在官方的造币厂自由铸造为银币。1/16 就是金属白银和银币之间的差值。这个差值就是铸币税。在缴纳铸币税时，需要严格的重量标准作为税收的依据，所以当时的重量标准比较整齐。

后来，这种行为遭到反对，于是新的货币采用增重的方式来取消铸币税。具体来说，第纳尔的重量当时在大马士革被称为米思考，狄尔汗的重量被称为 7/10 米思考。而米思考的基准则从波斯米思考的 4.15 克，回到当时正在使用的大马士革米思考的 4.24 克，这样，银币的重量就由原来的 2.92 克增加到 2.97 克，接近 3 克。①

取消银币的铸币税，国家就不再以铸造银币来获取收入。渐渐地，私人提供白银铸造银币，也就不需要再严格按照重量标准。这是一种可能的解释。基于此，我们甚至也可以进一步猜测，私人提供白银，造币厂经过简单的除法计算并分割之后，就将之放进印模打制，于是银币的重量参差不齐。用这种方法打制的钱币，通常来说具有一个特征，就是钱币边缘会溢出印模，也就是说在钱币纹饰边界之外，会出现溢出的部分。

图 3-33　阿拔斯王朝穆克台底儿狄尔汗银币，4.02 克

① Robert Tye, *Early World Coins and Early Weight Standards*, York: Early World Coins, 2009, p.130.

因为印模是按照标准重量的钱币设计的，如果所用金属增多，则会有金属溢出印模。当然，这仅是一种猜测，还有待进一步研究。

三、货币称量化现象

贵金属作为货币使用，首先经历了称量货币阶段，即按照金属重量计算金属价值，并作为一般等价物的阶段。例如，罗马共和国时期的要式买卖属于用铜和秤（*pers aes et libram*）的交易，即所谓的秤式行为。它原本是个现实交易过程，一方当事人在不少于五名证人和司秤的面前称量金属条块货币后给予对方。古代罗马法学家盖尤斯曾说：

要式买卖……是一种表见买卖；该行为属于仅适用于罗马市民特有的法律，它按照下列程序进行：延请至少五名成年罗马市民作为证人，并另请相同身份之人，该人手持一杆铜秤，他被称为“司秤”。通过要式口约取得之人手持抓取之物，说：“我主张这名奴隶依照奎里蒂法属于我，他是被我用这块铜和这杆铜秤买得的。”然后，他用铜敲秤，并将铜块交付给通过要式买卖而使他取得之人，如同交付价款那样。（Gai.1，119）

图 3-34 罗马秤

这种独特的仪式显然是一个完整过程的历史遗留，可以从中发现这个过程的意义。在罗马尚未采用钱币而以未经打制加工的铜为货币的时期，铜块的价值取决于其重量。取得人当时交给出让人的铜块不能毫无价值，而必须有相当数量，其具体数额由司秤监督并用秤确认。因此，古代法中的要式买卖才被描述为一种交换行为,取得人通过该行为取得对他所取得的人或者物的权力，价款则作为对待给付而交出。根据其经济功能，这种古代的要式买卖是一种现金买卖,买卖标的物和价款在该行为中同时进行交换。

贵金属货币在经历了称量货币阶段之后，就走向钱币阶段。这是货币史的一个基本发展方向。以重量、规格统一的钱币取代金块、银块、铜块，便利了人们的交易。关于这一点，伊斯兰学者很早就有了深刻的认识。中世纪伊斯兰思想家伊本·赫勒敦说，在钱币上打造图案和文字之前要反复锤炼金属，使它的纯度达到标准。另外，也要使每种钱币达到一定的重量。每种钱币的重量都是预先规定好的,打造出来的每一枚钱币的重量都要准确，这样就便于人们在交易过程中计算数量，否则就得称重量。[①]但是，将贵金属以钱币的形式计数而非以金银块的形式称量，需要具备两个条件：一是钱币的重量必须统一，以保证钱币价值只需要计算钱币数量即可；二是钱币所含金属的纯度必须统一，否则钱币的价值将与贵金属本身的价值产生偏离。

在阿拉伯帝国货币史中，曾经存在一段时间的货币称量化现象。这一现象主要出现在阿拔斯王朝后期的狄尔汗银币上。在这个过程中，银币的重量不统一，且有增加的趋势，同时银币的纯度也在降低。

---

① 伊本·赫勒敦：《历史绪论》，李振中译，宁夏人民出版社 2015 年版，第 364 页。

狄尔汗银币的规格混乱，直接导致了银币退回到称量货币。众多制作精良但显然不是官方的多面体黄铜砝码源于阿拔斯王朝后期，反映了这样的事实：在一个货币需要称重而非计数的社会，任何商人都需要用砝码进行日常交易结算。[①]在一幅广为流传的历史画作（图 3–36）中，我们可以看到购买奴隶的商人正在用天平称量金属货币。

图 3–35　市场交易

我们也会发现大量被裁剪的银币。银币被裁剪有两种原因：一是人们将裁剪银币获得的碎片熔化为白银，获取利益。按照格雷欣法则，这种劣币会在市场上流通并不断增多。二是由于银币规格不统一，当人们交易时不再以银币的数量为计算方式支付，而是以银币的重量为计算方式，这样就需要将银币裁剪以补足重量。在当时，法学家并不认可这样的做法，对这种做法曾加以禁止，除非为了验证钱币的纯度。但是，历史文献显示，裁剪货币的行为在法蒂玛王朝很常见。[②]有的时候，

图3–36　被剪边的阿拔斯王朝穆克塔迪尔狄尔汗银币

① Robert Tye, *Early World Coins and Early Weight Standards*, York: Early World Coins, 2009, p. 132.

② Norbert Oberauer, "Money in Classical Islam: Legal Theory and Economic Practice", *Islamic Law and Society*, Vol. 25, No. 4(2018), pp. 427–466.

商人们会将一定数量的黄金或者白银放在一个密封的钱包里，并将这个钱包作为支付手段。[①]

再举一个金币的例子说明。作为阿拔斯王朝属国的花剌子模第三王朝，目前可以看到的钱币主要始自阿吉斯，而且都是金币。金币的重量并不统一。出土窖藏中不仅发现了完整的第纳尔金币，还有许多第纳尔金币碎币，以及尺寸和重量不同的钱币。打制时的初始重量即有明显波动的金币不能简单地作为货币进行流通，支付时需要检查重量，并补足零头。尤其是一些窖藏中各式各样的第纳尔碎币比完整的钱币多，这显然并非巧合。[②]

四、法学家关于裁剪货币的讨论

在阿拔斯王朝后期，贵金属钱币曾出现重量不稳定的情况，因此货币称量化的现象开始出现，也就是说人们开始按照金币或者银币的实际重量来确定价值。

伴随货币称量化，在现实中人们开始对货币进行裁剪。这种行为在法蒂玛王朝尤为常见。当时的法学家曾对此进行禁止。但有文献显示，当时人们更喜欢个大的钱币，尽管在计算总重量时和个头较小的是一样的。同时也有文献显示，当时人们更喜欢完整的货币而不是缺失的。这一点明显和金币、银币的“金属主义”法律基础不同。因为完全的金属主义只在乎贵金属的重量，个大个小或者是否完整似乎并不重要。

---

① Goitein, *Mediterranean Society*, 1:238.

② ［塔吉克斯坦］阿西莫夫、［英］博斯沃思主编：《中亚文明史》（第四卷），华涛译，中译出版社 2016 年版，第 396 页。

当时的一位学者伊姆兰尼认为，如果一个人拥有一枚完整的第纳尔金币，购买某商品时需要半个第纳尔金币，那么他不能被要求将这枚第纳尔金币分成两半，因为这对他是不利的。如果他购买两种半个第纳尔金币的商品，他也不能用一枚第纳尔金币付款。如果他真的付了一枚第纳尔金币，卖家不能拒绝，因为这种支付完整钱币的行为对他有好处。[①] 当时的学者说，造币厂应当制造 1/2 第纳尔金币，这样的话人们会更喜欢它而不是被切掉一半的第纳尔金币。[②] 对此，还有当时的学者认为，金币第纳尔的价值应当被降低，因为它的印记已经被埋没了或者是根本就没有印记了。[③] 当时的法学家称这种被裁剪的货币为“radi”，以区别成色不足的掺假货币。大多数学派认为，被裁剪的或是重量不足的“radi”在交换中与优质币是相当的。

第四节 成色标准的演变

一、钱币成色及其变化

有学者曾经对倭马亚王朝的狄尔汗银币样本进行了金属分

① Abu l–Husayn Yahya Ibn l–Khayr al–`Imrani, K. al–Bayan fi madhhab al–imam al–Shafi`i, 5:108.5ff.

② Nawawi, Rawda, 3:366.16f.

③ Subki, Takmila, 10:269.20ff.

析。这些钱币来自约旦的一家博物馆，共计 12 枚，全部来自瓦西特的造币厂，发行时间跨度为 34 年（公元 708—742 年）。这 12 枚钱币的平均重量为 2.69 克。经过科学分析得出的结论是，越是早期的银币，含银量越低（90.76%），而样本中发行时间最晚的银币，含银量高达 98.93% 之多。银币中还含有黄金，含量平均为 0.56%，含铜量平均为 3.34%，含铅量平均为 0.95%。[①]

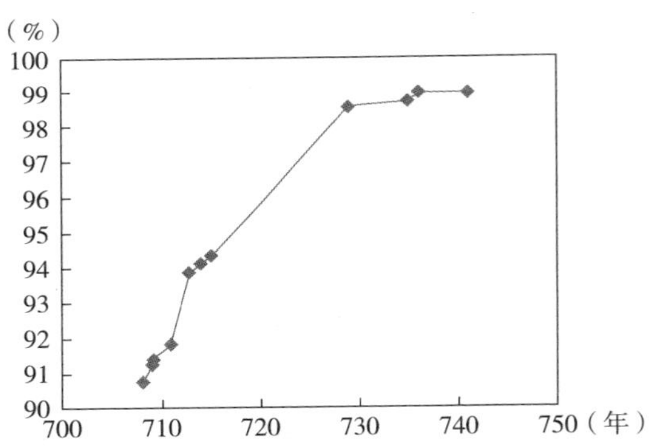

图3-37　公元708—742年瓦西特造币厂打制的倭马亚王朝银币狄尔汗样本含银量

尽管自马利克货币改革以来，统治者一直很关心货币的纯度。但是在伊斯兰纪元的第二个世纪和第三个世纪，金币第纳尔的纯度就开始降低，有的降至 90% 以下。而在第五个世纪和第六个世纪，也就是 12—13 世纪，帝国东部木鹿和赫拉特生产的金币纯度更是降到了 50% 以下。[②] 对此，当时的法学家已十分关注，

① Ziad Al–Saa'd, "Chemical Analysis of Some Umayyad Dirhems Minted at Wāsit", *Journal of the Economic and Social History of the Orient*, Vol. 42, No. 3(1999), pp. 351–363.

② Norbert Oberauer, "Money in Classical Islam: Legal Theory and Economic Practice", *Islamic Law and Society*, Vol. 25, No. 4(2018), pp. 427–466.

同时更加关注银币狄尔汗纯度的降低。当时的法学家用不同的术语来描述这一现象："ghishsh"被用来表示掺入金币或银币中的贱金属，而掺入贱金属之后的金币或银币被称为"maghshush"，"zaif "被用来表示假的，掺假也用"sattuq"来表示。法学家们还区分了"radi"与"maghshush"，前者表示市场上的被裁剪的钱币或是重量轻的钱币，而后者则表示掺假的钱币。大多数学派认为，被裁减的或是重量不足的"radi"在交换中与优质币是相当的；而掺假的"maghshush"与优质币则不可等量。①

对于金币而言，美国钱币学会的学者在一项研究中研究了450多个第纳尔样本的金币成色。首先是倭马亚王朝改革后的第纳尔金币（公元696—750年）。大多数样本的成色超过96%，集中在96%—99%，只有一枚苏莱曼时期的第纳尔金币纯度低于90%（89%）。在接下来的阿拔斯王朝样本中，从王朝初创到麦蒙时期的无造币厂名的第纳尔金币中，29.7%的金币纯度为96%，14%的金币纯度低于96%。从时间分布上看，哈伦·拉希德时期的第纳尔金币开始出现纯度不稳定的情况，这种情况一直持续到麦蒙时期。在首都巴格达以及萨马拉的造币厂生产的第纳尔金币中，从公元833年到892年大部分纯度在96%以上，只是在迁都萨马拉时期，纯度大幅度下降（79%）。10世纪上半叶，第纳尔金币的纯度依然保持了较高的标准，但已经出现了下降的情况（90%及以下）。在此后的白益王朝统治时期，第纳尔金币

① Norbert Oberauer, "Money in Classical Islam : Legal Theory and Economic Practice", *Islamic Law and Society*, Vol. 25, No. 4(2018), pp. 427–466.

的纯度开始混乱，分别为 89%、93%、56%、62%，尽管检测的样本有限，但仍说明白益王朝第纳尔金币质量的下降。在阿拔斯王朝最后的时期（1214—1258 年），第纳尔金币的纯度逐步回升，纳绥尔时期的样本中有一半的纯度为 93%；穆斯坦绥尔时期的样本纯度为 96%，穆斯塔西姆时期的样本纯度又降至 92% 左右。麦蒙时期至穆塔米德时期在埃及的造币厂生产的第纳尔金币中，大部分纯度在 97% 及以上。在此后的突伦王朝当政的几十年里，尽管第纳尔金币的纯度出现了小幅度波动，但大多数仍然集中在 97%—98%。公元 905—940 年,第纳尔金币的纯度开始出现混乱，尤其是穆克塔迪尔时期，而到了拉基时期，金币纯度降至 90% 以下。此时正值法蒂玛王朝兴起。公元 935 年伊赫什德王朝兴起占领埃及之后，这里生产的第纳尔金币的纯度开始上升，并保持在 96% 以上，且大多数金币的纯度在 98%—99%。只是来自巴勒斯坦的造币厂生产的第纳尔金币纯度在降低。①

总体而言，阿拉伯帝国的第纳尔自诞生以来，纯度标准就被确定为 96% 以上，在这一点上阿拔斯王朝和倭马亚王朝没有区别。

公元 9 世纪艾敏和麦蒙的短暂内战曾导致第纳尔纯度的降低。白益王朝当政时，第纳尔的质量最为糟糕。10 世纪下半叶，来自埃及的第纳尔在纯度上要优于来自巴格达的第纳尔。

---

① Andrew S. Ehrenkreutz, "Studies in the Monetary History of the Near East in the Middle Ages: The Standard of Fineness of Some Types of Dinars", *Journal of the Economic and Social History of the Orient*, Vol. 2, No. 2(1959), pp. 128–161.

二、多种成色钱币并存

古希腊诗人阿里斯托芬在《咏蛙》一诗中说：

昔日的标准货币分量充足，许可通行，承受考验；
在此希腊的各个民族与整个世界；
各方畛域公认是可信赖的媒介，成色纯粹；
却遭拒绝，被当成昨日的灰烬抛弃；
掺杂碎屑的劣质的伪造货币与材质；
在雅典城的市场买卖中替代它们流通。

托马斯·格雷欣爵士在16世纪提出了“劣币驱逐良币”的法则。这个法则的确切意思是，低价货币将驱逐高价货币。当两种货币同时流通时，总是低价货币盛行，原因在于选择使用何种货币的权利主要是由交换中给付的人操控的，不是由收受的人操控的。也就是说，任何人若有权任意选择两种货币之一偿付债务时，经济的动机会促使他选择价低的货币。此时，良币有可能会被储藏起来，或投入铸币熔炉，或被输出境外。输出境外则是因为在国际贸易中与国内贸易的情况相反，收受方有权指定接受何种良币——外国人只接受价值最高的货币。①

在历史的现实中，中亚伊斯兰国家萨曼王朝曾发行过纯度较低的地方银币不花拉币，而全国通用的是狄尔汗银币。纯度不高

① ［美］欧文·费雪：《货币的购买力：它的决定及其与信贷、利率和危机的关系》，张辑译，商务印书馆2021年版，第101页。

的不花拉币要比狄尔汗银币贵。例如，在公元 835 年，100 个纯银的狄尔汗币最多可以换 85 个不花拉币，尽管后者根本不含银。这是由于民众认为不花拉币比较稳定，不易受市场波动影响。而在对外贸易方面，狄尔汗银币却具有重要的作用，因而流出中亚，流向欧洲。但是不花拉币没有加入这种货币流动，否则会损害当地居民的利益，因为其交换价值超过了白银比率，且由于其较低的银含量，无论如何也无法用于对欧洲的贸易。① 到了后来的伽色尼王朝时期，正好处于中亚的银荒时期，此时银价很昂贵，如 1128 年金银的兑换率是 1∶7.5。纯银重量标准的狄尔汗的价值不超过 70—72 个赫特里夫铜狄尔汗。然而，此时低纯度的不花拉币的流通范围比以前扩大了。② 在劣币驱逐良币的过程中，良币被输出至境外。同时也可以看出，已经成为一种信用化虚币的不花拉币，具有对抗贵金属价格市场波动的能力，使得当地民众对不花拉币产生了相当的信任，以至于对纯度很高的贵金属货币反而不信任。

三、金属主义与名义主义

如同其他古代国家的货币理论一样，古代阿拉伯国家也存在关于货币的“金属主义”及“名义主义”的争论。

在古代阿拉伯帝国，金币和银币这两种贵金属货币，与铜币

① ［塔吉克斯坦］阿西莫夫、［英］博斯沃思主编：《中亚文明史》（第四卷），华涛译，中译出版社 2016 年版，第 391 页。

② ［塔吉克斯坦］阿西莫夫、［英］博斯沃思主编：《中亚文明史》（第四卷），华涛译，中译出版社 2016 年版，第 394 页。

形成了较为特殊的货币体系。金币和银币属于“金属主义”货币，其价值取决于钱币所含黄金或者白银的价值。而铜币则与其所含金属无关，而是依赖于它的面值，因而是一种“名义主义”货币。[①]换句话说，金币和银币属于贵金属货币中的实币，而铜币则属于虚币。对于这两种货币，伊斯兰学者是区别对待的。例如，中世纪马木留克王朝学者麦格里齐认为，任何人在深思熟虑之后都会注意到，自从铜币开始流通，这个地区就开始衰落，并且埃及人民的财富开始减少。麦格里齐进一步认为，真主只是创造了白银作为货币（naqd），而从来没有创造出弗鲁斯（fulus）。尽管如此，麦格里齐仍然认识到，铜币被用来实现普通的交易，因为银币在小额交易中作为流通手段价值过高。[②]伊斯兰法学家整体上对贵金属货币的认识是基于“金属主义”的，也就是货币的价值取决于所含金属的价值。严格的金属主义对于质量的要求在于金属成分，而钱币的外形或者完整性在衡量货币的价值中被忽略。同时，严格的金属主义要求货币是按照重量而不是个数使用，并且要求考虑货币的成色。

在合同中关于货币纯度没有约定的情况下，会产生当事人之间的争议。于是在实践中就发生了金属主义与名义主义之争。12世纪的学者卡萨尼认为，应当区分不同的情况进行处理。第一种情况是贵金属占大部分（50% 以上）的钱币，此时必须确定实际

---

① Norbert Oberauer, “Money in Classical Islam：Legal Theory and Economic Practice”, *Islamic Law and Society*, Vol. 25, No. 4(2018), pp. 427–466.

② Ahmad b., ‘Abd al–Qadir al–Maqrizi, al–Nuqud al–islamiyya, printed in the collection “Thalatha rasa’il”,16.24ff.

需要支付的贵金属的数量，而不能仅凭钱币的数量来确定。而在贱金属占大部分的情况下，则要看交易习惯。如果交易习惯中通常是按照钱币个数来计算的，则将是被允许的。[①]公元13世纪的伊斯兰学者纳瓦维认为，包含贱金属的钱币并非不合法。换句话说，对于相应的黄金总量的无知也许就是对交易的无知，就像市场中的一般无知一样。[②]后来该学派大多数学者都从“金属主义”转向“名义主义”：有问题的钱币被当作名义货币对待，它们的“真实”价值取决于一般的接受度。这种观点在某些学派中影响广泛。由此可见，由于贵金属钱币纯度的降低，导致了传统伊斯兰教法中有关贵金属钱币的基础的“金属主义”逐渐让位于“名义主义”。面对理论和现实中的差距，大多数学者心照不宣地接受了这个变化。[③]

四、关于等量交换的讨论

《圣训》中还存在关于等量交换的规定，使者说：“你们在做金换金、银换银的交易时，必须等量交换，当面交清。”“两块狄尔汗不可兑换一块狄尔汗。一块狄尔汗当兑换一块狄尔汗，一块第纳尔当兑换一块第纳尔，必须等量交换，不得相互盈余。”如果贵金属钱币是足值的，则通过一个交换一个就可以完成等量交换。但如果货币不足值，就会出现问题。对此，伊斯兰学者提出

① Kasani, Bada’i`, 5:197.34ff.

② Nawawi, Rawda, 2:258.11ff.

③ Norbert Oberauer, “Money in Classical Islam：Legal Theory and Economic Practice”, *Islamic Law and Society*, Vol. 25, No. 4(2018), pp. 427–466.

了相应的看法。

哈乃斐派学者首先根据钱币中所含贵金属的多少将其区分为含量高于 50% 的和低于 50% 的两种情况。如果贵金属成分高于 50%，则钱币中只有所含的主要成分可以被考虑进去。① 这也就意味着，这种钱币必须被当作足值的来计算，结果就是，无论双方的钱币纯度如何，它们都不能与其他纯度高于 50% 的钱币按照 1∶1 的比率来兑换。为了对这个立场作出调整，哈乃斐派学者沙拉赫西按照文义对这个教义作出新的解释：禁止利息的规定源自“银换银的交易”。而“银”这个术语，适用于所有含银量超过一半的钱币，而不用考虑特定的含银量。因此，所有的金属必须在兑换中被相同地对待，无论是好的还是被剪裁的（radi），铸成钱币的还是金属块，流通的还是不流通的。② 由此可见，哈乃斐派学者对钱币纯度并不关注，并不认为不同纯度的贵金属钱币会有不同的价值。③ 对于贵金属成分低于 50% 的钱币，哈乃斐派学者认为，其交换不需要遵守“银换银”的规定。这是因为，在这种情况下，实际上是两个以铜买银的结合：对于一方来说，他是用铜来换取银，而另一方也是如此。这样一来就无须再遵守“银换银”的规定了，因为《圣训》没有对铜换银进行规定。还有一种情况是低于 50% 的银币兑换纯银币。在这种情况下，银与银等量兑换，而纯银币一方多出来的银将被看作用来购买另一方钱

① Kasani, Bada’i`, 5:196.15ff.

② Sarakhsi, Mabsut, 14:11.15ff.

③ Norbert Oberauer, “Money in Classical Islam: Legal Theory and Economic Practice”, *Islamic Law and Society*, Vol. 25, No. 4(2018), pp. 427–466.

币中的贱金属。[①]适用这一规则的前提是,纯银币一方必须有“多出来”的白银，否则就没有任何东西交换铜，这就被看成一种利息。

莎菲学派则将钱币区分为贵金属多少具有一些价值的钱币和完全不包含任何有价值成分的镀银币。对于镀银币而言，无论如何也无法确定银的含量与价值，因而这种钱币不被允许在任何兑换中使用，因为它违反了禁止利息的等量交换教义。[②]而对于前一种钱币，莎菲学派的部分学者认为，贱金属有多少价值是没有区别的，因为当事人的目的只在于银。但也有一些学者认为，贱金属的价值应当考虑进去。[③]莎菲学派的学者认为他们的观点符合市场实践，因为交易者购买商品是按照商品的价值，而不是按照商品的个数。他们举例说，如果一个人在一笔买卖中购买了一件衣服和一个奴隶，后来发现衣服质量有问题而退货，他不能要回价款的一半，而是应该根据衣服的价值确定。[④]

罕百里学派的观点接近哈乃斐学派。但是该学派学者并没有坚持在掺假币和纯银币的兑换中，纯银币的一方必须要等量交换对方的白银，他们只坚持纯银币一方的总量大于另一方。[⑤]

马利克学派的观点与其他学派一样，认为银一定只能兑换等量的银。但是马利克学派的学者提出了一种例外，即对于那些通

① Kasani, Bada’i`, 5:196.25ff.

② Subki, Takmila, 10:280.15ff.

③ Subki, Takmila, 10:279.22ff.

④ Subki, Takmila, 10:254.4ff.

⑤ Ibn Taymiyya, Fatawa, 29:247.6ff.

常按照数量计算的钱币来说，如果这些钱币彼此数量相等地兑换，只要没有超过每一枚钱币的 1/6，或是兑换的钱币数量没有超过 6 枚，重量上的差异是可以接受的。① 马利克学者后来又改变了立场，认为重量上的差异被认为是一种情谊行为，而非交易。② 换句话说，这种兑换不是一项双务契约，而仅仅是一方遵从了另一方的让步。③

总体而言，金属主义的严格要求在货币整齐划一时很容易实现，并且可以适用于“金换金”“银换银”的等量交换中。然而，现实中并不存在这样的整齐划一。货币剪裁、不同统治者发行的不同系列的货币及成色的大规模变化会导致很多不同种类钱币的出现。市场对这些问题会作出不同的反应。不同的钱币在市场上有着不同的需求，它们在市场中的价值受不同因素的影响，并不只是贵金属的含量。现实中，贱金属货币通常按照个数使用，哪怕是它们含有黄金或是白银。

面对这些理论与实践中的鸿沟，伊斯兰法学家采取了一种实用主义的立场——没有任何一位学者反对低质量货币的流通。

尽管有人并不满意，但也没有人怀疑它们是法定货币。一言以蔽之，法学家根据实践修改了法律。更有甚者，有的学派接受了按照数量支付金币和银币的实际。但同时，由于金银兑换涉及伊斯兰教义中有关利息的规定，法学家们对这个问题则采取了特

① Azhari, Jawahir al-Iklil, 2:15.6ff.

② Al-Dasuqi, Hashiyat al-Dasuqi 'ala al-Sharh al-kabir, 4vols., 3:2.1.

③ Hattab, Mawahib al-Jalil, 6:175.11f,178.14ff.

别严格的态度。[①]

所以我们可以这样认为，阿拉伯的金币和银币最初是按照理想的状态发行的。但是，随着市场上对通货需求的不断提升，加之不断侵扰的金荒与银荒，钱币尤其是银币的成色在不断下降。货币的流通性源自其可接受性。当市场中大部分卖方接受成色不足的货币时，就会形成一种交易习惯。当时的法学家注意到了这种交易习惯，并且也认可了这种交易习惯。人们对货币的观念也就随之转变了。

货币成色降低最直接的结果就是通货的增多。如果市场上的通货增多，而商品并没有增多，就会发生通货膨胀，从而使商品价格上涨，货币贬值；而如果通货增多，恰好能够弥补市场上通货的不足，则不仅不会给经济带来害处，反而会促进商品经济的进一步发展。

① Norbert Oberauer, “Money in Classical Islam：Legal Theory and Economic Practice”, *Islamic Law and Society*, Vol. 25, No. 4(2018), pp. 427–466.

第四章

货币诸职能的表现

啊，向美酒佳酿
提亲的媒人，
难道你的聘礼
只是一磅黄金？
你是将她小瞧，
可别让她听到，
否则葡萄就会发誓
不再结葡萄。
当我前去
向她提亲时，
献上的是
一升珍珠和宝石。
——艾布·努瓦斯（公元 762—831 年）《清高的美酒》

第一节 价值尺度与流通手段

一、货币经济

彭信威先生说，货币经济之确立，对于社会有一种推动的作用，它使人们在身体上和精神上得到一种前所未有的独立与自由。因此，先秦时期在古代中国的思想文化上，万紫千红，开出奇异的花朵。这是古代中国思想最发达的时期。这种情形并不限于中国，古代希腊思想最盛行的时候，也正是刚进入货币经济之后不久。欧洲中世纪货币经济衰落，在思想上处于一个黑暗时代；只有意大利少数城市重新发展出一种货币经济来，而欧洲的文艺复兴，也正是产生在这几个城市里。[①]而货币经济与钱币同时出现需要一定的条件。例如，人口的稳定增长——它会引发对土地、商品和服务的需求，并成为货币经济发展的重要组成部分；还需要其他方面的刺激因素，如立法的进步、市场的出现以及城市规模的扩大；同样还需要货币可用性的增强和使用率的提高。[②]古代阿拉伯在伊斯兰教兴起之后，不仅保留了以往商业民族的传统，在帝国扩张的同时，也打通了更广泛的贸易网络，吸纳了更多外来文化；伴随着帝国商业的繁荣，城市人口不断增长，哈里发政权与伊斯兰教法不断完善，独具阿拉伯风格且重量与纯度标准统一的金币、银币开始在本国和国际贸易路线上通行。这些都为古代阿拉伯货币经济的繁荣奠定了基础。

货币经济是一种商品经济，本质上是货币作为一般等价物参与市场，而不是以物易物。在人类历史上，通常都是先出现以物易物的交易方式，后来货币才逐渐成为交易中买方的支付手段。

---

① 彭信威：《中国货币史》，上海人民出版社 2015 年版，第 67 页。

② J.L.Bolton, “What is Money? What is Money Economy? When did a Money Economy Emerge in Medieval England?” , in Diana Wood(eds), *Medieval Money Matters*, Oxbow, 2004, pp. 4–5.

最初，以物易物的交易形式混杂着以铜铁为一般等价物的交易形式，在古代可能颇为常见，而且经历了很长一段时间。即便到了公元 2 世纪帝制时代的罗马，法学家仍然犹豫不决。萨宾学派认为这是可以的。盖尤斯则认为，没有货币就不会有买卖，充其量只能称为“互易”。盖尤斯在《法学阶梯》(Gai.3,139–141) 中说：

当人们商定价款时，买卖达成……

价款应当表现为金钱。

如果双方的互易也可以被称为买卖，那么在法律上，无法判断哪个是被买物，哪个是以价款名义给付的物。这个争论持续了很久，从中也可以看到作为货币经济的买卖制度的发展。直到拜占庭时代，优士丁尼皇帝才在《法学阶梯》中在引用了盖尤斯的见解说：

普罗库尔认为交换是有别于买卖的特种契约的意见，占据了优势……这种意见已经为历代皇帝所采纳，而且也在本皇帝的《学说汇纂》中得到详尽阐明。

货币在履行其职能时，最初是作为支付手段存在的。这是由于货币在本质上具有价值。

在《荷马史诗》中曾有这样的描述：

长头发的阿卡人从那里获得葡萄酒，

他们使用铜块或者发亮的铁块，

还有人使用牛皮或者整只的牛，

也有人使用奴隶。

在这里，无论是铜块、发亮的铁块，还是牛皮抑或整只牛，又或奴隶，尽管其本身具备一定的价值，可以充当支付手段，但未必就是流通手段。这一点在中国古代也是一样的。秦始皇统一中国后，尽管规定了“黄金以镒名，为上币”，但是真正在市场上流通的，主要是半两钱铜币。而黄金通常只履行价值尺度、支付手段和贮藏手段的职能。例如，《史记·孝文本纪》载：“欲作露台，召工匠计之，直百金。上曰：‘百金中民十家之产，吾奉先帝宫室，常恐羞之，何以台为。’”这里就是将黄金作为价值尺度。在各种律令中，黄金也是作为价值尺度被用来规定罚金的额度，但是在支付时往往会换算为铜钱。但如果将汉朝皇帝赏赐王公大臣的黄金也看作一种支付的话，那么这里黄金履行的是支付手段的职能。

阿拉伯伊斯兰政权兴起于公元6世纪，在当时货币经济已经有了充分的发展。因而，阿拉伯帝国哈里发政权兴起之后没多久，就顺理成章地发行了自己的货币。阿拉伯帝国兼并了西部拜占庭的部分领域以及东部的波斯帝国，且保留了两地不同的货币制度。也就是说，阿拉伯帝国的货币经济不是凭空建起的，而是在两片古老的土地上的延续。

货币经济的广度和深度在古代世界也不是没有边界的。我们能够通过文献或是考古遗存所得知的，仅仅是那些经济最活跃的地方，而寻常百姓的货币经济状况，也许并没有完全令人满意的结论。尽管如此，货币经济的发展仍可以从造币厂的产量数据中分析得来。例如，直到11世纪银荒之前，在阿拉伯帝国的广袤领域内，几乎所有的造币厂的产量都是在增长的。同时，税收、工资、贸易等的货币化水平也可以说明货币经济的发展。[①]换句话说，在古代阿拉伯帝国，货币经济的覆盖范围不断扩大，对经济的影响也在不断深入。

二、可以作为货币的一般等价物

货币源自具有一定经济价值的商品，在古代，如前所述，有牲畜、奴隶、贵金属、珠宝以及尚存在争议的贝壳。古代阿拉伯世界中并没有区分买卖与互易，换句话说，任何一种财富都可以作为买卖的对价。[②]但是，金币、银币在阿拉伯成为主要的货币。中世纪伊斯兰学者伊本·赫勒敦说，安拉创造了金和银两种金属，它们可以表示财富的价值。[③]贵金属钱币作为一般等价物出现后，其他商品尽管仍然可以用作交换使用（以物易物），但是不再作为货币流通了。

能够成为货币的商品，必须具有一些重要的属性。

一是它的可接受性，这是货币最本质的特征。一旦经济体中的绝大部分人开始接受作为货币的这种特殊商品，物物交换经济实质上就成了货币经济。一个经常被引用的例子是在“二战”中被关押的犯人中流通的香烟。由于缺乏任何的政府货币，即使不

---

① Maya Shatzmiller, “Economic Performance and Economic Growth in the Early Islamic World”, *Journal of the Economic and Social History of the Orient* , Vol. 54, No. 2(2011), pp. 132–184.

② Norbert Oberauer, “Money in Classical Islam：Legal Theory and Economic Practice”, *Islamic Law and Society*, Vol. 25, No. 4(2018), pp. 427–466.

③ 伊本·赫勒敦：《历史绪论》，李振中译，宁夏人民出版社 2015 年版，第 543 页。

抽烟的犯人也开始接受香烟来进行交换，因为他们知道香烟可以用来换取自己需要的商品。[①]又如，在突厥奴隶军掌权的伽色尼王朝，除了在印度地区发行吉塔尔币之外，也发行阿拉伯风格的狄尔汗银币和第纳尔金币。但是，由于此时狄尔汗的纯度实在过低，在接下来的时间里，按照当时的说法，尽管狄尔汗依然履行着价值尺度的功能，但是只有第纳尔金币才能被用作流通媒介和支付手段。[②]也就是说，狄尔汗银币因纯度过低而不被大家接受，退出了流通领域。

二是它的可分性。马克思曾说，一个直接从它应当表现纯粹量的差别的职能中产生出来的条件，就是它要能够被任意分为若干部分，并且能够被重新合而为一，以便计算货币在外表上可以感觉出来。[③]这一属性就排除了珠宝、奴隶、牲畜作为货币长期使用的可能。同时，也正是因为贵金属具有可分性这一特征，才能够从称量货币转化为计数的钱币。例如，在战国时代，珠宝可以作为货币使用。《管子·国蓄》："以珠玉为上币，以黄金为中币，以刀布为下币。"而秦始皇统一货币后，据《史记》载，黄金为上币、铜钱为下币，"而珠玉、龟贝、银锡之属为器饰宝藏，不为币"。

三是它的价值可计算性。我们现在也常说："黄金有价玉无价。"这就是说，像玉石这样的珠宝，随行就市，货卖识家，并

---

① ［美］布鲁斯·坎普、斯科特·弗里曼、约瑟夫·哈斯拉赫：《货币经济学基础》（第四版），张庆元等译，中国金融出版社2019年版，第48页。

② ［塔吉克斯坦］阿西莫夫、［英］博斯沃思主编：《中亚文明史》（第四卷），华涛译，中译出版社2016年版，第396页。

③ 马克思：《政治经济学批判》，人民出版社1976年版，第133页。

没有恒定的价格。价值是所交换物质间的数量比率。在选择作为价值标准的物品时，人们都希望被选中的东西看上去很有可能会继续以近乎不变的比率去与其他许多商品进行交换。[①] 用贵金属作为货币，其价值具有可计算性。最初，由于贵金属属性，其都是以重量为单位计算价值的。后来，贵金属货币逐渐演化为标准化的钱币，计算更为便利。钱币上有关信息的币文，是钱币合法性的证明（尽管不总是或不一定使用相同的信息）。如果货币要发挥其主要功能，使不同、不相等和不可通约形式的财富能够顺利交换，摆脱易货系统的不便和尴尬，就需要这样一组认证、合法化的信息。[②]

在中亚及西亚地区，受波斯的影响，一直沿用银币作为基本货币，并且银币的含银量一直保持在很高的水平。唯独有例外的是公元 1 世纪至公元 3 世纪，贵霜帝国曾大范围使用金币。中亚及西亚的银币体系，是通过波斯继受的希腊体系，即以德拉克马为基本货币单位，存在德拉克马、二德拉克马、四德拉克马等币值。与此同时，在地中海西部的欧洲国家，则经历了银币大幅度降低纯度并持续贬值的过程。在罗马帝国的东部继承人拜占庭那里，银币几乎已经消失，曾经的银币单位只是作为一种符号被沿用到铜币上。而价值保持稳定的金属货币则只有索利多金币。从

---

① ［英］威廉・斯坦利・杰文斯：《货币与交换机制》，佟宪国译，商务印书馆 2020 年版，第 20 页。

② David J. Wasserstein, “Coins as Agents of Cultural Definition in Islam”, *in Poetics Today*, Summer, Vol. 14, No. 2(1993), Cultural Processes in Muslim and Arab Societies: Medieval and Early Modern Periods (Summer, 1993), pp. 303–322.

以上内容可以看出，一个国家的货币体系，至少要有一种能够保证价值稳定的基本货币存在。如果国家无法保证信用货币的价值，就要发行纯度较高的金属货币，以其金属本身的价值来支撑货币的价值。如果国家信用较强，信用化的金属货币则可以作为主要货币流通。

在古代阿拉伯帝国，不同地域使用金币和银币的习惯不同，因而在履行价值尺度和流通手段时，也经常采用不同的币种。通常来说，在帝国的西部，采用金币第纳尔；在帝国的东部，则采用银币狄尔汗；在首都，两种钱币都会采用。例如，据资料载，来自西班牙的白人奴隶可以卖到 1000 第纳尔，而突厥奴隶只能卖到 600 第纳尔；[①] 哈里发穆斯台因为他的母亲定做了一个毯子，价值 1.3 亿狄尔汗，这显然是在波斯定制的毯子；阿拉伯史上最著名的宝石，是一块大红宝石，曾经属于几位波斯国王，哈伦·拉希德花费 4 万第纳尔才买到手。[②] 之所以在东部和西部采用不同的货币制度，并通过不同的货币进行交换，是由流通货币的经济学功用决定的。具体来说，货币交换包括两次交换——商品交换货币和货币交换商品。换句话说，第一次是卖出商品，获得货币，第二次是用货币购买商品。第一次是接受货币，第二次是使货币让别人接受。而实物交换则只需要一次。假设我们希望用手中的小麦获得牛肉，但市场上并没有直接的交换渠道，在实物交换情

① ［美］菲利浦·希提：《阿拉伯通史（第十版）》，马坚译，新世界出版社 2008 年版，第 215 页。

② ［美］菲利浦·希提：《阿拉伯通史（第十版）》，马坚译，新世界出版社 2008 年版，第 315 页。

形下，就需要先用小麦交换为（假设是）大麦，然后再用大麦交换为牛肉。在这里，购买者首先要搜寻拥有大麦并希望获得小麦的人，然后还要寻找需要拥有牛肉而缺少大麦的人。他在市场中的两次搜寻都要付出同样的成本。对照实物货币的情形下，用小麦换取货币要比用小麦换取大麦更能够降低搜寻成本。接下来将用大麦交换牛肉与用货币交换牛肉相比较。如果在第二次的交易中使用货币需要成本，那么在第一次交易中降低的搜寻成本可能会被第二次交易产生的成本抵销。[①] 关键的问题在于如何选择货币。承认一种被当地人习惯并且接受的货币，无疑会增强货币的可接受性，并因而降低交易的费用。

三、银币在日常生活中的重要地位

在历史上，银币往往作为一个最基本的贵金属货币存在。

追溯银币的历史，其产生自小亚细亚的吕底亚。公元前 7 世纪中叶，吕底亚出现了被称为琥珀金材质的钱币。这种金属材质是未经过人工分离的金和银的混合物。100 年后，伴随着对金属材质人工分离的过程，吕底亚又逐渐出现了所谓的纯金币和纯银币。没过多久，波斯阿契美尼德王朝征服了小亚细亚的吕底亚，波斯人开始沿用这里的币制。在波斯钱币中，金币被称为大流克，银币则被称为西格罗斯。银币从此开始在波斯帝国和希腊城邦传播开来。在这段历史时期，波斯的银币是由国家发行的统一的钱

① ［美］布鲁斯·坎普、斯科特·弗里曼、约瑟夫·哈斯拉赫：《货币经济学基础》（第四版），张庆元等译，中国金融出版社 2019 年版，第 49 页。

币；而上千个大大小小的希腊城邦都各自发行钱币，每个城邦的钱币都不一样，它们都将自己的保护神打制在钱币上。同时，每一个城邦也都有自己的度量衡，因此钱币的重量并不一致。亚历山大大帝征服波斯之后，整个地中海沿岸、西亚和中亚进入希腊化时期。亚历山大大帝时期，帝国的钱币开始统一，银币主要为四德拉克马以及少见的十德拉克马，钱币正面为大力神赫拉克勒斯，背面则为宙斯。亚历山大大帝去世之后，帝国开始分裂。帝国的西亚部分被塞琉古王国继承。此后，原波斯故土上又崛起了帕提亚王国。帕提亚王国从公元前 3 世纪到公元 3 世纪称霸中亚近 5 个世纪，但是它却继承了希腊世界的四德拉克马银币体系，并且一直保持着银币的较高品质。在帕提亚王国之后的萨珊王朝，尽管在钱币的外形和纹饰上出现了一些变化，但仍较好地保持了四德拉克马的品质。

欧洲的情况则并不理想。公元前 3 世纪末，罗马在共和国时期就开始发行银币，并将其称为狄纳里，意思是“10”，也就是 1 狄纳里银币等于 10 阿斯铜币。罗马人最初将铜币作为基本货币，银币是后来传入的。与希腊人不同，罗马的铸币权很早就由国家开始垄断，这一点尤其体现在其铜币的发行上。在银币方面，罗马人采用了相同的办法，不断将其减重或是掺入铜等其他金属，但使其名义价值不变，银币的足值不再获得保证，逐渐走向虚币，这一点在欧洲尤其明显。之所以如此，是因为银币主要在国内的日常贸易中使用。根据格雷欣法则，在国内的贸易中，低质量的货币会驱逐走高质量的货币。国内的银币会逐渐朝不足值以及减重的方向发展。

阿拉伯帝国的银币传承自萨珊波斯的银币。最初其纯度很高，并且重量也统一。但是经历了几百年的发展之后，其纯度开始下降，并且重量标准也开始混乱。但银币一直是国内贸易的重要流通手段以及价值尺度。

例如，阿拔斯王朝的奠基者曼苏尔把自己的新都城巴格达称为“和平城”（Dar al-Salam）。曼苏尔建设这个新的首都共用了四年时间，花费大约 488 万狄尔汗。[①] 哈伦·拉希德在位时注重兴修水利，发展农业。他曾耗资 2000 万狄尔汗，开通噶图尔河与阿布·贾赫勒河。[②] 再如，哈伦·拉希德每餐必有 30 样佳肴，每日餐费 1 万狄尔汗。麦蒙每日餐费 14.4 万狄尔汗。[③] 艾敏时代，王朝就已经非常富裕。在某个晚上，哈里发赏赐给他的以唱歌为业的叔父 30 万第纳尔。他的这位叔父曾多次获得赏赐，共计 2000 万狄尔汗。[④] 当时塞瓦杜地区一年的总收入是 1.3 亿狄尔汗，法尔斯的总收入是 2400 万狄尔汗。哈里发穆台瓦基里，即便是处在偏安的萨马拉，仍然修建了十分宏伟的建筑群。在这些建筑群中，新娘宫耗资 3000 万狄尔汗，希达尼宫耗资 1000 万狄尔汗……总共耗资 2.94 亿狄尔汗。[⑤]

---

① ［美］菲利浦·希提：《阿拉伯通史（第十版）》，马坚译，新世界出版社 2008 年版，第 266 页。

② 哈全安：《哈里发国家史》，天津人民出版社 2016 年版，第 198 页。

③ 纳忠：《阿拉伯通史》（上卷），商务印书馆 1997 年版，第 535 页。

④ ［美］菲利浦·希提：《阿拉伯通史（第十版）》，马坚译，新世界出版社 2008 年版，第 276 页。

⑤ ［埃及］艾哈迈德·爱敏：《阿拉伯伊斯兰文化史》（第 5 册），史希同译，商务印书馆 2019 年版，第 107 页。

曼苏尔修建巴格达城时，一个瓦匠师傅每天的收入大约是 1 狄尔汗，而小工的工资大约是 1/3 狄尔汗。差不多同一时期，步兵的年饷是 240 狄尔汗，而骑兵的年饷大约是 480 狄尔汗。[①]

我们还可以做进一步的对比。中世纪，木伊兹在巴格达建造了一座豪宅，耗资 1300 万狄尔汗。[②] 从另一个极端来说，有位立志修身养性的人，拒绝了哈里发赠送的 1000 枚金币，而在一个月中，只花了 1.75 个狄尔汗。[③]

四、铜币作为小额辅币

在古代阿拉伯帝国，货币分为两类：一类名为“naqd”，包括金币和银币；另一类被称为“fulus”，是指铜币弗鲁斯。铜币由贱金属制造，通常为铜。铜币按照面值流通，也就是通过计数确定价值。铜币通常用于小额交易，而且往往具有地域性。[④]

尽管铜币本身价值低，但是铜币作为辅币的功能十分重要。历史上，铜成为一种称量货币，也许更早。在古代罗马早期，人们通过铜与秤这种特殊的交易模式来完成重要的交易。因此，铜首先作为称量货币存在。由于铜的价值低，因此早期的铜币都会

---

① ［美］菲利浦·希提：《阿拉伯通史（第十版）》，马坚译，新世界出版社 2008 年版，第 296 页。

② ［埃及］艾哈迈德·爱敏：《阿拉伯伊斯兰文化史》（第 6 册），赵军利译，商务印书馆 2019 年版，第 16 页。

③ ［埃及］艾哈迈德·爱敏：《阿拉伯伊斯兰文化史》（第 2 册），朱凯、史希同译，商务印书馆 2019 年版，第 147 页。

④ Norbert Oberauer, “Money in Classical Islam: Legal Theory and Economic Practice”, *Islamic Law and Society*, Vol. 25, No. 4(2018), pp. 427–466.

出现大体量的现象。例如，古代罗马的重阿斯，重量为 1/10 罗马磅；中国的布币，也有较重的重量。这是由于早期货币大概只用于较为重要的大型交易中。

此后，铜币出现了小额化的趋势，这与货币经济的不断深入有关。作为辅币，铜币往往有多种面值。铜币和银币之间的价值关系，都由法律确定，或者以政府信用为担保。例如，阿拉伯帝国呼罗珊省发行的地区铜币弗鲁斯，明确标注“1/120”狄尔汗，这说明了该种铜币的价值由政府保证。因而,在铜币上标注价值,是古代世界的通行做法。古代罗马帝国及拜占庭的铜币，以及可以看作铜币的所谓银币上，都会标注其价值。

在东方的中国,铜钱最初也是标注价格的,如“半两”“五铢”。阿拉伯帝国兴起时，中国正处在唐朝时期。公元 621 年，唐高祖废除在中国沿用 800 多年的五铢钱，而开铸“开元通宝”。《旧唐书·食货志》载：

高祖即位，仍用隋之五铢钱。武德四年七月，废五铢钱，行开元通宝钱，径八分，重二铢四絫，积十文重一两，一千文重六斤四两。

由此可见，唐朝尽管发行了新的铜币——开元通宝，但仍然沿用此前的铜钱制度作为基本的货币制度。由于铜本身的价值有限，铜币作为法定流通货币，依赖于国家信用与国家强制力发挥职能，故而属于一种信用化的金属货币。中国自秦汉以来，采用半两、五铢钱，本身以重量单位作为货币单位，但在这 800 多年的过程中，金属货币信用化程度不断提高，金属货币的价值已经与其重量在一定程度上脱钩，换句话说，五铢抑或四铢，并不决定其价值，因而也就完全可以不在钱币的名称中加入重量单位，而仅以“通宝”命名。通宝的价值由法律规定。这一命名方式一直延续到清末。

铜币使用得越普及，说明一个地区的货币化程度就越高，货币经济就越发达。这是因为，铜币本身价值低，发行量大，百姓在小额交易中都可以使用铜币。而金币和银币都异常珍贵，尤其是金币，其并非日常交易的流通手段。如果一个国家仅有金币，是不可能存在十分普及与深入的货币经济的，百姓之间的交易恐怕还是要依靠以物易物。

第二节 支付手段

一、政府税收与支出

财政是一个国家的政府通过税收获取一部分国民收入，并将其再分配的行为。在古代阿拉伯国家，已经形成了较为成熟的财政制度，并在此基础上形成了诸多有关财政的理论认识。无论是哈里发还是伊斯兰学者都较为关注税收问题。许多观点，在今天看来，不仅有理论上的超前性与科学性，还体现了他们对民生的关怀。例如，四大哈里发之一的阿里曾致信税务官员说：“你们要将心比心，公正地对待人们。要忍耐，你们是大众的保管、民族的代表、领袖的使者。你们绝不可假公济私。不能因为收缴税款而逼迫人们典当衣服、卖耕地用的牲畜和奴隶，也不可以因一个狄尔汗而殴打任何人。”①

依据伊斯兰教义，穆斯林首先要缴纳“天课”，这是政府税收的来源之一。《圣训》载：“安拉规定他们每昼夜礼五番拜功；如果他们服从了，你再告诉他们，安拉规定他们缴纳天课。取之于他们中的富人，用之于他们中的穷人。”关于缴纳天课的数额，《圣训》载：“你们当纳银子的天课，每四十块纳一块，一百九十块不纳课（因二百块够满贯）；如果到达二百块，则从中纳五块。”由此可见，天课的税率是1/40。

传统上，伊斯兰政权下有两种最重要的税收，一是人丁税，二是土地税。这两种税收都是以货币的形式支付的。

关于人丁税（*jizyah*，吉兹耶），《古兰经》云：

当抵抗不信真主和末日，不遵真主及其使者的戒律，不奉真教的人，即曾受天经的人，你们要与他们战斗，直到他们依照自己的能力，规规矩矩地交纳丁税。（9：29）

公元633年，穆斯林首次攻占幼发拉底河下游的重镇希拉，之后规定该地的全体居民每年向哈里发缴纳8万狄尔汗作为赋税。公元637年再次攻占希拉以后，赋税总额增致19万狄尔汗。在伊朗，霍尔姆次吉尔德的全体居民每年向哈里发国家缴纳100

---

①　贾比尔·古麦哈：《四大哈里发论集》，潘世昌、赵新霞译，甘肃人民出版社2012年版，第287页。

万狄尔汗赋税，莱伊每年缴纳 50 狄尔汗，扎兰吉每年缴纳 100 万狄尔汗，阿比沃德每年缴纳 40 万狄尔汗，纳萨每年缴纳 30 万狄尔汗，突斯每年缴纳 60 万狄尔汗，木鹿每年缴纳 125 万狄尔汗，木鹿—卢泽每年缴纳 60 万狄尔汗，巴里黑每年缴纳 40 万狄尔汗，哈拉特每年缴纳 100 万狄尔汗，内沙普尔每年缴纳 70 万狄尔汗。[①]人丁税通常以货币计算，并以货币收取。[②]

关于土地税，《古兰经》中称其为“报酬”（*kharāj*，哈拉吉）。《古拉经》云：

难道你向他们索取报酬吗？你的主的赏赐是更好的，他是最善于给养的。（23：72）

这里，“报酬”应解释为索取传教的代价，即赋税。[③]穆斯林从拜占庭手中夺取叙利亚和埃及之后，仍沿用那里的拜占庭省政府体制，仅仅是加上了真主的名义而已。而在波斯的故土上，对于地方行政机构，也没有进行根本的变革。在这些新获得的领土上，之前就没有统一的税则，这是因为此前土地的丰沃程度不同。[④]实际上，初期的几位哈里发和穆斯林长官在财税制度方面

① 哈全安：《哈里发国家史》，天津人民出版社 2016 年版，第 184 页。

② Maya Shatzmiller, “Economic Performance and Economic Growth in the Early Islamic World”, *Journal of the Economic and Social History of the Orient* , Vol. 54, No. 2(2011), pp. 132–184.

③ 伊斯梅尔·马金鹏：《〈古兰经〉译注》，宁夏人民出版社 2005 年版，第 433 页。

④ ［美］菲利浦·希提：《阿拉伯通史（第十版）》，马坚译，新世界出版社 2008 年版，第 155 页。

的创新是有限的。土地税的制定始于欧麦尔时代。欧麦尔对此说得很清楚："缴纳保护税的顺民是大地的建设者，他们最了解土地，最能开发利用土地。"因而，土地不得作为战利品分配，如果分配了，之后的穆斯林就什么也得不到了。[①]由于阿拉伯帝国土地辽阔，各地情况均不相同，故土地税的情况十分复杂。一是高额土地税。异族穆斯林耕种公地者，按单位面积征收地租或实物地租缴纳高额土地税，最初税额一般为收成的40%—50%，后来多改为征收货币。二是低额土地税。阿拉伯穆斯林耕种公地的，缴纳低额土地税。非穆斯林若不耕种土地，仅缴纳人丁税；若耕种公地，则缴纳高额土地税。

倭马亚王朝为了获得土地租税，开始丈量土地。过去曾经免税的土地，在经过丈量之后，都需要交税。根据历史学家的记载，在伊拉克地区，土地丈量之后所获得的税收，扣除军饷、军需外，一年剩下100万狄尔汗。伊拉克的土地丈量，也促使埃及地区重新丈量尼罗河两岸的土地。[②]倭马亚王朝初期，全国土地税总额大约500万狄尔汗。[③]

公元8世纪初，伊拉克的铁腕总督哈查吉为了开源而进行财税改革，废除了过去"新穆斯林"免缴人丁税的规定，并把阿拉伯大臣、贵族、地主的土地租税从原来的低额土地税调整为高额土地税。此项改革引起了帝国内部的动荡。欧麦尔二世继位后，

---

① 贾比尔·古麦哈：《四大哈里发论集》，潘世昌、赵新霞译，甘肃人民出版社2012年版，第120—121页。

② 纳忠：《阿拉伯通史》（上卷），商务印书馆1997年版，第325页。

③ 纳忠：《阿拉伯通史》（上卷），商务印书馆1997年版，第312页

于公元 718 年又进行了相反的改革：他废除了哈查吉的法令，恢复了“新穆斯林”免缴人丁税的规定，阿拉伯穆斯林仍照旧缴纳低额什一土地税，禁止再将高额土地税的土地出卖或转让给阿拉伯穆斯林。而高额土地税的土地，属于全体穆斯林共有，穆斯林可以租用，但不能占有，租用此项土地的，无论是穆斯林还是非穆斯林，也不管是阿拉伯人还是非阿拉伯人，一律缴纳高额土地税。欧麦尔二世的改革尽管受到异教徒的欢迎，使伊斯兰教的信众大幅增加，但是却使国家岁入锐减。尽管他的初心是善意的，却并不成功。他在位仅两年半就忧郁而亡。①

在理论上，古代阿拉伯学者对税收问题有深刻的见地。阿拔斯王朝的学者艾布·优素福知识积淀深厚，尤其在伊斯兰教法学方面造诣精深。他是三朝元老，曾任法官（卡迪）。② 哈里发每次遇到重大的政治、财政和国家管理上的问题，都要咨询他的意见。艾布·优素福曾撰写《致拉希德的税赋论》，此书又以《哈拉吉》之名传世。在《哈拉吉》一书中，除导言外，分别论述了国家的收支分配、税收、衍生产品的其他税收、公共管理和土地租赁等问题。艾布·优素福被认为是使伊斯兰经济研究走向科学的第一人。具体来说，艾布·优素福反对欧麦尔时期一直沿用的土地固

① 纳忠：《阿拉伯通史》（上卷），商务印书馆 1997 年版，第 326—329 页。

② “法官”（qadi），意思是教法执行官，又称教法官，是指根据伊斯兰教法进行宗教审判的人。法官除办案之外，还负责管理宗教基金、孤儿财产、为无依靠的妇女草拟婚约、主持婚丧仪式等。在多种教法学派并存的城镇中，常有各派的教法官。中国元朝有中央设立的“哈的”，称“回回掌教哈的所”。参见金宜久主编：《伊斯兰教小辞典》，上海辞书出版社 2006 年版，第 287 页。

定税率，而建议采用比例税。他认为，对粮食或货币征收固定的税率对于苏丹与国库都不宜，同时也伤及作为纳税人的农民。当时，农民为避税而出逃的现象十分普遍。在埃及，穆斯林征服初期时的土地税为每单位面积 1 第纳尔，而阿拔斯王朝时代则普遍超过 2 第纳尔。根据公元 868 年的当地文书记录，相同面积的土地税涨至 16 第纳尔。[①] 埃及总督库拉·沙力克曾设立专门机构，追捕弃田出逃的农民，并且规定如果弃田出逃，罚款 5 第纳尔，责打 40 皮鞭，如果有人庇护弃田出逃的农民，罚款 10 第纳尔。[②] 艾布·优素福认为，最好的方法是根据土地产量或谷物产量制定一种公正、低廉的税率，这将保证纳税人免受暴乱与来自他者的剥削，并留给他们一定的份额，既增加了国家的收入，也使纳税人免受征税长官的剥削。[③]

阿拔斯王朝哈伦·拉希德主政时期，在艾布·优素福的帮助下，对税赋进行了改革。哈伦·拉希德采纳了艾布·优素福的建议，废除了传统的土地固定税，而采取比例税。例如，在库姆地区，每单位面积小麦的税收从公元 804 年的 15.16 狄尔汗降到公元 904 年的 3.16 狄尔汗。[④] 总体来说，当时国家的税收主要包括 11 种：① 伊斯兰宗教税“天课”（则卡提）和“布施”（萨

---

① M. P. Holt, A. K. S. Lambton, B. Lewis, *The Cambridge History of Islam*, Vol.1A, Cambridge University Press, 1970, p.177.

② 哈全安：《哈里发国家史》，天津人民出版社 2016 年版，第 199 页。

③ 马玉秀：《伊斯兰经济思想概论》，上海社会科学院出版社 2013 年版，第 95 页。

④ ［美］理查德·W. 布利特：《9—12 世纪伊朗的棉花、气候与骆驼》，孙唯瀚等译，北京大学出版社 2022 年版，第 49 页。

德嘎）；② 人丁税（吉兹耶）；③ 土地税（哈拉吉）；④ 海洋出产税；⑤ 船舶什一税；⑥ 矿产什一税；⑦ 海关税；⑧ 铸造业税；⑨ 工业税；⑩ 所得税；⑪ 其他。其中，土地税是国家的主要收入来源。[①] 哈伦・拉希德时代，国家岁入共计 7015 万第纳尔。[②]

除了统一获得各种税收收入，国家也通过贡赋获得收入。尤其是当某个家族割据一方时，中央王朝便采取收取贡赋的方式分得该地区的收入。例如，公元 886 年，埃及的图伦王朝统治者胡马拉维与阿拔斯王朝订立了 30 年的合约，约定图伦家族每年向阿拔斯王朝缴纳 30 万第纳尔贡赋。图伦王朝统治埃及的时间不过三十几年，但是使埃及获得了短暂的繁荣。在此前，埃及长期受阿拔斯王朝派来的总督盘剥，经济衰退，至公元 868 年阿拔斯王朝派去的征税官横征暴敛时,埃及的总税收只有 80 万第纳尔。[③] 公元 886 年阿拔斯王朝与图伦家族订立合约时，很有可能税收已不足六七十万第纳尔，或许是按照对半分的想法定下 30 万第纳尔的贡赋标准。但是经过几十年的治理，图伦王朝的岁入已经达到 430 万第纳尔。

国家收入也可以通过采邑制“伊克塔”获得。按照《古兰经》所述，土地属于国家所有。而采邑制“伊克塔”源于《古兰经》的相关启示。在先知穆罕默德时代，伊克塔首先表现为耕作权利的赐封。由于当时荒地居多，面积较小，处于自耕状态，受封者即

---

① 纳忠:《阿拉伯通史》（上卷），商务印书馆 1997 年版，第 508 页。

② ［埃及］艾哈迈德・爱敏:《阿拉伯伊斯兰文化史》（第 2 册），朱凯、史希同译，商务印书馆 2019 年版，第 125 页。

③ 哈全安:《埃及史》，天津人民出版社 2016 年版，第 23 页。

为直接生产者，而耕种土地则成为主要的生活来源。后来，更多的伊克塔表现为对土地收成份额的采邑，这就导致了受封者与直接耕种者之间的经济对立。[①] 倭马亚王朝时期，伊拉克有许多河流被巴士拉的显要人物所占有，这些河流大部分是分封的采邑。得到采邑的人将土地交给农民耕种，征收高额的土地税——哈拉吉，而自己只向国家缴纳较低的宗教土地什一税——欧什勒。与西欧的采邑制不同，阿拉伯的采邑是不能世袭的，获得采邑之后再卖出并不少见。例如，倭马亚王朝的穆阿维叶，曾经把两河之间的一大片土地分封给他的一个侄子，而穆阿维叶的这个侄子以 20 万第纳尔将土地卖给伊拉克总督。再如，倭马亚王朝初期，土地价格高涨，尔乃白·本·赛义德在获得库法城一片堆集垃圾的土地分封之后，花费 15 万第纳尔建造了一所豪华宫殿。[②]

对于阿拔斯王朝各地及全国收入，古达玛在当时有一番记录。古达玛在《〈税册〉及其编写》中对帝国境内全部县域的岁入做了记载。例如，他根据艾敏时期的一份税收记录，对统辖 40 多个县的塞瓦杜地区进行了详细的介绍，并对塞瓦杜地区的总收入总结道：

这样，除了巴士拉城的布施物，在塞瓦杜的总收入中，小麦 177000 库尔，大麦 99721 库尔，银币 8095800 狄尔汗。

谷物按居中的价格作价，即 2 库尔谷物，其中，1 库尔是小麦，1 库尔是大麦，共值 60 个金币第纳尔。若折合成银币，1 第

① 哈全安：《阿拉伯伊斯兰国家的起源》，天津人民出版社 2016 年版，第 159 页。

② 纳忠：《阿拉伯通史》（上卷），商务印书馆 1997 年版，第 324 页。

纳尔＝15 狄尔汗。这样，以上谷物共值 100361850 狄尔汗。再加上银币一项收入，共计 108457650 狄尔汗。再加上巴士拉城每年上缴的布施物 6000000 狄尔汗，这样塞瓦杜地区每年的收入共计 114457650 狄尔汗。[①]

我们虽然不能找到国家岁出的记录，但是可以看到这样一些数据，曼苏尔去世的时候，国库存款 6 亿狄尔汗和 1400 万第纳尔；拉希德去世时，国库存款超过 9 亿狄尔汗；穆克台菲去世时，国库里共计 1 亿第纳尔。[②]很明显，哈里发的财产是一直在增加的。

国家获取税收是最重要的财政收入，为保证财政收入的稳定与增长，国家不仅不应与民争利，且还要保护人民。中世纪伊斯兰学者伊本·赫勒敦在其《历史绪论》中认为，如果统治者将财政收入与他从商业活动中获取的利益加以对比，就会意识到后者要远远少于前者，统治者要想增加财政收入，税收不失为上策。统治者只有公平对待人民，并关心他们，才能激发民众的工作热忱，进而增加财政收入。[③]伊本·赫勒敦还认为，国家建立之初，公民应当承担较轻的适量税赋，以后再逐步增加税赋负担。国家税收的增长，应与个人的税赋成反比，公民个人的税赋越轻，国

① ［阿拉伯］伊本·胡尔达兹比赫：《道里邦国志》，宋岘译注，华文出版社 2017 年版，第 218 页。

② ［美］菲利浦·希提：《阿拉伯通史（第十版）》，马坚译，新世界出版社 2008 年版，第 291 页。

③ 马玉秀：《伊斯兰经济思想概论》，上海社会科学院出版社 2013 年版，第 147—148 页。

家的总税收就越多，反之亦然。[①]

对于财政支出，伊斯兰学者很早就认识到财政支出对于国民经济的重要性，这一点更是反映出伊斯兰经济思想中的理论超前性。伊本·赫勒敦认为，国家和国王本身就是最大的市场，一旦这个市场出现萧条和经济萎缩，其他市场就会出现同样的连锁反应，情况可能会更糟。他认为，货币应该是在国王和臣民之间流动的，如果国王将货币扣留在自己手中，留置不用，则臣民无钱可花。于是，社会整体的开支便会减少，商店的盈利也会相应地减少。受此影响，人们上缴的人丁税自然也会减少，因为无论是人丁税还是其他税收，都源自人们的生产经营活动，以及市场价格与人们对盈利和利润的追求，随着上缴人丁税的减少，国库将会亏空，国王的钱财肯定会减少。政府将公共资金用于购买商品、服务和对一部分臣民提供财政援助，有助于活跃市场、实现经济增长。[②]

二、穆斯林年金与年俸

最初，四大哈里发都是生活俭朴的典范。例如，伯克尔过的是族长的俭朴生活。在他任期的前六个月时间里，他和他的妻子住在麦地那郊区松哈一所简陋的房子里，他每天到首都麦地那去办公，早出晚归，习以为常。他没有什么薪俸，因为在那个时候国家没有收入。到了欧麦尔时期，征战中已经获得了大量战利

① 马玉秀：《伊斯兰经济思想概论》，上海社会科学院出版社 2013 年版，第 153 页。

② 马玉秀：《伊斯兰经济思想概论》，上海社会科学院出版社 2013 年版，第 148 页。

品。[①]欧麦尔说："信士们啊！难道我不是你们的管理者，并以真主委托给我的权力处理了你们的一切事务吗？我为你们的战利品、房屋做了公平的分配，并如实地交到了你们手中。"[②]于是，阿拉伯人在征战后将获得的动产和俘虏作为战利品分配给战士们，收入就来自战利品。而获得的土地和老百姓交出的钱财，构成公产，为全体穆斯林所共有。对此，《古兰经》云：

你们应当知道：你们所获得的战利品，无论是什么，都应当以五分之一归真主、使者、至亲、孤儿、赤贫、旅客，如果你们确信真主和两军交锋而真伪判分之日，我所启示我的仆人的迹象。真主对于万事确是全能的。（8:41）

凡是耕种公产的人都需要交纳土地税。哈里发欧麦尔说："我认为把土地留给多神教徒，让他们缴纳土地税、保护税，以作为穆斯林及他们后代的战争和生活所需，你们说这不是一个办法吗？一些人不从事耕作不是必要的吗？给叙利亚、库法、巴士拉、埃及半岛的居民提供生活之资不是必需的吗？如果把多神教徒的土地当作战利品分掉的话，这些人需要的一切又从哪里来呢？"[③]就这样，按照欧麦尔的办法，国家的岁入全部存入国库，各种费用

① 张永庆、马平、刘天明：《伊斯兰教与经济》，宁夏人民出版社 1994 年版，第 311 页。

② 贾比尔·古麦哈：《四大哈里发论集》，潘世昌、赵新霞译，甘肃人民出版社 2012 年版，第 67 页。

③ 贾比尔·古麦哈：《四大哈里发论集》，潘世昌、赵新霞译，甘肃人民出版社 2012 年版，第 161 页。

由国家支出。每年的盈余部分，则完全分配给全国的穆斯林。这就是穆斯林的年金制度。欧麦尔的这个方案，是从波斯人那里借鉴的“迪瓦尼”（*diwan*）制度。“迪瓦尼”是管理国家财务和战士与公职人员的机关。同时，它还有更广泛的职能，如管理国家的收支，登记领取年俸的官兵的花名册，估计他们的生活需要，制定他们的年俸多寡，管理各种档案。[①]年金都以货币的方式支付。例如，先知穆罕默德的寡妻每年获得年金12000狄尔汗；迁士和辅士们的年金，为4000—5000狄尔汗。阿拉比亚的各部族中，每个战士至少可以分到500—600狄尔汗，而妇女、儿童和非阿拉伯人的穆斯林平民也将分到200—600狄尔汗。[②]穆阿维叶善于用金钱收买人心，他废除了欧麦尔的法令，为了安抚阿里家族及其部下，把阿里的长子哈桑和次子侯赛因的年俸，从原来的5000狄尔汗增加到100万狄尔汗，增加了近200倍。为了拉拢先知的伯父阿拔斯家族，穆阿维叶把阿拔斯的儿子阿卜杜拉的年俸同样增加到100万狄尔汗。对一切可以网罗的圣门弟子，甚至学者、诗人，穆阿维叶都以重金收买。除此之外，穆阿维叶的金钱作用，还远达半岛上边远的游牧部落。尤其是也门诸部落，英勇善战，穆阿维叶鞭长莫及，只能采取利诱的方式，促使其忠实于自己。[③]

关于官员的年俸，法蒂玛王朝木伊兹时期，曾聘请了一位犹太人做宰相。这位名叫雅各·本·基利斯的犹太人原本信奉基督

---

① 纳忠：《阿拉伯通史》（上卷），商务印书馆1997年版，第209页。

② ［美］菲利浦·希提：《阿拉伯通史（第十版）》，马坚译，新世界出版社2008年版，第156—157页。

③ 纳忠：《阿拉伯通史》（上卷），商务印书馆1997年版，第244页。

教，后来皈依伊斯兰教。他深受木伊兹信任，年俸达到10万第纳尔。[①]我们可以对此略加对比。唐朝开元年间，一品大员的月俸为54333文铜钱，[②]因此年俸为651996文。如果按照6000文一两黄金计算，651996文铜钱大约合黄金108两，折合432克，也只相当于100个第纳尔金币而已。如果按照白银每两1000文计算，年俸651996文大约合白银652两，折合2608克，相当于878个狄尔汗银币。这样数量的金币和银币只是略高于每个阿拉伯战士每年分得的年金而已。唐代诗人白居易在《常乐里闲居偶题十六韵》中有一联："俸钱万六千，月给亦有余。"《册府元龟》亦载："校书正字等各十六贯。"也就是说，时任秘书省校书郎的白居易每月俸禄1.6万钱，即16贯，年俸约19.2万钱。又作《醉后走笔酬刘五主簿长句之赠》，其中一联："月惭谏纸二百张，岁愧俸钱三十万。"《册府元龟》又载："拾遗等各三十贯文。"也就是说，其作拾遗时岁入为30万钱。[③]

三、将士军饷

在古代世界，货币的发行主要是出于军事目的，这在罗马是显而易见的事情。在近代福利国家出现之前，军费开支一直是任何

① ［埃及］艾哈迈德·爱敏：《阿拉伯伊斯兰文化史》（第5册），史希同译，商务印书馆2019年版，第91页。

② 彭信威：《中国货币史》，上海人民出版社2015年版，第265页。

③ 唐代俸禄自开元二十四年六月以后，本应以月计，此处只是为了与诗句中"月惭"避免重复而已。参见陈寅恪：《元白诗中俸料钱问题》，载《金明馆丛稿二编》，生活·读书·新知三联书店2009年版，第69页。

文明或国家预算中开销最大的项目，且远超其他。因此，把货币和国家开支联系起来，也就等同于把货币和军费联系起来。从比例上说，所有其他方面的支出与军费相比都相形见绌。历史上，大规模的货币发行通常与战争有关。例如，罗马共和国与迦太基共和国的第二次布匿战争和同盟者战争、亚历山大大帝及其继业者的战争。[①] 在古代阿拉伯帝国，曾经的制度是每年 4 次从国库领取现金，并随时补充足够的给养。一旦有突发事件，就有一定数量的军队上阵。征税官收到的税款送到国库，这些钱每 3 个月一次发给侍卫和部队，它们被称为"比斯特噶尼"（bīstānī）。[②]

倭马亚王朝的军队，在总体的编制方面效仿拜占庭，将军队分为中锋、左翼、右翼、先锋、后卫。这种总的制度，延用到最末的哈里发麦尔旺二世（公元 744—750）的时代。在大马士革驻防的军队，主要是叙利亚人和叙利亚化的阿拉伯人。巴士拉和库法供应东方各省所需的军队。在苏福彦的时代，常备军的人数是 6 万人，军费的开支是 6000 万狄尔汗，包括军属的生活费。到了叶齐德三世（公元 744 年）时，减少了 10% 的军费。[③] 也就是说，在倭马亚王朝时，军队中每个人平均的军费是 1000 狄尔汗，而到了后期则减少到 900 狄尔汗。

---

① ［比利时］弗朗索瓦·德卡拉塔：《货币及其理念：国家控制和军费开支》，载［美］比尔·莫勒主编，［德］斯特凡·克姆尼切克编：《货币文化史 Ⅰ：希腊罗马时期钱币的诞生与权力象征》，侯宇译，文汇出版社 2022 年版，第 70—71 页。

② 尼扎姆·莫尔克：《治国策》，蓝琪译，商务印书馆 2013 年版，第 139 页。

③ ［美］菲利浦·希提：《阿拉伯通史（第十版）》，马坚译，新世界出版社 2008 年版，第 207—208 页。

但是严格来讲，阿拉伯的哈里发帝国，从未保持一支庞大的常备军，也就是有严密组织和严格训练的正规军队。哈里发的禁卫军，几乎是唯一的正规军队，这支正规军队构成核心。核心之外有从本部族族长指挥下的各部族的部队。此外，还有雇佣军敢死队，以及从各部族和地区征募来的部队。常备军（jund）叫作雇佣军（murtaziqah），也就是按月领饷者，他们由政府提供粮饷。其他的部队叫作志愿军（mutaṭawwi ‘ah），即只在服役期间领取口粮者。志愿军是从贝都因人、农民和城市居民中征集来的。禁卫军的饷银是比较高的，装备也是比较好的。在阿拔斯王朝第一位哈里发的时代，步兵的饷银，除通常的口粮和津贴外，平均每年约960狄尔汗，骑兵的饷银加倍。在麦蒙时期，也就是阿拔斯王朝最强盛的时期，伊拉克地区的部队总计12.5万人，步兵每年的饷银只有240狄尔汗，骑兵的饷银加倍。[①] 穆克塔迪尔当政期间，哈里发政府每年向雇佣军支付100万第纳尔，而军饷的拖欠常常导致雇佣军的骚乱。此后，为了满足突厥军人的军饷，用尽国库所有，以致民穷财尽。[②]

白益王朝德拉姆人组成的步兵每人每月领取6第纳尔军饷，突厥人组成的骑兵每人每月领取40第纳尔军饷。[③] 雇佣军时常为了应付某一次战役，而政府需要为这次战役单独埋单。公元968年，法蒂玛王朝第四代哈里发木伊兹筹集军费2400万第纳尔派

① ［美］菲利浦·希提：《阿拉伯通史（第十版）》，马坚译，新世界出版社2008年版，第296页。

② 纳忠：《阿拉伯通史》（上卷），商务印书馆1997年版，第601页。

③ 哈全安：《哈里发国家史》，天津人民出版社2016年版，第193页。

大将昭海尔对埃及发起总攻。由于当时形势对法蒂玛人采取军事行动有利，再加上昭海尔足智多谋、敏于韬略，埃及被一举拿下。[①]

阿拔斯王朝兴起于波斯故地呼罗珊，其最重要的正规军——禁卫军主要由呼罗珊人构成。而到了穆尔台绥姆时期，则又增加了一支新的禁卫军，也就是突厥奴隶军。这支新的禁卫军，不久就成了首都巴格达的恐怖因素。以至于公元 836 年，哈里发不得不建新都。自从有了外籍军事单位，阿拔斯王朝的军事力量就开始衰退了。与外籍军事单位相伴的是包税政策的实行。包税的主要对象是土地税。商人艾哈迈德·穆罕默德曾经以每年向哈里发缴纳 250 万第纳尔作为条件，获得在伊拉克征税的权力。公元 905 年，王朝收复叙利亚和埃及以后，伊拉克商人麦扎拉依获得在前述地区征税的权力，条件是每年向哈里发缴纳 100 万第纳尔并且负担该地区的军饷支出。[②]后来，穆格台底儿（公元 908—932 年）把各省的税赋包给各省的地方长官或者军事首长，以便他用本省的税收发饷，不再由空虚的国库发饷。

到了白益王朝掌权时代，士兵们的补助变成了小块的土地，而不是现金。这种制度，源自倭马亚王朝时代的军事伊克塔。穆阿维叶曾经将叙利亚北部的若干土地赐予战斗的穆斯林。阿拔斯王朝前期，军事伊克塔大都分布在哈里发无力控制的边缘区域。公元 9 世纪中叶以后，随着哈里发集权政治衰微，军事伊克塔逐渐增多，并从边远区域向内地扩展。穆尔台迪德曾经借助哈姆丹

① 纳忠：《阿拉伯通史》（下卷），商务印书馆 1997 年版，第 35 页。

② 哈全安：《哈里发国家史》，天津人民出版社 2016 年版，第 186 页。

人的支持击败库尔德人，并将摩苏尔一带赐予哈姆丹人的首领，条件是由后者继续向哈里发提供相应的军事力量。[①]当然，伊克塔并非阿拔斯王朝后期哈里发国家唯一的地产形式。公元911—932年，仅伊朗各地向巴格达缴纳的土地税便达到2300万狄尔汗。白益王朝时期，巴格达每年从各地征纳的土地税仍高达3亿狄尔汗。[②]在塞尔柱人掌权的时代，这种制度又得到了发展，后来就变成了惯例：地方长官或军事首长，接受几个城市或地区作为年金，他们以绝对的权力统治那些地方，每年向塞尔柱的国王缴纳贡税。在战争时期，他们指挥着由自己装备和供养的一定数量的部队。[③]波斯学者尼扎姆·莫尔克在写给塞尔柱苏丹的《治国策》中说，部队官兵必须按时领取薪饷。封主的薪饷当然完全由封地自己支付，对于不适合分配封地的那些侍卫，必须发给他们薪饷。根据部队人数制定出所需薪饷的数目，此后，应当把钱作为专款拨出，直到凑足全部军饷。军饷一定要严格定时发放，要么国王每年两次把军人召集到御前，要么下旨给他们发放薪金，而不是委托国库发放军饷，这样，军人未见到国王的面就直接从国库把薪金领走了。更好的是，国王应当亲自把钱发到军人手中，这会增强他们的效忠和依托之情，这样，他们在战时与和平时都会更加热情、更为坚定地履行职责。[④]有时军饷的支付并不一定是货币，也会有实物，

① 哈全安：《哈里发国家史》，天津人民出版社2016年版，第192页。

② 哈全安：《哈里发国家史》，天津人民出版社2016年版，第193页。

③ ［美］菲利浦·希提：《阿拉伯通史（第十版）》，马坚译，新世界出版社2008年版，第298页。

④ 尼扎姆·莫尔克：《治国策》，蓝琪译，商务印书馆2013年版，第139页。

而地方长官在获得实物后将其卖掉以获取货币。①

四、早期商业票据的兴起

早在伊斯兰教兴起之时，与货币相关的贸易就已经产生了，这种货币贸易并不仅限于兑换业务，还包括类似于汇票一样的票据业务。例如，某人从麦加收到了存款，然后给他在伊拉克的兄弟写了一个接收证明，当存款人到达伊拉克之后，便立即接收了这个兄弟所支付的存款。②在这个例子中，存款凭证可以在异地办理取款。

后来，由这种存款凭证发展起来的类似于现代支票的商业票据出现了。支票开始在某些场合替代货币成为一种支付手段。这可以从下面的小故事中看到：白益王朝贵族赛弗·道莱来到巴格达后，一日骑马闲逛，他手持长矛，一个小厮跟随伺候。当他路过哈高尼开设的奴隶街市时，见一处有女奴正在卖唱，便去听唱饮酒。店家并不认识他，但也好生伺候着。在赛弗·道莱要离去时，向店家要来纸，写下一张便条，放在笔匣内，便离店而去。众人打开笔匣，只见便条上写着：到某钱庄兑取1000第纳尔金币。③

阿拉伯人称支票为“苏福台斋”，源自波斯语。历史文献中记载，一位叫纳赛尔·海斯鲁的人收到了阿斯旺一位商人给他的

---

① 尼扎姆·莫尔克：《治国策》，蓝琪译，商务印书馆2013年版，第324页。

② 苏丁·哈伦、万·那索非则·万·阿兹米：《伊斯兰金融和银行体系——理论、原则和实践》，中国人民大学出版社2012年版，第29页。

③ ［埃及］艾哈迈德·爱敏：《阿拉伯伊斯兰文化史》（第5册），史希同译，商务印书馆2019年版，第116页。

一张5000狄尔汗的支票，标明由位于红海北端港口伊扎布的一个代理商人代办支付事宜。支票上写着“请按照纳赛尔所要求的数额支付给他并给他上账”。另一则文献则记载了一个商人持有一张42000第纳尔的支票。这些历史记载表明，阿拉伯人已经将支票的使用引入了商业活动。当时的兑换商、代理人起着今天银行的作用。[①]“苏福台斋”其中一种形式为“哈瓦莱”，即债务人可将债务转移给自己的债务人或另一位有能力支付最初债权人的人。“哈瓦莱”至少包含了三方关系，其中的法律关系类似于现代的汇票。[②]

以贸易为目的的支票的使用在巴格达成为一个标准，因为有关印章和证人在这里已经形成了规矩。

在巴士拉，支票在各个市场中也被广泛使用。11世纪上半叶，一位波斯旅行者记述了自己的经历，他在一整天中去了巴士拉的三个不同的市场，贸易和商业活动在每个市场中都用货币交易商发行的支票进行。这些支票可以用来购买他所需要的任何物品。只是这些支票只能在巴士拉使用。[③]但是，这种支票只能看作银行存款的凭证，而非通货本身，它们所代表的银行存款才是通货。

汇票除了可以兑换货币之外，还可以兑换实物。例如，据史

---

① ［埃及］艾哈迈德·爱敏：《阿拉伯伊斯兰文化史》（第5册），史希同译，商务印书馆2019年版，第225页。

② 马玉秀：《伊斯兰经济思想概论》，上海社会科学院出版社2013年版，第79页。

③ 苏丁·哈伦、万·那索非则·万·阿兹米：《伊斯兰金融和银行体系——理论、原则和实践》，中国人民大学出版社2012年版，第30页。

料记载，花剌子模沙所受领的军饷，就是价值 6 万第纳尔的汇票。花剌子模沙将这些汇票在布斯特和锡斯坦两地兑换了五倍子、石榴、皮革、棉花之类的实物。获取实物后再将之卖掉，带着卖这些实物获得的 6 万第纳尔返回花剌子模。①

差不多在同一时期的中国北宋，纸钞“交子”诞生了。最初，交子是由四川的商人发行的，其目的是代替沉重的铁钱作为支付手段。由此可见，与伊斯兰世界一样，交子最初是作为存款凭证发行的。存款人凭借交子可以从铺户中取得存款，但是要缴纳 3% 的手续费（每 1000 文交纳 30 文）。后来，地方政府益州府整顿交子铺户，成立交子务作为管理机构，并“置抄纸院，以革伪造之弊”。同时，指定 16 家铺户专营交子。地方政府规定了发行交子的铺户本金为 36 万贯，首次发行官交子 126 万贯，准备金率为 36 万 ÷126 万 ≈29%。商人发行的交子，正式蜕变为政府发行的纸钞。

第三节　贮藏手段

一、货币作为贮藏手段的要求与特点

中世纪伊斯兰学者伊本·赫勒敦说，金子和银子是世界居民

① 尼扎姆·莫尔克：《治国策》，蓝琪译，商务印书馆 2013 年版，第 324 页。

主要储藏的财富。一个人如果获得的不是金银，他从市场上获得了非金银的财富，他的目的还是把这些收益换成金银，因为金银是最基本的财富和储藏。①货币因其属于财富的一种，故除作为一般等价物流通之外，还可以被贮藏起来。贮藏起来的货币仍然是货币，当被再次拿出来时，仍然可以被用作货币使用，这是货币履行贮藏手段职能的前提。

高纯度的金币和银币最适合履行货币的贮藏手段职能。这是因为，高纯度的金币和银币具有一些重要的特点。

首先是金币和银币在物理与化学上的稳定性。黄金和白银本身在物质上都属于化学性质稳定的金属，不易腐蚀，不易氧化。几千年以前的黄金出土后仍然熠熠生辉。这一点古人也颇为认可。尽管在《荷马史诗》的时代可以用作一般等价物的东西有很多，包括牛等牲畜在内，但人们贮藏的财富依然是黄金。从这一点来说，铜币、纸币、丝绸等都不具有这个特点。12 世纪的伊斯兰学者贾法尔·大马士基在其著作《概论商贸的益处》中认为，金的优点是不易腐，不像铁、铜那样易生锈，颜色像铅一样不会发生变化，但又不像铅那样脆弱，有可塑性，可任意造型，但价值不会损失，无味但外观亮丽，埋藏后价值和外表没有损失，能保留铸造时的印记。②

其次是金币和银币在价值上的稳定性。从历史角度讲，尤其

---

① 伊本·赫勒敦：《历史绪论》，李振中译，宁夏人民出版社 2015 年版，第 544 页。

② 马玉秀：《伊斯兰经济思想概论》，上海社会科学院出版社 2013 年版，第 126 页。

是黄金，从古至今一直具有较高的价值，它并没有因为现代科技的发达而变得廉价。相比较而言，许多在古代稀有的东西，现在不稀有了，因此也就缺乏价值稳定性。尤其是在货币的价值并非建立在法律的基础之上的早期社会，该物品用作其他目的的使用价值一定是其被用作货币的先决条件。[①]

最后是金币和银币在交易上的稳定性。由于黄金和白银本身具有价值，许多古代国家都将其作为货币；或是同一地区，改朝换代后，金币和银币依然是货币。所以即便是一个国家改朝换代，前朝的金币和银币依然能作为货币继续流通。而铜币、纸币等信用化货币，以及珠宝字画等，则不具有这个特征，这也正是体现了我们平时所说的“盛世买瓷器，乱世买黄金”。通常来说，越是材质低劣的钱币，民众就越不愿意贮藏，越是希望将其交换为其他商品。从这个意义上讲，这种行为趋势在总体上加快了货币流通速度，而贮藏货币则降低了其流通速度。

贮藏手段是货币的一项职能。这一点不同于贮藏珠宝。珠宝本身也具有价值，也具有稳定性，但它不是货币。贮藏珠宝只能说是贮藏财富，而不能说是贮藏货币。

二、哈里发的国库

在古代阿拉伯，国库来自税收，而税收的大部分来自土地税。国家收取税收的形式，既包括货币，也包括实物。货币税收在东

---

① ［英］威廉·斯坦利·杰文斯：《货币与交换机制》，佟宪国译，商务印书馆2020年版，第36页。

部主要为缴纳第纳尔金币，在西部主要为缴纳的狄尔汗银币。最初，每一加里布麦田征收 1 狄尔汗银币和 50 千克谷物。后来，欧麦尔发现有许多农民为了逃避交税而弃种谷物，于是规定凡种植谷物的土地，1 加里布土地征收 1 狄尔汗银币和 50 千克谷物；种植三叶草的土地，1 加里布土地征收 5 狄尔汗银币和 250 千克饲料；种植葡萄、椰枣和其他果树的土地，1 加里布征收 10 狄尔汗银币和 500 千克产品。到了奥斯曼哈里发时期，国库开始有了积累，他被刺杀的时候，遗留下 15 万第纳尔金币和 100 万狄尔汗银币。[①] 阿里当政期间，则根据土地的丰饶程度，划分了征税的等级。倭马亚王朝时期，国家收入主要依靠土地收入。阿拔斯王朝前期，土地收入继续成为国家收入的主要来源。哈伦当政时期，实物税收折合 1.3 亿狄尔汗银币，而货币税收折合 4 亿狄尔汗银币。而阿拔斯王朝后期，由于财政拮据，土地出售也成了国家的一项重要收入来源。[②]

王朝中央负责税收的是财政税务局，这一机构由宰相负责。军队的各项费用、国库的收支情况、对和平占领地区与武力占领地区在税收政策上如何区别对待、财务计算和登记方法以及规定等，都是宰相的职责事项。[③] 征收税赋是各省总督的核心任务。总督除用本省税款开支本地区的军政、宗教、水利等费用外，需

---

① 伊本·赫勒敦：《历史绪论》，李振中译，宁夏人民出版社 2015 年版，第 285 页。

② 哈全安：《哈里发国家史》，天津人民出版社 2016 年版，第 188—189 页。

③ 伊本·赫勒敦：《历史绪论》，李振中译，宁夏人民出版社 2015 年版，第 342 页。

要负责将税款解送中央。[①]

国库的支出主要包括军费、穆斯林的年金、官员俸禄。政府的财政支出包括修建清真寺和公共设施及其他福利事业。国库支出中有许多是以津贴的形式发放的。与阿拔斯人同宗的哈希姆族的成员，经常领到国库的大量津贴，直到公元 9 世纪上半叶穆尔台绥姆时期才废除这一惯例。[②] 穆斯林缴纳的天课，政府会用来救济贫民和孤儿，补助异乡人和志愿军，赎取奴隶和战俘。[③] 对于国库的收入与支出，11 世纪学者尼扎姆·莫尔克在《治国策》中认为，任何钱，如从各省收上来的税款，都将入库，而不能被兑换或兑现。于是，在规定时间内应付的款项，如奖金、工资和礼物的支付从来不会拖欠，国库总是在不断地得到补充。尼扎姆·莫尔克针对这个问题举了一个花剌子模沙的例子。阿尔顿塔西被任命为花剌子模沙，当时花剌子模的税收估计是 6 万第纳尔，而阿尔顿塔西的部队所要发的工资数是它的两倍。阿尔顿塔西上任一年后，一个人被派往花剌子模去收取税款。阿尔顿塔西派密使说，把花剌子模所负担的 6 万第纳尔直接分给他，作为他的部队的工资，以代替从枢密院拨给他的钱。当时的宰相得知后，立即回信说，阿尔顿塔西应当把收到的税款带来入苏丹的国库，在验过金的含量、称过重量和入库之后给一个收据，然后为阿尔顿

---

① 纳忠:《阿拉伯通史》(上卷)，商务印书馆 1997 年版，第 477 页。

② [美]菲利浦·希提:《阿拉伯通史(第十版)》，马坚译，新世界出版社 2008 年版，第 276 页。

③ [美]菲利浦·希提:《阿拉伯通史(第十版)》，马坚译，新世界出版社 2008 年版，第 290 页。

塔西及其部队的工资请款。[①]

从一些文献中我们可以看到阿拔斯王朝国库的大致规模。例如，阿拔斯王朝奠基者曼苏尔善于理财，重视节约。王朝初建，内乱频仍，他必须储备钱粮，以应付急需。他死后，国库留下了巨额财富，总计6亿狄尔汗银币、1400万第纳尔金币。[②]如果换算成重量的话，分别是1750吨白银、59.5吨黄金。穆拉希德去世时，国库存款超过9亿狄尔汗银币；穆克台菲去世时，国库里共计1亿第纳尔金币，[③]留下来的珠宝和香料价值2000万狄尔汗银币。

然而，1258年2月，旭烈兀率领的蒙古大军攻入巴格达。旭烈兀搜刮了宫中金珠，入后宫掠宫女700余人，又掘地寻宝，掳去金珠4000担。至此，阿拔斯王朝历代哈里发五百年积蓄被洗劫一空。[④]

三、黄金与金币

人们贮藏货币，实际上是将货币退出流通，市场上的通货会因此减少。中国古人将大量黄金等财富随葬，是市场上黄金流通减少的重要原因之一。同时，当人们将贮藏的货币拿出来使用时，市场上的货币就会增加。因此，贮藏货币具有调节市场货币量的功能。

---

① 尼扎姆·莫尔克：《治国策》，蓝琪译，商务印书馆2013年版，第324页。

② 纳忠：《阿拉伯通史》（上卷），商务印书馆1997年版，第504页。

③ ［美］菲利浦·希提：《阿拉伯通史（第十版）》，马坚译，新世界出版社2008年版，第291页。

④ 纳忠：《阿拉伯通史》（上卷），商务印书馆1997年版，第634—635页。

贵金属的熔铸也会对货币数量产生重要的影响。黄金既是一种商品，也是一种货币。如果 1 盎司黄金的价格正好等于 1 盎司金币的价格，则人们没有动力将金币熔化为黄金，或者是将金块铸成金币。如果金块的价格低于金币，则人们会有动力熔化金币为金块；相反，如果金块的价格高于金币，人们就会有动力将金块铸成金币。[①] 在古代阿拉伯帝国，从目前看到的文献看，阿拉伯人贮藏的黄金包括金币和金器。金器属于贵重物品的范畴，其作为珠宝的意义要大于黄金的意义。除此之外，阿拉伯人贮藏的其他财富均是宝石、珍珠、香料等。可见，阿拉伯人没有贮藏金块或金锭的习惯。他们更多的是将黄金铸成金币并使之流通。

除了对于利益的追求，贮藏金、银取决于金币和银币是否作为国家的法定货币，即国家是否允许金锭与银锭的流通。钱币就是重量和成色都业经压制在金属表面的、图案的完整性证明了的锭子。[②] 另外，还取决于国家是否对黄金与白银之间的价值做出了规定，抑或对金币与银币之间的兑换率做出了规定。拜占庭曾一度发行西力克银币。在这个时候，白银的价值被低估，相应地，黄金的价值被高估。于是，银币就渐渐退出市场，而被人们贮藏起来，黄金则逐渐被用来打制金币。到了后来，拜占庭又发行了一种米拉伦斯银币，此时，白银的价值又被高估，黄金的价值又被低估了。于是，更多的白银被用来打制为银币，而金币则

---

① ［美］欧文·费雪：《货币的购买力：它的决定及其与信贷、利率和危机的关系》，张辑译，商务印书馆 2021 年版，第 87 页。

② ［英］威廉·斯坦利·杰文斯：《货币与交换机制》，佟宪国译，商务印书馆 2020 年版，第 62 页。

渐渐退出市场，被贮藏起来。由此可见，政府通过规定金币与银币的法定兑换率，形成复本位制，黄金（白银）通过市场调剂，有时被贮藏起来，有时被用来流通。

在古代中国的情况则不相同。有大量证据表明中国唐宋时期存在用来作为价值尺度和支付手段以及贮藏手段的金锭和银锭。尽管如此，难谓金锭和银锭曾经作为流通手段被使用过。唐宋时期的金锭和银锭形制、规格尽管也比较整齐，但这是为了贮藏和支付的便利，而不是为了流通。其中的原因，应当是唐宋时期的铜钱具有法定货币的能力，无须黄金、白银的参与。金币和银币不是中国古代的法定货币，铸造者徒劳而无益。中世纪来自突尼斯的旅行家伊本·白图泰曾经在游记中记载，中国商人惯于将所有的金银熔铸成锭，每锭重 1 堪塔尔左右（即 1 两，50 克）。中国人交易时，不使用金银硬币，他们把得到的硬币熔铸成锭，如果携带金币、银币去市场上买东西，则无人接受。[①]类似的例子是，在伊斯兰教兴起之初，阿拉伯国家还不存在法定货币，当时的人们获得外国的金币后，往往是将其熔化为黄金贮藏起来。例如，穆罕默德的伯父阿拔斯是巨富，拥有大量金银货币。他最初反对先知，后来改奉伊斯兰教，并捐款 36.4 公斤黄金。

四、继承制度

无论是哪一个文明，私人财富的传承都需要通过继承制度完

① 伊本·白图泰：《伊本·白图泰游记》，马金鹏译，宁夏人民出版社 1985 年版，第 541—542 页。

成。遗产是个人生前遗留下来的财产，遗产继承也是货币履行贮藏手段职能的方式。伊斯兰教高度重视为继承人留有遗产而进行的储蓄。为实现这一目的进行适宜的储蓄，会受到安拉的喜悦，得到后世的回赐。只要与适度原则相适应，就不会谴责其储蓄动机，但谴责一种吝啬的生活以期富裕。[①]

白益王朝的阿杜德 · 道莱留下的财产，金币有 2875284 枚，银币有 100860790 枚。[②]艾布 · 侯赛因 · 阿里 · 本 · 艾哈迈德 · 拉西比曾任君底沙浦尔和马扎里亚的总督，于公元 913 年去世，他留给孙子们的遗产是：

第纳尔金币 445547 枚

狄尔汗银币 322237 枚

金器 43970 米思考

银器 1975 埃及磅

新鲜的沉香 4420 米思考

龙涎香 5020 米思考

麝香 860 纳菲加

零碎麝香 1600 米思考

伯尔麦克香料 1399 米思考

加利香料 366 米思考

金线织物 88 件

① 马玉秀：《伊斯兰经济思想概论》，上海社会科学院出版社 2013 年版，第 48 页。

② ［埃及］艾哈迈德 · 爱敏：《阿拉伯伊斯兰文化史》（第 5 册），史希同译，商务印书馆 2019 年版，第 114 页。

马鞍 13 套

大宝石 2 颗

珍珠 70 粒

马 135 匹

苏丹奴仆 114 名

白人娈童 128 名

罗马奴仆 19 名

全副武装的骑兵 40 名

各类衣物价值 2 万狄尔汗

快驼、驴 128 头

大帐篷 125 顶

驼轿 14 顶

陶土和精美的玻璃制品 14 箱[①]

从以上材料来看，只算黄金的话，如果 1 枚金币第纳尔按照 4 克计算，这位总督留下的金币（不含其他金器）共计 1782 千克，折合中国的 57000 多两。而清中期和珅被抄家时，共抄金元宝 100 个，每个 100 两，总共也只有 10000 两，是这位总督的 1/5 弱。

伊斯兰教继承制度的基础是《古兰经》。《古兰经》对继承制度有相当细致的规定。《古兰经》云：

男子得享受父母和至亲所遗财产的一部分，女子所得享受父

① ［埃及］艾哈迈德 · 爱敏：《阿拉伯伊斯兰文化史》（第 5 册），史希同译，商务印书馆 2019 年版，第 114 页。

母和至亲所遗财产的一部分，无论他们所遗财产多寡，各人应得法定的部分。

析产的时候，如有亲戚、孤儿、贫民在场，你们当以一部分遗产周济他们，并对他们说温和的言语。

假若自己遗下幼弱的后裔，自己就会为他们而忧愁；这等人，应当也为别人的孤儿而忧虑，应当敬畏真主，应当对临终的病人说正当的话。

侵吞孤儿的财产的人，只是把火吞在自己的肚腹里，他们将入烈火之中。

真主为你们的子女而命令你们。一个男子，得两个女子的分子。如果亡人有两个以上的女子，那末，她们共得遗产的三分之二；如果只有一个女子，那末，她得二分之一。如果亡人有子女，那末，亡人的父母各得遗产的六分之一。如果他没有子女，那末，只有父母承受遗产，那末，他的母亲得三分之一。如果他有几个兄弟姐妹，那末，他母亲得六分之一。（这种分配）须在亡人所嘱的遗赠或清偿亡人所欠的债务之后。你们的父母和子女，谁对于你们是更有裨益的，你们不知道这是从真主降示的定制。真主确是全知的，确是至睿的。

如果你们的妻室没有子女，那末，你们得受她们的遗产的二分之一。如果她们有子女，那末，你们得受她们的遗产的四分之一。（这种分配）须在交付亡人所嘱的遗赠或清偿亡人所欠的债务之后。如果你们没有子女，那末，你们的妻室得你们遗产的四分之一。如果你们有子女，那末，她们得你们遗产的八分之一。（这种分配）须在交付亡人所嘱的遗赠或清偿亡人所欠的债务之后。如果被继承的男子或女子，上无父母，下无子女，只有（同母异父的）更多的兄弟和姐妹，那末，他们和她们，均分遗产的三分之一。（这种分配）须在交付亡人所嘱的遗赠或清偿亡人所欠的债务之后，但留遗嘱的时候，不得妨害继承人的权利。这是从真主发出的命令。真主是全知的，是至容的。

第四节 国际货币

一、金币在国际贸易中的重要地位

在历史上，我们很少发现金币会出现不足值的情况。在亚历山大大帝征服之后，被称为斯塔特的金币开始在横跨亚欧的广大领域发行。亚历山大的斯塔特金币采取的是 8.48 克的柯林斯标准。而在这之前就已经产生了波斯的舍客勒重量，即 8.3 克左右的大流克金币。亚历山大的金币和波斯的大流克，重量较为接近，因为它们都是 1 弥那重量的 1/60（波斯 1 弥那的重量大约为 500 克，这一点似乎被亚历山大继承）。在此之后，罗马人比照这个重量在公元前 1 世纪后期发行了重量大约为 8 克的金币奥里斯，但这个重量的基础是 1/40 罗马磅（据称罗马人的 1 磅也是 1 弥那，但却只有 327 克左右）。公元 1 世纪，中亚的贵霜帝国发行的金币第纳尔，重量大约为 7.8 克左右。尽管金币的重量在逐渐降低，但始终围绕着最初的 8 克这一重量，也就是最基础的 1 弥那的重量的 1/60。我们可以将其看作金币在国际贸易中以一种大致相同的重量在欧亚大陆出现。

金币的高价值，决定了它不是人们日常生活中小额交易的手段，更多的是作为一种国际贸易的货币跨越国界流通。无论是政府发行金币，还是私人铸造金币，通常都会保证其金属价值，也就是保证纯度和重量。经济学家希克斯总结道，一系列辉煌的"重币"，从君士坦丁堡的索利多开始，继之以拜占庭的金币（见图 4-1）、阿拉伯的第纳尔和狄尔汗、佛罗伦萨的佛罗林、威尼斯的达克特，直到荷兰盾和英镑，这些重币若干世纪以来一直保持着它们的价值。① 从理论上讲，在国内贸易中，任何人若有权任意选择两种货币之一偿付债务时，经济的动机会促使他选择价低的货币。此时，良币有可能会被储藏起来，或投入铸币熔炉，或被输出境外。输出境外，则是因为国际贸易与国内贸易的情况相反，是收受方有权指定接受何种良币，外国人只接受价值最高的货币。② 这也就是为什么银币经常降低纯度，而金币则一直保持高纯度。在罗马帝国晚期，君士坦丁堡发行的金币上会写有"OB"字母，即"obryzum"——纯金。"OB"的前面还会加上代表君士坦丁堡

图 4-1　拜占庭优士丁尼索利多金币，4.45 克

① ［英］约翰·希克斯：《经济史理论》，厉以平译，商务印书馆 1987 年版，第 93 页。

② ［美］欧文·费雪：《货币的购买力：它的决定及其与信贷、利率和危机的关系》，张辑译，商务印书馆 2021 年版，第 101 页。

的“CON”。这两组字母连起来，我们可以理解为“来自君士坦丁堡的纯金币”。这一点很重要，它很明确地向使用者昭示着造币者对金币的品质保证。金币更多的是将财富数量化的产物。在国际贸易中,金币甚至可以不被看作货币的交换,而是真实财富的交换。

当然，金币除了在国际贸易中应用之外，在国内的大额支付中也作为支付工具被使用。例如，阿拉伯帝国当时一位高级官吏每天的薪水为 33.5 第纳尔，也就是每月 1000 第纳尔左右。埃及的总督每月薪水大约为 3000 第纳尔。[①] 另一部史籍中记载，一个曾为贵妇唱过歌的人给儿子留下了 4 万第纳尔的遗产。这个儿子长大成人后，花 1000 第纳尔买下了他家的旧宅；用 7000 第纳尔置办诸如地毯、衣饰类的豪华家具，并添置了男奴女婢；2000 第纳尔做经商的资本；另藏 1 万第纳尔以备急需；用 2 万第纳尔买了一座田庄留作后用。[②]

二、阿拉伯帝国兴起时的拜占庭金币

阿拉伯人兴起之际，正是拜占庭希拉克略皇帝及其子嗣执政的时代。在此之前是拜占庭辉煌的优士丁尼王朝时期。

希拉克略于公元 610—641 年在位。希拉克略去世后，他和第一任妻子的儿子继位，史称君士坦丁三世。君士坦丁三世在位仅 9 个月便去世了。此后希拉克略与第二任妻子的儿子希拉克洛

① ［埃及］艾哈迈德·爱敏：《阿拉伯伊斯兰文化史》（第 6 册），赵军利译，商务印书馆 2019 年版，第 17 页。

② ［埃及］艾哈迈德·爱敏：《阿拉伯伊斯兰文化史》（第 6 册），赵军利译，商务印书馆 2019 年版，第 24 页。

纳斯继位，但也仅在位几个月就被废了。于是，公元 641 年这一年拜占庭就有三个皇帝。希拉克洛纳斯之后，是君士坦丁三世的儿子康斯坦斯二世继位，直到公元 668 年。此时大体上是阿拉伯倭马亚王朝开始的时期。

图 4-2　拜占庭希拉克略和君士坦丁三世索利多金币，4.49 克

希拉克略具有卓越的才能和非凡的活动能力。他的国家概念是罗马的，他的语言和文化是希腊的，他的信仰是基督教的。由于他执政时，帝国的处境非常危险，所以希拉克略的成就更值得关注。[①] 公元 611 年，波斯人开始进攻叙利亚。波斯人与罗马人之间的战争几百年来一直时有发生。这一次，波斯人占领了拜占庭的安条克、大马士革。此后波斯人又向巴勒斯坦进攻，并攻破耶路撒冷。波斯人洗劫了这座城市，并摧毁了基督教堂。波斯人的另一支军队继续向埃及进攻，并攻陷了亚历山大城。除了来自东方的波斯人的威胁，来自巴尔干半岛的阿瓦尔—斯拉夫游牧部落也率军南下，一度攻破了君士坦丁堡的城墙。

为了应对不同方面的威胁，希拉克略决定首先向波斯开战。公元 622—628 年，希拉克略指挥了三次对波斯的战争，每次都取得了辉煌的胜利。公元 629 年，波斯库斯老被废除，其继任者向拜占庭求和。根据和平协议，波斯归还叙利亚、巴勒斯坦和埃及，

① ［美］A.A. 瓦西列夫：《拜占庭帝国史》（第一卷），许家玲译，商务印书馆 2020 年版，第 304 页。

并交换所掠夺的圣物。对于这一历史事件，《古兰经》中亦有记载。

> 罗马人已败北于最近的地方。他们既败之后，将获胜利，于数年之间。以前和以后，凡事归真主主持。在那日，信道的人将要欢喜。这是由于真主的援助，他援助他所意欲者。他确是万能的，确是至慈的。真主应许（他们胜利），真主并不爽约，但人们大半不知道。（30：2—6）

同时，希拉克略将首都和各省教堂中的珍宝圣器打制成大量的金币和银币。他企图给阿瓦尔—斯拉夫部落的首领送去大批金钱和显贵的人质，劝其退兵。[1]拜占庭人并没有向阿瓦尔—斯拉夫部落的首领支付24克拉的索利多金币，而是支付的22克拉的轻型索利多，这种金币只有4.18克重。随着双方之间交往的终止，该币于公元680年就被停止打制了。[2]

图4-3　拜占庭希拉克略和君士坦丁三世轻型索利多金币，4.18克

拜占庭的金币在欧洲产生了广泛而深远的影响。公元5世纪日耳曼人入侵后，尽管西罗马帝国灭亡了，但是商业得以保持，作为商业中心的城市以及作为商业工具的商人也得以继续存在，

---

① ［美］A.A. 瓦西列夫：《拜占庭帝国史》（第一卷），许家玲译，商务印书馆2020年版，第304页。

② ［英］菲利普·格里尔森：《拜占庭货币史》，武宝成译，法律出版社2018年版，第176页。

这一切都得益于地中海的贸易还在继续。哪怕没有其他证据，法兰克诸王的货币制度仍足以清楚地表明这一事实。墨洛温王朝的造币厂长期保留着在钱币正面印上皇帝的肖像、在钱币背面印上皇帝胜利的象征这一传统，这种模仿趋于极端，当拜占庭人用十字架代替那次胜利的象征时，他们立即效法。如此十足的奴颜婢膝必须用某种迫切的理由来解释不可。原因显然在于必须保持当地货币与帝国货币之间的一致性。如果不是墨洛温王朝的商业和地中海整体商业之间继续存在紧密的联系，换句话说，如果不是墨洛温王朝的商业继续紧紧地和拜占庭帝国的商业联系在一起，则保持货币的一致性是毫无理由的。[①] 简单来说，蛮族入侵并没有打破地中海的贸易圈。

拜占庭金币也曾大量流入中国境内。例如，在青海都兰的公元 4—6 世纪吐谷浑人墓葬中，发现了一枚芝诺皇帝（公元 476—491 年）的金币，另一处吐谷浑人墓中发现一枚优士丁尼皇帝的金币。公元 546 年葬于长安的罽宾婆罗门李诞墓中，墓主人口含一枚拜占庭金币。公元 571 年，迁居长安的“大天主”康业去世，墓中口含一枚优士丁尼皇帝钱币。公元 579 年，迁居长安的粟特首领史君去世，墓中口含仿制拜占庭的金币。唐初一名富商葬于辽宁朝阳，墓中发现希拉克略皇帝金币一枚。有学者统计，中国境内考古发现的拜占庭金币有 36 枚，其中，河南洛阳 6 枚，陕西的咸阳、定边与西安共 9 枚，甘肃天水 3 枚，宁夏固原 8 枚，

---

① ［比利时］亨利·皮朗：《中世纪的城市》，陈国樑译，商务印书馆 1985 年版，第 9—10 页。

河北磁县与赞皇共 5 枚，内蒙古呼和浩特 2 枚，青海乌兰、都兰各 2 枚，辽宁朝阳 1 枚。[①] 拜占庭的金币流入中国，与当时的丝绸贸易是有很大关系的。优士丁尼时期，为了防止金币外流，皇帝曾下令每磅丝绸价格不得超过 15 索利多金币。当时，每枚索利多金币的重量是 1/72 罗马磅，而丝绸 1 磅的价值为 15/72 ≈ 0.2 磅黄金。

有观点认为，之所以萨珊波斯没有发行金币，是由于其与拜占庭曾达成协议，波斯人只能使用拜占庭的金币。如果确有这段历史，则意味着拜占庭在维持其金币作为唯一黄金通货方面的决心和努力。然而，伴随着阿拉伯帝国的崛起以及阿拉伯帝国第纳尔金币的兴起，拜占庭的金币在东方的流通便开始受到阻断。

三、国际化

阿拉伯的金币在国际贸易中作为支付手段被大量转移到国外。然而，这个过程较为复杂。首先是阿拉伯人对地中海的征服切断了西欧与地中海的商贸往来。也就是说，公元 8 世纪至 9 世纪时，西部欧洲已经不再属于地中海的共同体。加洛林王朝与它此前的墨洛温王朝不同，金币已经被废弃。

货币的废弃意味着贸易的衰落，而贸易的复兴则又体现为货币的恢复。

---

① 郭云燕：《罗马—拜占庭帝国嬗变与丝绸之路：以考古发现钱币为中心》，中央编译出版社 2022 年版，第 223 页。

在欧洲，商业的复兴是从南部俄罗斯开始的。原籍瑞典的斯堪的纳维亚人在公元 9 世纪确立了对第聂伯河流域的斯拉夫人的统治。这些征服者被称为俄罗斯人，他们本来可以向被征服的土著居民征收贡赋，然而他们并没有留在原地，而是开始了交换经济。

南部俄罗斯地处两大文明的交会地：在东部是巴格达的哈里发统治的地区，南面则是拜占庭帝国的海岸并且通向首都君士坦丁堡。在俄罗斯人占领的土地上，广袤的森林为他们提供了大量的蜂蜜。在食糖还尚不为人所知的时候，蜂蜜是十分珍贵的。同时，这里还为他们提供了大量的毛皮，华丽的毛皮即使在南方地区也是制作奢侈的衣着和家具所必需的。奴隶更加容易得到，而且由于穆斯林的闺阁和大坊即拜占庭作坊的需要，贩卖奴隶既可靠又赚钱。因此，当公元 9 世纪加洛林帝国在地中海关闭以后被封锁在隔绝状态之中时，南俄罗斯人却相反地向吸引着它的两个大市场出售他们的商品。①

于是，公元 9 世纪之后，黄金与白银通过这一条新兴的贸易路线再次流通起来。在法国东部并不算稀缺的阿拉伯金币大部分主要是通过买卖斯拉夫奴隶所获。特别是后来以“黄金之城”而闻名的布拉格,在 10 世纪就是奴隶买卖市场之一。②不仅是金币，还包括银币，阿拉伯人的货币在国际贸易中都起到了重要的作

① ［比利时］亨利・皮朗：《中世纪的城市》，陈国樑译，商务印书馆 1985 年版，第 31—32 页。

② ［德］伯德・史蒂芬・格雷：《黄金：权利与财富的世界简史》，民主与建设出版社 2021 年版，第 49 页。

用。从公元9世纪末开始，大量阿拉伯银币以及萨曼王朝的银币流传到斯堪的纳维亚半岛。[①]公元890—950年这一段时间尤为明显。也正是在此时，维京时代的挪威人开始更加青睐这些钱币化的银片，将其作为称量白银体系内一种更方便的流通手段。[②]11—12世纪，维京人将奴隶、皮毛、琥珀、蜂蜜与蜂蜡带往近东市场交换白银。伊斯兰银币出现在斯堪的纳维亚半岛和俄罗斯，甚至是英格兰，通常被切割成碎块以补足重量或者留下受到检验的切记。[③]至今，在欧洲俄罗斯部分和波罗的海地区发现的阿拉伯以及萨曼王朝的狄尔汗银币窖藏共有1000多处，共22.8万枚，90%是经由伏尔加商路而来。[④]在这一时期由伏尔加河—巴尔干地区仿制的阿拉伯钱币也在斯堪的纳维亚地区的窖藏中被发现。[⑤]

四、本土化

凡是在必须支付大额款项的地方，黄金就被使用，而这些地方的黄金无论是按照阿拉伯金币样式还是拜占庭金币样式，仍在

① Peter Spufford, *Money and its use in Medieval Europe*, Cambridge University Press, 1988, p. 65.

② Kolbjørn Skaare, *Coins and Coinage in Viking-Age Norway*, Universitetsforlaget, 1976, p. 53.

③ ［英］凯瑟琳·伊格尔顿、乔纳森·威廉姆斯:《钱的历史》，徐剑译，中央编译出版社2011年版，第110—111页。

④ 孙隆基:《新世界史》（第二卷），中信出版社2017年版，第358页。

⑤ Kolbjørn Skaare, *Coins and Coinage in Viking-Age Norway*, Universitetsforlaget, 1976, p. 52.

被铸造成各种流通货币。[①] 阿拉伯帝国的第纳尔金币，由于其规制统一，成色高，几百年来经久不衰，[②] 因此成了一种对于拜占庭金币来说非常好的替代方案。阿拉伯金币第纳尔在西欧被称作曼库西（mancus），它也在那里发挥自己的作用，[③] 在阿拉伯货币国际化的同时，也被西欧国家本土化为本国的货币。西欧的封建领主按照阿拉伯第纳尔金币的样式，打制自己的曼库西金币。公元8世纪，甚至远在英伦的盎格鲁—撒克逊王国，也在模仿阿拉伯的金币。

图4-4　盎格鲁—撒克逊国王奥法仿制阿拉伯第纳尔打制的金币曼库西，4.28克

伊比利亚半岛北方的基督教各王国中，也都在使用阿拉伯货币，这些王国在将近400年中，除阿拉伯货币和法兰西货币外，没有任何别的货币。[④] 除了直接拿来使用，西班牙的基督教王国也开始仿制阿拉伯的第纳尔金币。巴塞

图4-5　巴塞罗那伯爵贝伦格尔·拉蒙一世仿制的第纳尔金币，2.58克

① ［比利时］亨利·皮朗：《穆罕默德与查理曼》，王晋新译，商务印书馆2021年版，第349页。

② C.M.Cipolla, *Money, Price, and Civilization in the Mediterranean World*, Princeton University Press, 1956, p. 13.

③ ［德］伯纳德·克鲁格：《世界钱币2000年》，杜涵译，中国友谊出版公司2021年版，第65页。

④ ［美］菲利浦·希提：《阿拉伯通史（第十版）》，马坚译，新世界出版社2008年版，第482页。

罗那伯爵贝伦格尔·拉蒙一世（1018—1035 年）发行了模仿阿拉伯第纳尔的金币。这些模仿的金币有一个特点，就是完全模仿，但制作人又不认识阿拉伯字。[①] 这样的例子还有很多，总体来说，西欧基督教世界仿制的阿拉伯金币，都被称作曼库西。

不仅是阿拔斯王朝的金币第纳尔被仿制，11 世纪，十字军第一次占领耶路撒冷后，建立耶路撒冷拉丁王国，并仿照法蒂玛王朝木伊兹金币样式打制金币。

图 4-6　十字军耶路撒冷拉丁王国仿法蒂玛王朝木伊兹金币，3.65 克

① ［西班牙］奥克塔维奥·吉尔·法雷斯：《西班牙货币史》，宋海译，中国金融出版社 2019 年版，第 77 页。

第五章

货币流通

谁能代我向哈里发
传述我的良言苦谏？
我看到物价飞涨，
让百姓如何负担？
我看到他们挣得很少，
而需要则有增无减。
我看到愁云密布，
人民生计如此多艰。
我看到孤儿寡妇
家徒四壁，苟延残喘。
男女老少都期待着你，
期待你将他们垂怜。

——艾布·阿塔希叶（公元748—825年）《为民请命》（节选）

第一节 货币购买力的理论

一、简单货币交易方程式

20世纪初的经济学家欧文·费雪将货币购买力用方程式表

达出来。这个方程式简洁地表示了货币数量与商品价格以及其他因素之间的变量关系，在货币经济学中影响很大。[①]

欧文·费雪认为，如果不计存款通货或支票的影响，价格水平（货币的购买力）只取决于三个因素：① 流通中的货币数量；② 货币的“效率”或流通速度（货币一年交换商品的平均次数）；③ 交易量（货币购买的商品数量）。一般认为，交易量，即货币购买的商品数量，通常可以用 GDP 衡量。流通中的货币数量与货币的流通速度的乘积就是这一地区一定时间内（如 1 年）的流通货币总量。而各种商品与其价格的乘积之和就是商品总和。在理想条件下，货币总量应当等于商品总和，即全部货币用于交换全部商品。举例来说，假设第纳尔数量是 500000，而每一枚第纳尔平均每年流转 20 次，则这一年转手的第纳尔总流通量就是 500000 × 20 = 10000000。假设这一年全社会共有三种商品：小麦、瓷器、布料。其中，共购买了 20000000 斗小麦，每一斗 0.1 第纳尔，则小麦的商品总价值为 20000000 × 0.1 = 2000000 第纳尔；共购买了 1000000 件瓷器，每一件 5 第纳尔，则瓷器的商品总价值为 1000000 × 5 = 5000000 第纳尔；共购买了 3000000 匹布料，每一匹 1 第纳尔，则布料的商品总价值为 3000000 × 1 = 3000000 第纳尔。以上三种商品的价值总额 = 2000000+5000000+3000000 = 10000000，与第纳尔的货币总流通量正好相等。如果用 E 表示货币总流通量，M 表示货币数量，V 表示货币流通速度，则 $E = MV$；用 p 表示商品价格，Q 表示商品数量，则

① ［美］欧文·费雪：《货币的购买力：它的决定及其与信贷、利率和危机的关系》，张辑译，商务印书馆 2021 年版，第 13 页。

某种商品的价值总额 = pQ。于是，

$$
\begin{aligned}
MV = & pQ \\
& + p'Q' \\
& + p''Q'' \\
& + \cdots\cdots
\end{aligned}
$$

也即，

$$MV = \sum pQ$$

如果方程式左边的货币一方变量有所变动，就会使方程式右边的商品一方产生变动。例如，货币数量（M）减小，货币流通速度（V）不变，从而使货币流通总量减少，在商品数量（Q）不变的情况下，就会使价格（p）降低；相反，货币数量增多，流通速度不变，商品数量也不变，价格就会增长。

二、货币总量与价格上涨

根据 $MV = \sum pQ$ 这个简单的方程式，如果货币数量成倍增长，则价格应该成比例增长，这是货币数量对价格的影响。在商品交易量有所增加的情况下，如果货币供应不足，就会出现货币短缺，从而使货币的价格抬升，商品价格下降。这种情况相当于以货币形式压低了商品价格，[①] 这是商品供求关系在价格上的体现。直观来讲，货币数量增多，物价上涨，货币贬值；相反，货币数量减少，物价下跌，货币增值。这便是货币数量论的一个核心观点。尽管影响商品价格的因素要更加复杂，但下文仅针对上述简单方程式展开讨论。

① ［英］尼克・梅休：《历史视野中的货币数量理论》，载［英］马克・卡森、尼格尔・哈希姆扎德主编：《经济史中的大数据：研究方法和案例》，白彩全、陈竹君、张妍译，社会科学文献出版社 2020 年版，第 87 页。

从货币数量角度而言，如果货币总量增加一倍，则价格也会上涨一倍。能够使货币数量增加一倍的方法，欧文・费雪举了三个例子进行分析。[①] 对此，我们可以以阿拉伯帝国的货币为设例进行探讨。

第一，假设哈里发政府将所有的货币面额增加至两倍，也就是说，假设被称为第纳尔的金币改称为二第纳尔，这样，流通中的第纳尔就会增至两倍，按照 $MV = \sum pQ$ 这个方程式，所有以新改的第纳尔度量的价格水平会较之前涨至两倍，即 $2MV = \sum 2pQ$。但在这种情况下，每个人将支付同样多的第纳尔，就好像没有施行过一样。但是，此前价格 1 第纳尔的小麦，价格现在变为 2 第纳尔。货币的名义量也影响价格水平。

第二，假设减少金币第纳尔的含金量。具体来说，假设哈里发政府将每枚第纳尔分为两个第纳尔，将这些 1/2 第纳尔打制为新的第纳尔，并将原来所有的第纳尔收回，按原来数量的双倍发行，新旧两种第纳尔面额相同，但是新的第纳尔含金量减半。就像前一个例子一样，以成色减少的第纳尔计算的价格将涨至 2 倍。在含金量未减少以前，凡是商品需要支付 1 第纳尔的，减少含金量之后需要支付 2 第纳尔，也就是由两个旧的 1/2 第纳尔打制的新的第纳尔。

在第一个例子中，货币数量的增加是因为重新命名引起的，只是名义上的。在第二个例子中，除了重新命名外，还进一步增

---

① ［美］欧文・费雪：《货币的购买力：它的决定及其与信贷、利率和危机的关系》，张辑译，商务印书馆 2021 年版，第 28—29 页。

加了重新打制的事实。在第一个例子中，货币的实际数量没有变化，但面值增加了一倍；在第二个例子中，每枚第纳尔分割成两半，再打制成两个新币，新币与旧币的名义面额相同，但含金量只有旧币的一半，而第纳尔的数量也增加至两倍。

第三，假设哈里发政府对原有第纳尔悉数复制，各按其数付给原币持有人。如果货币数量因此增加了一倍，价格将像第二个例子一样也增长一倍，但是其中货币的面额完全相同。第二个例子和第三个例子的区别在于第纳尔的大小与重量。在第三个例子中不减少第纳尔的含金量，每个第纳尔的重量保持不变，只是第纳尔的数量增加了一倍。

欧文·费雪总结说，在货币流通速度和商品交易量不变的前提下，无论是将货币改成双数，还是剪裁含金量，抑或增加个数，又或用其他方法增加货币的“元”数，即货币总量，价格都将以同样的比例上涨。在这里，重要的是货币的“元”数，也就是货币总量，而非货币的重量。这是由于货币不同于其他所有商品。例如，人们对糖的实际需求表现为糖的重量，其价值取决于它的实际数量。如果糖从 1 万千克变为 1 万磅，两者的价值是绝不相同的。但是货币没有这样的品质。如果流通中的货币从 1 万单位的一种重量变成 1 万单位的另一种重量，货币单位的价值将保持不变。也就是说，货币没有满足人类欲望的能力，只有购买拥有满足人类欲望的东西的能力。① 尽管商品价格随着货币数量成比

---

① ［美］欧文·费雪：《货币的购买力：它的决定及其与信贷、利率和危机的关系》，张辑译，商务印书馆 2021 年版，第 29—30 页。

例上涨（或下跌），但是单位货币本身蕴含的价值并没有因为货币的名义而真正发生改变。

三、对货币购买力的各种影响因素

根据货币经济学理论，在现代社会中，价格水平受到交易量、货币与存款的流通速度、货币与存款数量的影响。这些因素对价格水平的影响是直接的。在 $MV = \sum pQ$ 这个公式中，货币总量是外生的，主要由国家决定；Q 则是由生产力决定的；货币流通速度 V 是由制度因素决定的。[①] 通过影响上述这些因素，会间接影响商品的价格。[②]

首先，我们考察通过影响商品交易量而间接影响价格的因素。如前所述，对商品交易量可以用 GDP 来衡量。在同一地区，其变化往往是缓慢的。导致变化产生的除了经济上的因素外，还存在偶然的因素。一是对生产者的影响，包括自然资源在地理上的差异、劳动分工、生产的技术知识、资本积累。在影响价格方面，贸易具有十分重要的作用。贸易的增加有降低一般价格水平的趋势，所以任何增加贸易的事情都趋向降低一般的价格水平。由此推断，地理的或个人的专业化、改进的生产技术与资本积累的增加都有降低价格的趋向，[③] 相反，如果贸易减少，退回到自然经济，

① ［英］尼克·梅休：《历史视野中的货币数量理论》，载［英］马克·卡森、尼格尔·哈希姆扎德主编：《经济史中的大数据：研究方法和案例》，白彩全、陈竹君、张妍译，社会科学文献出版社 2020 年版，第 86 页。

② ［美］欧文·费雪：《货币的购买力：它的决定及其与信贷、利率和危机的关系》，张辑译，商务印书馆 2021 年版，第 67 页。

③ ［美］欧文·费雪：《货币的购买力：它的决定及其与信贷、利率和危机的关系》，张辑译，商务印书馆 2021 年版，第 69 页。

这些都会成为提高价格的因素。二是对消费者的影响，即人类欲望的程度与种类。欲望是维持经济世界运行的主要动因。因为有和别人穿得一样好、更好或者穿得不同的欲望，才有了多种多样的丝绸、罗缎等；同样的道理也适用于家具、文娱、书籍、艺术品及其他让人满足欲望的财富。从历史来看，人类的欲望通过发明创造、教育与模仿得到了极大的强化，并呈现多样化，也因此增加了贸易。欲望的增加通过促进贸易的增加，进而使一般价格水平降低。[①]三是联结生产者与消费者的影响，包括运输的便利程度、贸易的自由程度、货币制度与银行体系的特点、经营信心。[②]就货币制度而言，世界历史上曾有这样的时期，货币处于如此不确定的状态，以致人们不愿签订很多贸易合同，因为他们不确定在履行合同时应该支付什么；[③]而相反，往往是货币制度稳定的国家，经济上会取得更大的成就，物价也更为稳定。

其次，对货币流通速度（V）产生影响的主要是制度因素，如社会的支付制度，包括现金收支频次、现金收支的规律性、现金收支金额与次数的一致性，以及其他一般原因，包括人口密度、交通速度。[④]就支付制度而言，货币或支票的收入与支出次数越

---

① ［美］欧文·费雪：《货币的购买力：它的决定及其与信贷、利率和危机的关系》，张辑译，商务印书馆 2021 年版，第 69 页。

② ［美］欧文·费雪：《货币的购买力：它的决定及其与信贷、利率和危机的关系》，张辑译，商务印书馆 2021 年版，第 67 页。

③ ［美］欧文·费雪：《货币的购买力：它的决定及其与信贷、利率和危机的关系》，张辑译，商务印书馆 2021 年版，第 70 页。

④ ［美］欧文·费雪：《货币的购买力：它的决定及其与信贷、利率和危机的关系》，张辑译，商务印书馆 2021 年版，第 72 页。

多，其收入与支出间隔的时间就越短，流通速度就越快，则按周计酬就比按月计酬时货币的周转率快。[①] 因此，债务履行的速度越快，货币流通越快，价格水平也会越低。此外，还包括偶然性因素如个人习惯的影响，包括节俭与储蓄习惯、记账习惯、使用支票的习惯。由于货币的数量是给定的，因此一个人花费越多，货币的流通速度越快。当人们把货币堆积起来长时间存放时，货币的流通速度一定非常慢。周转率的增加趋向提高价格水平。[②] 从这个方面而言，消费观、财富观在一定程度上影响着货币的流通速度，并间接影响价格水平。

值得注意的是，欧文·费雪的交易方程式有其适用的社会经济条件。而古代阿拉伯社会的货币经济与欧文·费雪的理论预设并不完全相同。

四、古代阿拉伯人关于价格问题的讨论

由于古代阿拉伯很早就建立起货币经济，因而各种货币现象很早就成为人们关注的对象。

《圣训》中讲，公众说："圣人啊！物价奇涨，米珠薪桂，请你定下物价吧！"穆圣说："真主是定物价者，紧缩人者，宽裕人者，供应食粮者。我宁愿见主，也不愿你们要求我对生命财富有所行亏。"这里的意思是说，物价是商品竞争的产物，应尊重这

---

① ［美］欧文·费雪：《货币的购买力：它的决定及其与信贷、利率和危机的关系》，张辑译，商务印书馆 2021 年版，第 76 页。

② ［美］欧文·费雪：《货币的购买力：它的决定及其与信贷、利率和危机的关系》，张辑译，商务印书馆 2021 年版，第 73 页。

种竞争的客观存在，任何人，甚至是圣人、使者也无权定物价；如果定物价，就是对财富应具有的价值、真主安排的物价的损害。穆罕默德本人在经商时卖鞍垫和水杯，他问谁买，有人愿意给一枚银币。穆罕默德问："谁多给？"又有一个人愿意出两枚银币，穆罕默德就卖给后者。[①]由此可见，伊斯兰教认为，在商业活动中，竞争是必然的，在一定的范围内也是合法的、道德的。伊斯兰教强调市场的作用，主张商品的供给和需求通过市场加以调节。[②]

关于价格的形成机制，写作《哈拉吉》的艾布·优素福认为，没有个体能够决定固定的高价与低价，这是自然作用力的结果，个体不知其所以然。并非谷丰米贱，亦非粮缺价高，谷价或者狄尔汗的购买力与谷物的供应和产量并无很强或必然的联系，故而公共政策尤其是税收不能根植于其上。艾布·优素福主张市场规律决定价格的一般原则，但提出供应本身并不决定价格。[③]

公元 12 世纪的伊斯兰学者贾法尔·大马士基在《概论商贸的益处》中认为，商品的平均价格从一个地方到另一地方会有所变化，在印度的价格到摩洛哥会有另一种价格，到也门也会有不同的价格，这是因为材料的来源地、制作产品的工艺不同。[④]历史上，幅员辽阔的阿拉伯帝国境内，国内贸易也相当发达。人的

---

① 张永庆、马平、刘天明：《伊斯兰教与经济》，宁夏人民出版社 1994 年版，第 26 页。

② 王正伟：《伊斯兰经济制度论纲》，民族出版社 2004 年版，第 257 页。

③ 马玉秀：《伊斯兰经济思想概论》，上海社会科学院出版社 2013 年版，第 99 页。

④ 马玉秀：《伊斯兰经济思想概论》，上海社会科学院出版社 2013 年版，第 127 页。

欲望驱使奢侈品贸易的繁荣，只要肯出钱，任何东西都可以买到。为了在巴格达吃到花剌子模的西瓜，商人将它装进塞满冰的锡罐里运送，并可以卖出 700 狄尔汗的高价。[①]

公元 13 世纪末 14 世纪初的伊斯兰学者伊本·泰米则认为，价格的涨落并不总是源于部分人的不公正与欺凌，还取决于市场力量，有时也源于需求品生产的下降和进口的减少，供应小于需求则价格上涨，反之则价格下跌。这种供需状况并非总是人为使然，虽然有时它含有不公正因素，但却不失公正。[②]这也就意味着，价格受到市场供求关系的调控，而供求关系也是受大环境所影响的。商人在市场中随行就市的行为，并不构成不公正的行为，而是值得肯定的。

公元 14 世纪伊斯兰学者伊本·赫勒敦对物价有更为全面的认识。第一，人口的增多会对必需品的价格产生影响。如果人口数量增加，生活必需品的价格就会降低，而奢侈品的价格就会上涨；如果人口数量减少，就会出现相反的情况。第二，物品的价值取决于生产它所付出的劳动，生产物品所付出的劳动越多，其价值就越高。第三，社会的变动使一些人脱离劳动也能增加财富，如国家动乱之际，人们很少关注土地和田庄，其价格下跌，这时有人以低价买进，待情况好转、社会趋于稳定后再以高价售出。第四，物品的价格与经济状况和政治因素有关。第五，生活水平

① ［美］菲利浦·希提：《阿拉伯通史（第十版）》，马坚译，新世界出版社 2008 年版，第 318 页。

② 马玉秀：《伊斯兰经济思想概论》，上海社会科学院出版社 2013 年版，第 132 页。

会因城市文明水准、人们阶层的不同而不同。第六，物价还与思想和生活状况有关。[①] 伊本·赫勒敦有关商品与价值的经济思想，已经揭示出劳动价值论的核心问题，即物品的价值取决于生产它所付出的劳动：各种收益和财富都必须经过人类的劳动。如果是一位手工艺人，他的劳动是显而易见的；如果面对的是动物、植物或矿物，必须要有人类的劳动，否则他什么也得不到。[②]

第二节 伊斯兰教义与货币流通

一、重视商业

古代阿拉伯国家重视商业。在伊斯兰教诞生以前，麦加、麦地那等城市基本上可以说人人参与经商活动，商人的地位十分显赫。先知穆罕默德早年就在麦加经商。这种特殊的历史条件、特殊的经济社会状况，决定了阿拉伯人的生活与文化，也决定了伊斯兰教重视商业的价值观。伊斯兰教认为，商业是各种产业之间的桥梁，它促进流通、丰富商品、活跃市场、引导消费、刺激生产，功不可没。因此，伊斯兰教充分肯定商业的价值，认为商业是真

① 马玉秀：《伊斯兰经济思想概论》，上海社会科学院出版社 2013 年版，第 146 页。

② 伊本·赫勒敦：《历史绪论》，李振中译，宁夏人民出版社 2015 年版，第 543 页。

主最喜爱的产业之一。[①] 早在倭马亚王朝建立之前，阿拉伯人就在伊拉克兴建城市，建立集市；倭马亚王朝建立后，建立集市之风更加盛行。[②] 倭马亚王朝哈里发政府深知商业是开辟财源的重要途径，中央和地方都十分重视商业，修建桥梁、疏浚河流、开辟道路、整顿市场，对商业的关心无微不至，极大地促进了商业的发展。[③] 阿拔斯王朝哈伦·拉希德在位期间，有一位出身世家的经济学家筛巴尼。筛巴尼所写的《收入论》是一部微观经济学的著作。在这部书中，筛巴尼将生产活动分为四种，即出租、工业、农业、商业。他强调劳动力的专业化和分工的重要性，认为专业化能有效地习得技能，能更好地施行专业分工。关于商业，筛巴尼认为，尽管农业能够满足个体生活之必需，但商业和贸易能促使财富增长。筛巴尼充分认识到了交换价值的重要性。[④]

伊斯兰教重视商业，并不意味着阿拉伯哈里发国家实行重商主义。重视商业和重商主义是不同的。[⑤] 在阿拉伯哈里发国家，

---

① 王正伟：《伊斯兰经济制度论纲》，民族出版社 2004 年版，第 246 页。

② 纳忠：《阿拉伯通史》（上卷），商务印书馆 1997 年版，第 317 页。

③ 刘天明：《伊斯兰经济思想》，宁夏人民出版社 2001 年版，第 99 页。

④ 马玉秀：《伊斯兰经济思想概论》，上海社会科学院出版社 2013 年版，第 103 页。

⑤ 作为一套政策体系，重商主义由三项核心政策构成。第一项是出口垄断。历史上，著名的黎凡特公司和东印度公司便是由皇家特许成立的垄断性贸易机构。海外贸易的垄断收益以及对掠夺财富的分成，不但可以重建本国经济，也增加了君主的私人财产。第二项是外汇管制。在这一政策下，国家对外汇交易进行严格监管，强迫进口商使用他们出口货物之所得购买本国商品。第三项是贸易差额。该政策旨在最大化追求金银输入。参见张宇燕、高程：《美洲金银和西方世界的兴起》，中信出版社 2016 年版，第 86—87 页。

严禁重利的原则从根本上否定了重商主义逐利的价值取向。伊斯兰教的“福利”“均富”思想在逻辑上是重商主义的对立物。西欧货币的供需链是产生货币主义、重商主义的“内在动力”，但阿拉伯帝国充裕的贵金属又使贵族享受了奢侈并满足于现状。[①]因此，我们目前还无法在历史中发现哈里发政府建立了像东印度公司这样的商业垄断组织，也没有发现其对外汇进行管制的记载。中世纪最有名的伊斯兰学者伊本·赫勒敦在《历史绪论》里说，统治者从事商业活动有害于臣民，对税收系统的影响也是毁灭性的。[②]阿拉伯商人分散在世界各地，阿拉伯帝国的金币和银币也在世界各地被发现，而不是国外的金币和银币都留在了阿拉伯帝国。

在重商主义下，垄断贸易、管制外汇以及贸易差额的政策，促使更多的外国货币流入，货币总量增大，按照交易方程式 $MV = \sum pQ$，价格水平相应上涨。历史上，在美洲金银大量流入欧洲后的一段时期里，出现了物价上涨的现象。[③]

按照英国晚期重商主义的代表人物、东印度公司董事托马斯·孟（1571—1641 年）的说法，重商主义的逻辑认为，对外贸易是“增加我们的财富和现金的通常手段”，在价值上，“每年卖给外国人的货物，必须比我们消费他们的多”。托马斯·孟

---

① 李荣建、王鹏：《阿拉伯帝国为何没能产生重商主义？》，《阿拉伯世界研究》，2007 年第 6 期。

② 马玉秀：《伊斯兰经济思想概论》，上海社会科学院出版社 2013 年版，第 147 页。

③ 张宇燕、高程：《美洲金银和西方世界的兴起》，中信出版社 2016 年版，第 113 页。

假定某个王国有布匹、铅、锡、铁、鱼类和其他国家产品的充足供应，另外每年尚有价值 220 万镑的剩余货物输往外国，靠出口所得能够从海外买到并输入价值 200 万镑的外国货物，以供本国消费。这样就可以稳稳地保证这个王国每年一定会增多 20 万镑的财富，并且一定是大部分以现金的形态收回来。因为出口的货物既然有一部分没有以货物的形态换回一些东西，它必然会以现金的形态被带回本国。① 托马斯·孟属于晚期的重商主义鼓吹者，与之前所不同的是，他反对禁止本国货币出口，因为他认为输出本国的货币借以换得商品也是增加国家财富的一种手段。②

从理论上讲，若不考虑价格水平，一国出售商品的货币价值将恰好等于它购买商品的价值。只有当进出口的价值出现差异或者贸易差额时，才会发生货币在国家之间的流动，也才会有调整价格水平的趋势。③

禁止金属钱币（包括金币、银币以及铜币）外流，是古代世界经常出现的一种政府经济决策，其原因在于统治者通常将金属货币看作一种重要的财富，外流其他国家会导致本国财富减少。除价格过渡期的影响之外，价格水平的国际差异只能导致交易方

---

① ［英］托马斯·孟：《英国得自对外贸易的财富》，袁南宇译，商务印书馆 1959 年版，第 5 页。

② ［英］托马斯·孟：《英国得自对外贸易的财富》，袁南宇译，商务印书馆 1959 年版，第 15 页。

③ ［美］欧文·费雪：《货币的购买力：它的决定及其与信贷、利率和危机的关系》，张辑译，商务印书馆 2021 年版，第 85 页。

程式 $MV = \sum pQ$ 中货币数量（M）的变化。[①]

货币流入增多时，价格水平会上涨，而货币流出时，价格水平会降低。但是，如果不对货币流出进行管制，按照托马斯·孟的观点，流出货币所进口的商品并不是用来消费，而是为了进行贸易的，也就是为卖而买，那么这种流出最终将会带来更多的财富。[②]

二、禁止投机与欺诈

伊斯兰教始终把互惠互利当作真主的意志，反对单方面获利，要买卖双方都满意。曾有这样一个传说，一位药剂师希望快速致富，于是便抬高药品价格以取得高额利润，但是他的生意反而十分萧条。当他改变经营方式后，他的药品开始畅销，自然也获得了相当的利益。这位药剂师在谈起他的经验时说：

曾有一人经过我的店铺时看到我这里门庭冷落，而其他店铺门庭若市，便说道："你想将生意做红火，改变目前的状况吗？"我说："当然"。他便说："你布施一半生意，也就是降低利润销售，你忍耐一年，因为你的布施不会推迟一年才给你带来好运，否则，它会愧对于你。"然后我照办了，果然一年后，我的生意越发红火，整日商店里人来人往，热闹非凡。这时那人又告诉我："就这样做下去，切忌见利忘义，否则，不幸就会降临。"我便牢记他的

① ［美］欧文·费雪：《货币的购买力：它的决定及其与信贷、利率和危机的关系》，张辑译，商务印书馆 2021 年版，第 86 页。

② ［英］托马斯·孟：《英国得自对外贸易的财富》，袁南宇译，商务印书馆 1959 年版，第 16 页。

忠告，并坚持依照遵行，数年后，我已有了丰厚的收入。俗话说，薄利多销、门庭若市，强于价格昂贵、门庭冷落，此言甚佳。①

这则故事告诉我们，伊斯兰教经常教育人们不可施行暴利行为，暴利招致不幸，而诚实的获利行为是合法的收益，是获得幸福的源泉。

同时，伊斯兰教认为，正当的买卖能促进流通、活跃市场；而投机行为则会扰乱市场、影响流通，贻害无穷。因而，伊斯兰教严禁投机、欺诈、假冒和称量不公等非法行为。②

《古兰经》云：

伤哉！称量不公的人们。当他们从别人称量进来的时候，他们称量得很充足；当他们量给别人或称给别人的时候，他们不称足不量足。难道他们不信自己将复活，在一个重大的日子吗？在那日，人们将为全世界的主而起立。（83:1—6）

伊斯兰教同基督教、佛教的最大不同之处是它具有强烈的全面参与社会现实生活的意识、教义乃至制度。伊斯兰教不仅是一种宗教信仰，还是一种社会生活方式、社会生活制度。③伊斯兰教主张在遵循宗教道德的前提下成立契约，据以规范日常商事活动。违反契约不仅产生教法上的债务，也是违反宗教道德的行

① 王正伟：《伊斯兰经济制度论纲》，民族出版社 2004 年版，第 252 页。

② 王正伟：《伊斯兰经济制度论纲》，民族出版社 2004 年版，第 253 页。

③ 张庆伟、马平、刘天明：《伊斯兰教与经济》，宁夏人民出版社 1994 年版，第 112 页。

为。[①] 综合来说，伊斯兰教不仅重视商业，还重视对商业行为的规制，不仅坚持互惠互利，禁止欺诈与投机，还禁止垄断与囤积，要求坚守契约，严禁重利和非法贸易。在规范人们的交易的同时，也规范人们的思想，带有法制化的伊斯兰经商原则，对虔诚的穆斯林经商活动起到了明显的自律作用与威慑力。伊斯兰经商原则把“公道”已经提升到了信仰的高度加以阐述。[②]

如前所述，伊斯兰教法禁止投机交易。12—14 世纪的伊斯兰学者们曾通过这个教法来应对货币纯度降低或是减重带来的各种问题。例如，纳瓦维认为，只有在当事人不知道钱币的纯度时问题才会产生，否则贵金属的重量就可以被计算出来。对于不知道钱币纯度的情况，这种钱币不应当在合同中被用来作为价格的约定。[③]

三、禁止利息

按照伊斯兰教的主张，穆斯林禁止收取利息。这是理解古代阿拉伯货币经济和金融的基本出发点。尽管《古兰经》既不定义利息，也不提供任何详细的关于利息的解释，[④] 但是严格禁止利息。《古兰经》云：

---

① 吴云贵：《真主的法度——伊斯兰教法》，中国社会科学出版社 1994 年版，第 51 页。

② 王正伟：《伊斯兰经济制度论纲》，民族出版社 2004 年版，第 269 页。

③ Norbert Oberauer, “Money in Classical Islam：Legal Theory and Economic Practice”, *Islamic Law and Society*, Vol. 25, No. 4（2018）.

④ 苏丁·哈伦、万·那索非则·万·阿兹米：《伊斯兰金融和银行体系——理论、原则和实践》，中国人民大学出版社 2012 年版，第 110 页。

吃利息的人，要像中了魔的人一样，疯疯癫癫地站起来。这是因为他们说："买卖恰像利息。"真主准许买卖，而禁止利息。奉到主的教训后，就遵守禁令的，得已往不咎，他的事归真主判决。再犯的人，是火狱的居民，他们将永居其中。真主褫夺利息，增加赈物。真主不喜爱一切孤恩的罪人。（2：275—276）

记录穆罕默德言行的《圣训》中对禁止利息有相当明确的记载：

使者说："你们在做金换金，银换银的交易时，必须等量交换，当面交清。在无现金的情况下不可交易。"

再如，

使者说："在钱的交易中，如果当面交清，则其中没有高利贷；高利贷只在延期付款中。"

由以上两段使者言行可知，在古代阿拉伯，通过现金交易来避免信用交易，从而达到禁止放贷、禁止收取利息的目的。中世纪伊斯兰学者伊本·盖伊姆认为，除了这些公开的利息之外，还存在伪装的利息。一种是在同种商品的交易中要求多余的数量；另一种是一定的商品与其他相同或近似的商品交易时，如果一方延期，其中的一种商品被立即移交给另一方，亦即因延期偿还、交易而付的利息。伊本·盖伊姆认为，这两种交易，或因数量不公，或因延期而付息，均包含了不平等，为阻止剥削或对他人财产的侵损，均应被制止，但若牵涉社会公益，则允许。在金银买卖中，允许金银饰品与金银条的买卖重量不等，因为饰品包含工艺劳作，但不包括金币第纳尔和银币狄尔汗的交换。[①]

伊斯兰教禁止收取利息，因而货币被认为是商品交换的中介，是衡量商品的尺度；货币本身没有时间价值，也就是不允许人们通过存入银行或借贷获得固定利息付款的方式来以钱生钱。在古代伊斯兰世界的商业活动中，人的努力程度、创造性和风险的承担能力远比赚钱重要得多。货币本身只是一种潜在的资本，而不是资金本身，货币只有投资于商业才能成为资金。因此，借贷活动中的货币只能看作商业中的债务，而不能看作资金，从而也就无回报可言。伊斯兰教鼓励人们用钱消费，而不是一味地存钱。货币代表购买能力，被认为是它的唯一用途，因而货币的这种购买能力不能在没有任何商业活动或消费活动的情况下用于生成更多的购买能力。[②]也就是说，“钱能生钱”的观点，并不被信仰伊斯兰教的人们认可。没有经过商业运作的货币，是不能产生更多货币的。

包含金融理论在内的伊斯兰经济思想，把人在现实社会经济活动中的经济行为依照宗教道德的标准划分为善、恶两种。对经济活动中的善的行为，施以美的报酬，赐以现世与后世的幸福；对恶的行为则施以严厉的惩罚。[③]伊斯兰教禁止利息，收取利息

---

① 马玉秀：《伊斯兰经济思想概论》，上海社会科学院出版社 2013 年版，第 140 页。

② 王正伟：《伊斯兰经济制度论纲》，民族出版社 2004 年版，第 210 页。

③ 张永庆、马平、刘天明：《伊斯兰教与经济》，宁夏人民出版社 1994 年版，第 53 页。

被看作恶的行为而加以禁止。这意味着任何与本金的偿还期和数额有关的正向的、固定的、事先确定的利息都被禁止。[①]高利贷在伊斯兰教中更是被禁止的。禁止利息也延伸出现货交易的原理。禁止利息的教义源自不可获取不义之财，而这一教义又延伸至不可获取一切不劳而获和投机取巧的所得。因而，伊斯兰教也禁止投机行为和囤积行为。

古代伊斯兰金融理论源于伊斯兰教的教义，并体现为伊斯兰世界的货币观。12 世纪初的伊斯兰学者伊斯法罕尼在《论沙里亚法之益处简介》中关于货币的阐述，具有代表性。首先，货币是建立世俗经济生活的途径之一，即货币在经济生活中扮演了重要的角色，是流通手段。其次，货币的价值提高，就会便利市民的生活；囤积流通中的货币如同囤积人们的利益，因为货币能为他们的经济生活提供便利。这是关于货币购买力和货币贮藏职能的一般认识。最后，货币的使用使经济合作过程成为可能，一个人将货币给了另一个人，以寻求收益，那个人又将货币给了第三方以寻求收益，以便他们的经济活动平稳进行。货币的使用并非需要货币本身，而是发挥其媒介职能，因为安拉创造货币是为了让它发挥其应有之用，而非为了它自己。[②]由此我们也可以看出，古代伊斯兰学者认为，货币应当在流通中体现其价值，并通过利益共享、风险共担来创造更多价值。在实践中通常的方案就是无

① 马玉秀：《伊斯兰经济思想概论》，上海社会科学院出版社 2013 年版，第 230 页。

② 马玉秀：《伊斯兰经济思想概论》，上海社会科学院出版社 2013 年版，第 124—125 页。

息贷款与利润分成。[①] 这两种方案长久以来作为伊斯兰金融理论与实践的根基，不仅是古代社会的商业运作模式，也是现代伊斯兰金融的基本原理。

进一步讲，禁止利息意味着在伊斯兰社会里，不提倡银行存款这种无风险的资产增长方式，人们要么投资并经历风险，要么就将钱闲置，直至通货膨胀带来贬值。因而，伊斯兰教鼓励高风险、高回报的投资。这种高风险投资可以刺激经济发展，促使投资者背水一战。[②] 在禁止利息的中心原则下，伊斯兰教强调个体必须依靠发挥自身的能力维持生计，自身的劳动是获取报酬和所有权的源泉。[③] “贸易的灵魂”是信心，没有信心就不可能有大量的交易合约，任何能增加这种信心的事物都会增加贸易。[④] 而任何增加贸易的趋势，都会导致价格水平的下降趋势。

现代伊斯兰银行是在古代伊斯兰国家的金融商业实践基础上，形成的现代金融体系。伊斯兰银行的建立是宗教目的和商业目的的混合，所有与金融交易和银行业务有关的商业活动必须与伊斯兰教义和法律相一致。[⑤] 从这个意义上说，伊斯兰银行并不是无利息存贷款这样简单，它也肩负着宗教教义中有关公正社会、

① 王正伟:《伊斯兰经济制度论纲》，民族出版社 2004 年版，第 216 页。

② 王正伟:《伊斯兰经济制度论纲》，民族出版社 2004 年版，第 209 页。

③ 马玉秀:《伊斯兰经济思想概论》，上海社会科学院出版社 2013 年版，第 232 页。

④ [美]欧文·费雪:《货币的购买力：它的决定及其与信贷、利率和危机的关系》，张辑译，商务印书馆 2021 年版，第 71 页。

⑤ 苏丁·哈伦、万·那索非则·万·阿兹米:《伊斯兰金融和银行体系——理论、原则和实践》，中国人民大学出版社 2012 年版，第 66 页。

救济贫困、提高社会福利的道德实践，因为对于伊斯兰银行而言，尽管创造利润是可以被接受的，但是不改善社会而进行的利润积累是被禁止的。[①]

四、现金交易

伊斯兰教禁止利息，因此既禁止有偿借贷，也禁止赊卖，只允许现金交易。通过现金交易来防止利息的产生，这样的例子在伊斯兰教义中有很多。例如，《圣训》载："金币兑黄金是利巴，除非现款交易；小麦兑小麦是利巴，除非现款交易；大麦兑大麦是利巴，除非现款交易；椰枣兑椰枣是利巴，除非现款交易。"再如，"穆圣命令我们小麦兑换大麦，大麦兑换小麦，可以任意交换，只要当面交清"。"第纳尔兑换第纳尔，狄尔汗兑换狄尔汗，两者之间不得盈余。因此，谁需要狄尔汗，就让他用黄金兑换；谁需要黄金，就让他用狄尔汗兑换。此项兑换，宜当现款交易。"

假设存在有偿借贷，出借人将 100 第纳尔借给借款人，年利息为 10%，则借款人 1 年后要还本息共计 110 第纳尔。这样，理论上作为出卖人的借款人就会在其出售商品中包含 10 第纳尔的利息，就像交税一样，商品价格会因为利息的存在而提升。同样的道理，如果存在赊卖，出卖人的商品价格中也会包含利息，因此也会使价格提升。因此，因借贷而产生的非现金交易，会因为

① 苏丁·哈伦、万·那索非则·万·阿兹米：《伊斯兰金融和银行体系——理论、原则和实践》，中国人民大学出版社 2012 年版，第 71 页。

存在利息而导致物价水平的直接提升。13 世纪末 14 世纪初的伊斯兰学者伊本·盖伊姆举例说，如果允许人们以信用形式交换粮食，除非有利可图，否则他们不会马上出售他们的商品，更愿意等待日后更高的利润，如此需求者很难得到他们想要的食物，因为大众并不经常有钱，尤其是农村人，拿着微薄的现金，通常只跟别人交换一种粮食，因此，就像贵金属交易一样，立法者在食物交易中禁止延期付款实为英明之举，也很仁慈。① 同时期的伊本·泰米叶认为，当信用交易普遍时，买方必定面临日后付款的不确定性，卖方有可能对现金交易贴现。②

假设不存在利息，由于现金交易要求每次交易时买受人必须有足够的现金，这也会导致买受人因缺乏足够的资金而丧失交易机会。丧失交易机会就意味着商品交易量的下降。按照交易方程式 $MV = \sum pQ$，如果货币数量和货币流通速度不变，商品交易量下降，理论上也存在价格上升的可能性。也就是说，在现金交易的情况下，买受人也有可能付出更多的货币用来购买商品，因为现金交易会缩小交易规模，买受人要直接为此付出成本。因此，无论是存在利息的借贷交易，还是不存在利息的现金交易的情况，理论上都会导致商品价格上升。但究竟哪种方式导致商品价格上升的幅度更大，需要进一步分析。

举例来说，某商人自有资金 100 第纳尔，借款 100 第纳尔用

---

① 马玉秀：《伊斯兰经济思想概论》，上海社会科学院出版社 2013 年版，第 140 页。

② 马玉秀：《伊斯兰经济思想概论》，上海社会科学院出版社 2013 年版，第 132 页。

来采购商品，年利率 10%，则其资金成本共计 220 第纳尔。如果保证出售商品 10% 的利润，一年只交易一次，则商品价格应当为 242 第纳尔。其中，220 第纳尔作为本息归还，22 第纳尔为 10% 的利润。如果不存在借贷，该商人仅用自有资金 100 第纳尔采购商品，仍然按照 10% 的利润率，则价格为 110 第纳尔，成交后获取利润为 10 第纳尔。也许这仅有的 10 第纳尔还不足以维持这个商人一年的支出。他若希望每年获利仍然为 22 第纳尔，便会将商品价格提升为 122 第纳尔。相比较之下，理论上，由于 10% 利息的存在，商品价格会从 220 第纳尔提升至 242 第纳尔，增长 10%；但如果不存在利息，价格将会从 110 第纳尔增长为 122 第纳尔，增长 10.91%。因此可以看出，在理论上，现金交易方式导致交易规模缩小所带来的商品价格上涨会大于存在利息的借贷交易方式带来的商品价格的上涨。

除此之外，现金交易与借贷交易相比，加快了货币的流通速度。尤其是在以贵金属货币为主的古代。按照交易方程式 $MV = \sum pQ$，货币流通速度（V）的提升，也会导致商品价格（Q）的增长。

当然，前述分析只是非常简单的数学推演，实际情况要非常复杂。从历史上看，在阿拔斯王朝首都巴格达，财富越来越多，土地税款从全国各地源源不断地被送来，结果导致巴格达的物价上涨。对此，富人尚可忍受，穷人则困苦无告。[①] 拥有更多货币的大商人，受到现金交易的影响相对较小，并且因价格提升获得

① ［埃及］艾哈迈德·爱敏：《阿拉伯伊斯兰文化史》（第 2 册），朱凯、史希同译，商务印书馆 2019 年版，第 143 页。

更多的现金货币；而拥有较少货币的小商人，受制于现金交易规则，无法提前预支未来收入，因此对较高价格的商品失去购买力，并且要忍受价格上涨所带来的不利后果。

值得注意的是，现金交易的规则并不排斥商业中支票的使用。如前所述，在古代阿拉伯国家的商业交易中，已经开始采用支票作为一种支付手段。但是，支票本身不是货币，而是货币的提款权。针对支票在市场上的流通，对交易方程式可以做出一定的修正：$MV+M'V'=\sum pQ$。在这个方程式中 M' 为流通的支票总数，V' 为支票的流通速度。若流通中的货币数量 M 有任何变化，M' 通常会随之成比例变化，物价水平也会随之变化。①

第三节 哈里发国家与货币流通

一、货币制度的稳定

货币制度的稳定对于一个国家至关重要。从货币学的角度而言，货币制度的稳定是保持和增进贸易的重要保证。不稳定的货币制度会减少贸易数量，也就是减少了商品交易量。按照交易方程式 $MV=\sum pQ$，当货币贬值，也就是 M 值升高，短期内会

① ［美］欧文·费雪：《货币的购买力：它的决定及其与信贷、利率和危机的关系》，张辑译，商务印书馆 2021 年版，第 49 页。

导致价格 p 的上涨；而由于货币制度的不稳定带来的商品交易量 Q 减少，又会进一步促进价格 p 的升高，并进而促使等号右边的 M 进一步升高，也就是货币更加贬值。

以古代罗马为例，在后古典时期的几个世纪里，货币贬值所导致的结果，首先就是自然给付变成了可以选择的，甚至可以被代之以某些非金钱给付。例如，在赔偿给付或者罚金给付中，可以代之以给付价值基本相等的奴隶，或者作为私犯罚金而代之以给付两倍价值的奴隶。由此可以看出，奴隶成为代替金钱的硬通货。[①] 随着货币贬值在公元 3 世纪不断加剧，自由形成的价格越来越难以令人接受。为在紧急变卖价款过低的情形向出卖人提供保护，戴克里先时期就已经引入了“因受非常损失而撤销”的措施：如果这项价款不足买卖标的物价值的一半，出卖人可以解除合同并请求返还买卖标的物，而他自己则返还价款。为保护买受人免受货币贬值所带来的不利后果，戴克里先于公元 301 年颁布内容丰富的最高限价敕谕，规定各种给付的最高限价，对超过最高限价者施以严厉刑罚，然而在实践中并没有取得什么效果。罗马人并没有在货币制度上成功地战胜贬值，只是将所有的努力放在了对交易进行干预上面。

与古代罗马的货币制度不同，古代阿拉伯帝国的货币基本上保持了稳定。倭马亚王朝刚刚建立起来时，哈里发就禁止造币厂停工，并且为了增加货币供应，在以前没有造币厂的地方还建立

① ［英］威廉·斯坦利·杰文斯：《货币与交换机制》，佟宪国译，商务印书馆 2020 年版，第 42 页。

了新的造币厂。[①] 长时间以来，阿拉伯的金币第纳尔都能保持 4 克左右的基本重量和较高的纯度，而银币狄尔汗也在很长时间里能够保持其重量和纯度。例如，在倭马亚王朝初期，瓦西特的地方官高度重视并且严格控制着银币狄尔汗的重量与纯度。每一个负责人都制定新的规则与制度，以确保他任下生产的钱币的纯度要高于前任。[②] 有赖于其稳定的货币制度，古代阿拉伯国家一直在商业与贸易上保持繁荣，商人们在进行支付时，并没有遇到不知用何种货币进行交易的情形，也并没有遇到罗马遇到的形成价款困难，甚至是将奴隶作为通货这样的情形。

但是到了阿拉伯帝国后期，货币开始出现纯度降低和各种不同货币共存的现象，这一点尤其体现在银币上。为此，帝国的法学家和学者都提出了相关的应对之策。例如，在买卖合同中，当时大多数学者认为，如果一份合同仅规定了所付货币的数量，则必须被解释为是使用那种主导地位的钱币。如果不存在这种钱币，合同会被认为无效。[③] 对此，另有学者提出其他对策，即需要有相应陈述来确定价格。例如，"价格为 1000 狄尔汗，每 1 狄尔汗价值 1/20 第纳尔"。人们在签合同时确定了一定数量的狄尔汗，

---

① Maya Shatzmiller, "Economic Performance and Economic Growth in the Early Islamic World" , *Journal of the Economic and Social History of the Orient* , Vol. 54, No. 2(2011), pp. 132–184.

② Ziad Al–Saa'd, "Chemical Analysis of Some Umayyad Dirhems Minted at Wāsit", *Journal of the Economic and Social History of the Orient*, Vol. 42, No. 3(1999), pp. 351–363.

③ Norbert Oberauer, "Money in Classical Islam : Legal Theory and Economic Practice" , *Islamic Law and Society*, Vol. 25, No. 4（2018）, pp. 427–466.

但实际上他们按照第纳尔的价格，相互间都知道不同质量的狄尔汗值多少第纳尔。[①] 人们当时实际上可能仅是将第纳尔作为一种价值单位而已，也就是表示 1 米思考黄金的价值。

二、铸币权

关于铸币权的问题，包含两个层面：一是国家垄断铸币权和自由铸币的问题；二是中央政府垄断铸币权和地方政府铸币的问题。

关于第一个问题，回顾历史上的其他国家，我们可以获得一些经验。历史上，古希腊在城邦时代是由城邦铸币的，尽管每一个城邦都有不同的重量标准，但是商人所铸造的银币德拉克马在纯度上基本保持稳定，市场上流通的都是足值的银币。后来，亚历山大的帝国垄断了铸币权，并且规定金、银之间的兑换比率为 1∶10，正式确立了金币斯塔特和银币四德拉克马的重量标准。此后，马其顿帝国分裂，分裂后的希腊化国家，继续垄断了铸币权，尤其是钱币的币文上都会写上国王的名字。在这之后，希腊化国家的银币的含银量逐渐下降，在两三个世纪之后，逐渐退化为铜币。古代罗马最初采用的是阿斯铜币。后来罗马元老院垄断了铸币权，在阿斯币上都写上了“SC”（元老院批准）。而帝制时代的罗马元首则垄断了金币和银币的铸造权，并在金币和银币上面写上了自己的名字和各种尊号。在古代罗马，金币在纯度上尽管保持稳定，但是重量一直在减少；而银币则不仅重量在减少，纯度

① Imrani, Bayan, 5:107.16ff.

也一直在降低。类似的情况，在中国也发生过。总体来说，国家垄断铸币权，就开始了对钱币减重的过程，这个过程无论是快还是慢，都体现为一种金属货币信用化的过程。

第二个问题就是货币铸造权是在中央还是在地方的问题。通常来讲，当一个帝国幅员辽阔的时候，往往会将小额辅币甚至是银币的铸造权下放到地方，而且会根据当地的历史传统作出变通。这与小额辅币流通的地域局限性是有关系的。例如，罗马帝国统治下的埃及，保留了其源自托勒密王朝时期的蛇篮币，因为这一货币的流通仅限于埃及地区。

接下来分析阿拉伯帝国的货币情况。在早期，尽管造币厂分布于全国各地，但是金币和银币的铸币权却始终掌握在哈里发手中，除非造币厂已经不受他的控制。钱币铸造被认为是哈里发的一项宗教职务，后来属于法官，再后来则独立出来。对于铸币的管理，具体是指对人们在交易中使用的钱币进行监督管理，防止在铸造过程中弄虚作假或金属缺少分量，否则就会有许多不合格的钱币在交易中使用。[①] 在帝国境内统一的货币，是中央集权以及政府管理经济的重要措施。[②] 按照历史上其他国家的情况进行分析，这种铸币权的垄断会导致货币重量逐渐下降，或是纯度降低。但是，这种情况在阿拉伯帝国却出现得很晚，直到阿拔斯王

---

① 伊本·赫勒敦：《历史绪论》，李振中译，宁夏人民出版社 2015 年版，第 316 页。

② Maya Shatzmiller, “Economic Performance and Economic Growth in the Early Islamic World” , *Journal of the Economic and Social History of the Orient* , Vol. 54, No. 2(2011), pp. 132–184.

朝后期的战乱年代才出现。究其原因，很大的可能是，古代希腊化国家、罗马帝国、中国都是以政府、国王、皇帝的名义发行货币，而唯独阿拉伯帝国是以真主、使者的名义发行货币。倭马亚王朝最初的货币上，背面币文明确写着“以仁慈且富有同情心的真主的名义”（بسم الله الرحمن الرحيم）。这是一个重要的区别，使得阿拉伯哈里发政府一直虔诚地保持着货币的重量。倭马亚王朝时期，各个集市都有一套严格的管理制度。例如，有的总督极为重视对集市的检查，除了检查商品的优劣、价格，还会检查度量衡，并专设货币检查员，查验货币真伪。[①] 国家垄断铸币权对阿拉伯货币重量和质量的影响不大，至少是缓慢的。

当然，统一铸币权的前提是国家的统一以及主权的统一。阿拔斯王朝中后期，各个割据王朝相继而起，因此阿拉伯帝国呈现一种军事割据的局面，巴格达的哈里发已经很难控制全国的造币厂。尽管各小王朝依然尊奉巴格达哈里发，且大多会将其名讳打制于钱币上，但是各地的金币与银币也开始出现了地方化的紊乱局面。

至于铜币的铸币权，则历来是由哈里发政府交由各地方总督的。各地总督发行的铜币也确实规格并不统一。

三、税收的影响

中世纪伊斯兰学者伊本·赫勒敦从历史的角度回顾了哈里发国家的税收状况。他指出，国家的发展水平越高，它的各项费用

① 纳忠：《阿拉伯通史》（上卷），商务印书馆 1997 年版，第 317 页。

开支越多，因此国家需要征收更多的税赋。国家成立伊始，由于是游牧社会，并未有什么奢侈的花销，此时，国家的收入与开支都较少，国家的税收除了满足需求之外，还有不少盈余。随着文明的进步和国家生活的日趋奢华，加之国王及王室成员开始过着纸醉金迷的生活，国家税收再也无法满足这些需求，于是国家便要提高税收，增加各种税赋的税额。而到了国家式微之际，国家的开支增多，税收却日益减少，此时，国王便会增设各种税赋，比如在对各种商品抽税之后，再新增一定数额的市场交易税。国家的各种开支激增，但市场却由于人们丧失信心与希望而陷入萧条，这一切都预示着文明遭到了严重破坏。①

现代经济学认为，税收是打入交易曲线的“楔子”。税收对价格有直接的影响。卖方会将税收加入商品的价格中，形成商品的含税价格。较高的税收，自然会导致商品的含税价格高；而较低的税收，就会导致商品的含税价格低。动态地看，当减少税收时，会导致价格一时降低，直到含税价格趋向稳定。

历史上，倭马亚王朝建立后不久就开启了新一轮的对外征战，国家财政和军事采买急需商业的发展。在这种背景下，政府鼓励开设商店，修建商店和商场一律免税，并允许在无主的土地上修建商场，并一律免税。倭马亚王朝对商业征税不算很高，小商贩可以免税。②倭马亚王朝极为重视伊拉克地区商品的市价，不许商人抬高物价、坑害民众，违法者重则处死，轻则受刑。特别是在

---

① 马玉秀：《伊斯兰经济思想概论》，上海社会科学院出版社 2013 年版，第 154 页。

② 纳忠：《阿拉伯通史》（上卷），商务印书馆 1997 年版，第 316—317 页。

齐雅德·伊本·艾比时代，伊拉克地区市场的物价是比较平稳的，人均生活费仅需 2 狄尔汗。可是到了欧麦尔二世时代，物价日渐腾飞，为一般中下层人士所无法负担，究其原因，是商业税太高，商人无法应付，只好囤积居奇。最后，欧麦尔二世降低商业税，鼓励商人开仓售货，物价才渐渐平稳，商业活动恢复繁荣。[①]历史上，哈里发政府还曾经向非穆斯林进口货物征收关税（什一税），但是这个税收没有持续多久，因为提倡自由贸易时就被取消了。[②]

交易数量增加的效果并不会马上结束。只要税收水平继续维持较低水平，交易数量就会稳步上升。这样，交易方程式的右边 $\sum pQ$ 就会进一步提升，并使交易方程式的左边 MV 增加。在货币数量不变的情况下，V 值就会增加，也就是货币流通速度就会增加。这也就是为什么在贸易繁荣的时代，货币流通速度更快，而表现在钱币上就是磨损的程度更高。换句话说，在低税收水平情况下，人们更倾向于将货币用来消费，而非用来储蓄。我们可以看到一个来自哈伦盛世时期自然磨损非常明显的银币狄尔汗。

图 5-1　阿拔斯王朝哈伦·拉希德银币狄尔汗，2.84 克

钱币因货币流通速度增加而被磨损，因而会逐级退出流通，这样就会逐渐减少货币数量。货币数量减少，会导致短时间通货不足，按照交易方程式 $MV = \sum pQ$，价格会继续降低。同时，交

① 刘天明：《伊斯兰经济思想》，宁夏人民出版社 2001 年版，第 100 页。

② 纳忠：《阿拉伯通史》（上卷），商务印书馆 1997 年版，第 466 页。

易量的增加，也会导致通货不足。此时，政府需要发行更多货币，以弥补通货的不足。

四、与同时期中国的物价水平对比

我们可以对比一下阿拉伯帝国鼎盛期和唐朝时期中国的普通人收入。

首先，我们要借助一些历史素材来看一下当时的货币收入。公元 8—9 世纪时的伊拉克，熟练工的月薪可以达到 5—6 第纳尔，其余工匠平均 1.5 第纳尔。同一时期的埃及，熟练工匠的月薪为 1.5—2 第纳尔。公元 9 世纪初一名埃及纺织工人的日薪只有半个狄尔汗，折算下来每个月最多 15 个狄尔汗。9 世纪中叶，尼罗河三角洲纺织工人的月薪不足 3/4 第纳尔。[①] 唐玄宗时期（公元 712—756 年），中国工人工钱为每天三尺绢。绢价按每匹 550 文计算，一个月合 1237 文，相当于一个九品官的 1/3。德宗建中元年（公元 780 年），园丁的工钱为每年 960 文，另加米 7 斛 2 斗。按照当时的米价每月的真实收入大概为 4 斗米。公元 9 世纪中叶的唐宣宗大中年间（公元 847—860 年），雇工的工钱为每月 500 文。[②] 当时中国每两白银价格在 800—1200 文铜钱，所以公元 8—9 世纪中国工人的工钱在半两到一两白银的范围之间。而金价是 5500—8000 文铜钱，[③] 工人每月工钱不到 1/10 两黄金。唐朝

---

① P.M.Holt, A.K.Lambton, B.Lewis, *The Cambridge History of Islam*, Vol. 2B, Cambridge University Press, 1970, pp.527–528.

② 彭信威:《中国货币史》，上海人民出版社 2015 年版，第 266 页。

③ 彭信威:《中国货币史》，上海人民出版社 2015 年版，第 239 页。

1 两 = 10 钱，每钱重 4.3 克左右（与 1 个第纳尔的重量大约相当）。1/10 两黄金的重量大约等于 1 个第纳尔金币。1 两白银大概为 40 克，等于 13—14 个狄尔汗银币。如此看来，按照黄金计算，中国唐朝时期的雇工收入大体上为阿拉伯阿拔斯王朝时期的雇工收入的一半。而按照白银计算，中国唐朝时期的雇工收入大体上等于阿拉伯阿拔斯王朝时期的雇工收入的一半。

在购买力方面，如果折算为粮食的价格，我们可以参考两个资料。

一个资料是公元 7 世纪末倭马亚王朝时期的诗人艾赫泰勒的诗作《我们这里是骑士之乡》，其中写道："一个第纳尔可以买五十斗小麦，他们却把待客的面包看得贵似香料。"[①] 诗人想表达的意思是小麦便宜，主人太吝啬。可见，当时的小麦价格在普通人心中并不算高。1 个第纳尔买 50 斗小麦，假设当时的 1 个第纳尔兑换 10 个狄尔汗，则每个狄尔汗买 5 斗小麦，每斗小麦 0.2 个狄尔汗，约合 0.6 克白银，每升小麦 0.06 克白银。如果按照每 1000 文铜钱 1 两白银（在同时期中国，1 两白银大概 43 克）计算，每升小麦差不多 1.4 文铜钱。[②]

另一个资料是艾布·法尔吉·本·贾法尔在公元 10 世纪初撰写的《税册及其编写》中记载的公元 9 世纪初艾敏哈里发时期的各省税收情况，但其中的物价和金银币兑换比应当是 10 世纪

① ［阿拉伯］乌木鲁斯·盖斯等：《阿拉伯古代诗选》，仲跻昆译，人民文学出版社 2001 年版，第 186 页。

② 这里也许存在诗歌译者的翻译错误，也许此处的"斗"应为"升"。但即便是"升"，粮食的价格也不过每升 14 文铜钱。

初的：1 库尔小麦和 1 库尔大麦共值 60 个第纳尔。①1 库尔的容量，一说为 121 公升，一说为 252 公升。若按照 121 公升的标准计算，则 242 公升大麦和小麦共值 60 第纳尔金币，即 258 克黄金，每公升粮食（大麦和小麦）值黄金 1.06 克；如果按照 252 公升的标准计算，则每公升粮食值黄金 0.51 克黄金。按照《税册及其编写》中的记载，1 个第纳尔可以兑换 15 枚狄尔汗，60 个第纳尔等于 900 个狄尔汗，假设狄尔汗是足值的，则 900 个狄尔汗的重量为 2673 克白银。如果按照 121 公升计算，每公升粮食价值白银 11 克；如果按照 252 公升计算，则每公升粮食价值白银 5.3 克。如上所述，按照每两白银 1000 文铜钱计算，11 克白银价值铜钱大约 250 文；而 5.3 克白银值铜钱大约 120 文。换句话说，在阿拔斯王朝艾敏时期，每公升粮食 100—250 文钱。相较于两个世纪前，上涨了将近 200 倍。当时的诗歌写道：

巴格达绮丽无比，微风一吹勾魂魄。
富贵之人享安乐，贫寒之士投无门。

接下来和唐朝做一些对照。当时中国唐朝时期的米价经历了不同的阶段。公元 7 世纪上半叶，米价为每公石（100 公升）36 文钱，每升不到 1 文钱。公元 7 世纪下半叶，米价为每公石 61 文钱。但这些是特别丰收时的价格。正常的米价在贞观年间可以假定为每公石 100 文，差不多就是每升 1 文钱。此时中国的米价

① ［阿拉伯］伊本·胡尔达兹比赫：《道里邦国志》，宋岘译注，华文出版社 2017 年版，第 218 页。

和阿拉伯倭马亚王朝时期的价格差不多。公元 8 世纪上半叶米价则为每公石 336 文。安史之乱后，物价腾贵，公元 8 世纪后期，米价每公石 3000 文，每升为 30 文。公元 9 世纪前半叶回落到每公石 1000 文，每升 10 文。[①] 由此可见，初唐时期，两国的物价水平差不多，但是到了阿拔斯王朝时期和中国晚唐时期，前者粮食价格上涨了近 200 倍，而中国上涨了 30 倍。

按照公元 9 世纪上半叶中国米价计算，每公石（100 公升）差不多合黄金 6 克，或白银 33 克（不到 1 两）。[②] 换句话说，每公升粮食合黄金 0.06 克，白银 0.33 克；而差不多同时期的阿拔斯王朝，每公升粮食值 0.5—1.06 克黄金、5.3—11 克白银。按照黄金计算，阿拔斯王朝每公升粮食的价格是中国唐朝的 8—18 倍；按照白银计算，是 16—33 倍。这也体现了两国金银比价的差异。

如果从收入的购买力来看，折算成白银，中国的工人收入不及当时阿拉伯工人收入的一半。上述诗歌中传唱的“一个第纳尔可以买五十斗小麦”的倭马亚王朝时期，如果每个月收入为 2 个第纳尔，就可以购买 1000 升粮食。而对于唐朝时期的中国雇工，每月收入 500—1000 文铜钱，如果按照 10 文钱买 1 升粮食计算，每月收入可以购买 50—100 升粮食。如果按照阿拔斯王朝时期计算，假如还是每月收入 2 第纳尔，则每月可以购买的粮食为 4—8 升。如果收入不到 1 个第纳尔，恐怕就只能买到三五升粮食。总体来讲，在公元 7—10 世纪的阿拉伯国家，物价在大规模上涨，

---

①② 彭信威：《中国货币史》，上海人民出版社 2015 年版，第 264 页。

而收入并没有上涨；在同时期的中国，尽管收入没有明显上涨，但是物价也没有经历太大的上涨。

第四节 穆斯林生活与货币流通

一、贸易

公元5世纪，古莱氏人控制下的麦加成为阿拉伯半岛重要的商业中心。以麦加为中心，疏通半岛南北，并连接东西方商路。以麦加为中心的商道包括：

也门—麦加—希拉（伊拉克）

也门—麦加—布斯拉（叙利亚）—西方

也门—麦加—加沙（叙利亚）—西方

也门—麦加—伊勒（亚喀巴）—加沙、布斯拉——西方

麦加—奈芝兰（也门）—东非

麦加—内几德—叶玛迈—巴林—海湾—伊拉克—东方

麦加—俄波拉—伊拉克

公元6世纪末以后，麦加与岛内南、北、东三面连通，商道四通八达，网布内外，盛况空前。这就是著名的汉志商道。[①] 由

① 纳忠：《阿拉伯通史》（上卷），商务印书馆1997年版，第92页。

此可见，早在蒙昧时期，阿拉伯人就十分重视商业贸易。

贸易的增加可能是由于改善的运输工具、增进的贸易自由程度、改良的货币制度以及增加的经营信心创造的。[①]从历史上看，阿拔斯王朝的首都巴格达，得益于其地势，适合做一个航运中心，便于与当时认识的全世界进行充分的联系。巴格达的码头，有好几英里长，那里停泊着几百艘各式各样的船只，有战舰和游艇，有中国的大船，也有本地的羊皮筏。市场上有从中国运来的瓷器、丝绸和麝香；从印度和马来群岛运来的香料、矿物和染料；从中亚突厥人地区运来的各样宝石和奴隶；从斯堪的纳维亚和俄罗斯运来的蜂蜜、黄蜡、毛皮和白奴；从非洲运来的象牙、金粉和黑奴。帝国的各省区，用驼队或商船，把本省的物产运到首都，比如从埃及运来的大米、小麦和夏布；从叙利亚运来玻璃、五金和果品；从阿拉比亚运来锦缎、红宝石和武器；从波斯运来丝绸、香水和蔬菜。巴格达城东西两部分的交通，是由三座浮桥连接起来的。当时，商人们从巴格达和其他出口中心，航行到远东、欧洲和非洲，他们贩卖各种织造品、宝石、铜镜、料珠、香料等。如今在世界各国，远至北方的俄罗斯、芬兰、瑞典和德国，所发现的阿拉伯钱币，都可以证明穆斯林商人在这个时期和以后的年代里，所进行的具有国际性质的商业活动。[②]穆斯林商业与贸易的发达，并非仰赖军事力量，而是信赖伊斯兰的

① ［美］欧文·费雪：《货币的购买力：它的决定及其与信贷、利率和危机的关系》，张辑译，商务印书馆 2021 年版，第 71 页。

② ［美］菲利浦·希提：《阿拉伯通史（第十版）》，马坚译，新世界出版社 2008 年版，第 277 页。

文化力量，包括依伊斯兰法而确立的商业规则与契约文化、金银双本位制的确立、穆斯林政府课征的低廉商业税、共通的国际语言阿拉伯语、网络据点的发达，以及穆斯林特有的圣地巡礼义务与机制等。[①] 贸易为阿拉伯商人带来了巨大的财富。巴士拉地区的商人，把货物用船只贩运到世界上遥远的地方，有些商人每年的收入超过 100 万狄尔汗。巴士拉和巴格达的一个没有文化的磨坊主，能够每天用 100 第纳尔布施贫民。希拉夫的普通商人，每户的资本超过 1 万第纳尔，有些商户的资本则超过 3 万第纳尔，有些从事海上贸易的商户的资本竟达 400 万第纳尔之多。[②]

在东北方向的贸易路线上发现的大量的贮藏货币，显示了它们来自公元 10 世纪。而来自公元 8 世纪和公元 9 世纪的则多被贮藏在造币厂的地方，例如北非。这说明了广泛的货币流通以及交易的货币化。钱币学的证据并非唯一的来源，文献和考古学证据同样显示出金属矿和造币厂数量的上升。[③] 所发现的来自公元 7 世纪的狄尔汗贮藏数量为 158 枚，来自公元 8 世纪的为 16640 枚，来自公元 9 世纪的为 66946 枚，来自公元 10 世纪的为 183116 枚，来自公元 11 世纪的为

---

① 张锡模：《圣战与文明：伊斯兰与西方的永恒冲突》，生活 · 读书 · 新知三联书店 2016 年版，第 74 页。

② ［美］菲利浦 · 希提：《阿拉伯通史（第十版）》，马坚译，新世界出版社 2008 年版，第 312 页。

③ Maya Shatzmiller, “Economic Performance and Economic Growth in the Early Islamic World” , *Journal of the Economic and Social History of the Orient* , Vol. 54, No. 2(2011), pp. 132–184.

62027枚。[①] 由于贸易的增加有降低一般价格水平的趋势，因此任何增加贸易的事务都趋向降低一般的价格水平。[②]

二、商业城市

商业在阿拉伯帝国的历史上起到了非常重要的作用。重视商业是阿拉伯哈里发政府一贯的经济政策。在这种经济政策的刺激下，国内国际贸易日益繁荣，国外的货币也源源不断地涌入。按照交易方程式 $MV=\sum pQ$，若贸易的繁荣增加了商品交易总量，则商品价格会随之下降。而贸易的繁荣，得益于阿拉伯历史上诸多非常重要的商业城市。在任何一种文明中，城市生活的发展都必须依靠工商业。气候、民族和宗教的差异，与时代的不同一样，对于这一事实来说是无关紧要的。[③] 城市中拥有巨大财富和主导力量的人口是商人，他们从乡下买进食物或者其他初级产品，并且将远途的珍贵商品集中到城市。[④] 商业城市的存在，为商贸提供了便利的场所以及统一的市场。

伊斯兰教兴起之前，麦加是汉志商道上繁荣的商业集散地。古莱氏人之所以能使麦加在战乱中保持中立而且繁荣起来，得

---

① Roman K. Kovalev, Alexis C. Kaelin., "Circulation of Arab Silver in Medieval Afro–Eurasia: Preliminary Observations", *History Compass*, No.5 (2007), pp. 560–580.

② ［美］欧文·费雪：《货币的购买力：它的决定及其与信贷、利率和危机的关系》，张辑译，商务印书馆2021年版，第69页。

③ ［比利时］亨利·皮朗：《中世纪的城市》，陈国樑译，商务印书馆1985年版，第84页。

④ Albert Hourani, *A History of the Arab Peoples*, Grand Central Publishing, 1991, p.111.

益于他们与列强签订的“商务协定”以及与当地部落签订的“安全契约”。麦加不仅将半岛南北连接起来，而且在跨洲贸易中也起到中转站的作用。象年之战后，麦加商业更加繁荣。倭马亚家族的族长艾布·苏福彦是麦加最著名的巨富，他同麦加商人合伙组织了商队，常亲自或者委派他人到叙利亚和伊拉克经商。

公元 661 年，穆阿维叶任哈里发之后，将阿拉伯帝国的政治中心迁到了叙利亚的大马士革。大马士革是一座古老的城市，从希腊化时代起就一直是西亚的重要城市。此后，这里又经历了罗马帝国、拜占庭帝国的统治，再后来成为倭马亚王朝的首都。这里曾经是丝路贸易的重要节点，英语的“缎子”（damask）一词便来源于此。大马士革现为叙利亚首都。

大马士革曾经是深受拜占庭文化影响的城市。倭马亚王朝建立之初，大马士革街头有许多穿着灯笼裤和红皮鞋、戴着大缠头的人，又有许多贝都因人，他们的面庞被太阳晒得黑黑的，穿着宽大的长上衣，戴着头巾和头带。偶尔还会遇见穿着欧洲服饰的法兰克人。大马士革的贵族则骑在马上，穿着白色的丝绸斗篷，佩着宝剑或手持长矛。路上的妇女都戴着面纱。[①]同时，由于这里的宗教包容政策，大马士革的贸易、艺术和科学都相当繁荣。在这里，希腊—罗马式的广场被改造为阿拉伯式的露天剧场；有精心规划的商业区，其中有遮挡沙漠烈日的大

① ［美］菲利浦·希提：《阿拉伯通史（第十版）》，马坚译，新世界出版社 2008 年版，第 212 页。

型建筑、供商旅使用的商店和货栈；一大批图书馆、经学院和医院拔地而起。大马士革很快就成为一座国际大都市，被誉为“东方明珠”和“万柱之城”。阿拉伯中世纪旅行家、历史学家伊本·祖拜尔（1145—1217年）赞道：“如果天堂在人间，它一定就是大马士革；如果天堂在天上，只有大马士革堪与之媲美。”[①]事实上，在更深层次上，以大马士革为首都的倭马亚王朝则深受拜占庭文化的影响，包括王朝的政治、礼俗，各部门的组织，皇宫、近卫军等，这些设施看上去都像是另一个君士坦丁堡。[②]毫无疑问的是，在倭马亚王朝开始建立起来的阿拉伯货币制度，其中的金币和铜币，都是学习了拜占庭的货币，真正影响到阿拉伯钱币样式的是拜占庭钱币。这一点我们可以从倭马亚王朝货币改革之前的过渡货币，看到它从拜占庭货币一步步走来的样子。

巴格达早在巴比伦王国时期就已经存在,《汉穆拉比法典》中将其称为“天赐”。巴格达在传统上属于波斯人的城市。阿拉伯人征服波斯后，这里就成为著名的商业城市。倭马亚王朝各地的长官也都积极兴建本地市场。例如，大将赛耳德·伊本·艾比·宛葛斯在库法城清真寺前的广场上修建集市，巴士拉城也在清真寺前修建了集市，与此类似的还有瓦西特和摩苏尔等城市。[③]阿拔斯王朝时，这里成为阿拉伯帝国的首都，并取名“和

---

① 孙宝国:《在神圣和世俗之间：西亚城市带的交融与冲突（公元前7000年—公元1922年）》，中国社会科学出版社2022年版，第156页。

② 纳忠:《阿拉伯通史》（上卷），商务印书馆1997年版，第353页。

③ 纳忠:《阿拉伯通史》（上卷），商务印书馆1997年版，第317页。

平城”（al-Salam）。阿拉伯王朝将首都迁往巴格达，意味着波斯文化在伊斯兰世界中的影响日益增大。阿拔斯王朝的哈里发们，以及学者和历史学家们都相信阿拔斯王朝是建立在波斯人的肩膀上的。[①]在阿拔斯王朝，国家建立了波斯式的宰相制度。而哈伦时期，也根据波斯经济学家的建议，进行了大规模的税制改革。

贸易为巴格达的崛起提供了助力。在建都之时，有人曾向曼苏尔提议，首都选址巴格达将会大大促进商贸经营。陆上商道以巴格达为中心，四通八达。东路方向，巴格达经哈马丹、尼哈旺德、加兹温、赖伊、尼沙普尔、布哈拉、撒马尔罕至中国；西路方向，巴格达经拉卡、大马士革、埃及、北非至西班牙；东北路方向，巴格达经高加索、里海西岸、俄罗斯至东欧；北路方向，巴格达经摩苏尔、哲齐赖、阿勒颇、拜占庭至东欧；南路方向，巴格达经库法、汉志到也门。[②]货船在幼发拉底河和底格里斯河上来来往往。风尘仆仆的商队长途跋涉，从埃及向叙利亚赶去，货船与牲畜满载货物，在各自商道上向着这座新建的城市前进，而城中的居民很快便学会了在放纵挥霍中寻欢作乐。在巴格达建成后的仅仅几年里，这座城市的市场便挤满了贩卖世界各式商品的商人，从丝绸、黄金、珠宝到图书、香料、异国水果、华丽地毯和耐力强大的骆驼，商品琳琅满目，应有尽有。十几年时间里，这座城市的财富大幅增长起来。与此同

① ［埃及］艾哈迈德·爱敏：《阿拉伯伊斯兰文化史》（第2册），朱凯、史希同译，商务印书馆2019年版，第46页。

② 纳忠：《阿拉伯通史》（上卷），商务印书馆1997年版，第515页。

时，成千上万的人也加入进来，企图在其中投机牟利。曼苏尔新建的这座城市成了一个庞大无比的大都会，一个无与伦比的商贸中心，东方的罗马。和平局势带来了大量财富。以巴格达为中心的伊拉克行省，财政收入四倍于帝国的第二富裕的埃及行省。每年的国库收入高达 1.6 亿狄尔汗，也就是 480 吨白银。① 在巴格达社会中，商人起到了重要的作用。每种商业或者手工业，在市场上都有本行业的店铺。② 巴格达的珠宝商伊本·哲萨斯的财产有 1600 万第纳尔，被哈里发穆格台底儿没收之后，他仍然是富商，而且成为珠宝业闻名于世的一个大家族的祖先。③ 伯尔麦克族的叶哈雅·伊本·哈立德，曾向巴格达的商人出价 700 万狄尔汗购买一个用宝石雕成的珠宝匣，却被拒绝了。④ 中世纪伊斯兰学者伊本·赫勒敦认为，消费可以对经济发展以及作为商贸中心的城镇发展产生正向的作用。缺乏消费则将导致相反的结果。劳动力是创造财富和经济发展的起点，剩余劳动力可用于其他两种事项：城市中的奢侈行业、满足其他城市居民所需。剩余劳动力能够增加城市的财富，产生熟练工人，人口增长时会进一步重复这种运转模式。伴随劳动力的增加，对

---

① ［英］贾斯廷·马罗齐：《巴格达：和平之城，血腥之城》，孙宇译，民主与建设出版社 2020 年版，第 84 页。

② ［美］菲利浦·希提：《阿拉伯通史（第十版）》，马坚译，新世界出版社 2008 年版，第 277 页。

③ ［美］菲利浦·希提：《阿拉伯通史（第十版）》，马坚译，新世界出版社 2008 年版，第 312 页。

④ ［美］菲利浦·希提：《阿拉伯通史（第十版）》，马坚译，新世界出版社 2008 年版，第 315 页。

奢侈品的需求进一步增强，从而促进城市中利润的集合倍数增长，城市的生产更加兴盛。[①]

西班牙的科尔多瓦是后倭马亚王朝哈里发的首都。古代撒拉逊一位作家说：“科尔多瓦是安达卢西亚的新娘，集一切令人赏心悦目的珍品于一身。历代统治者在科尔多瓦建都，让科尔多瓦尊享都城荣耀。诗人从辞海中采撷的珍珠串成科尔多瓦的项链；学者精心编织的学术之旗是科尔多瓦的旗袍；艺术巨匠和工艺大师甘为科尔多瓦的衣服镶边。”公元 10 世纪初，在哈里发阿卜杜勒·拉赫曼三世的统治下，科尔多瓦变成一座让人骄傲的都城。这里的建筑美轮美奂，经济发达，居民彬彬有礼。也许除了拜占庭，欧洲没有一个城市能与之媲美。[②]哈里发阿卜杜勒·拉赫曼三世为了宠爱他的被称为“最美之人”的女人，为她建造了一座城市，并以她的名字命名，这座城市就是阿尔扎哈拉城。在当时，科尔多瓦每年收入的 1/3 都来用作城市的建设。在阿尔扎哈拉城，宫中的男仆共有 13750 名，每天他们要吃掉 1.3 万磅的肉，哈里发的女人和女仆有 6314 人，斯拉夫禁卫军和内侍 3350 人。这些人每天也要吃掉肉食 1.3 万磅；仅仅是宫里水池中养的鱼，每天就要吃掉 12000 个面包，还不算每天分六次投喂的黑豆类食品。为“最美之人”建造的“最美之城”阿尔扎哈拉城，以及首都科尔多瓦的大清真寺这样的建筑，只有手艺高超的匠人才能建造出来。

---

① 马玉秀：《伊斯兰经济思想概论》，上海社会科学院出版社 2013 年版，第 149 页。

② ［英］斯坦利·莱恩－普尔：《伊比利亚八百年：摩尔人统治下的西班牙》，中国工人出版社 2022 年版，第 110 页。

丝织手艺是西班牙最重要的技艺之一，仅在科尔多瓦，据说就有13万编织工人。[①]

开罗曾是拜占庭的一个军事要塞，公元7世纪中叶，阿拉伯人在这里建城，即福斯塔特城，是为旧开罗。此后，这里是法蒂玛王朝的首都，福斯塔特改称开罗，意思是胜利。13世纪下半叶，开罗又成为马木留克王朝的首都。公元968年，法蒂玛王朝第四代哈里发木伊兹派大将昭海尔，并筹集军费2400万第纳尔对埃及发起总攻。昭海尔进入埃及4年后，于公元972年完成了新都开罗的建造。昭海尔发表演说重申建立开罗新首都，是为了方便穆斯林到圣地麦加朝圣，同时也为了继续圣战。公元973年，法蒂玛王朝哈里发木伊兹进入开罗时，其行列之威武、富丽，是埃及历史上少有的：由2000头骆驼组成的驼队，载运着金珠财富，令人惊奇。后人用“木伊兹的黄金”来形容当时的情景。[②]

从人口的角度而言，一个地区的人口越是稠密，货币的流通速度就越快。[③]伊斯兰学者伊本·赫勒敦认为，人口的增长本身并不对经济发展造成冲击，相反，它会进一步促进经济的繁荣。当然，前提是必须存在生产机会，否则会导致失业。每座城市的收入与消费是均衡的，收入高，消费就高。如果两者都高，居民

---

① ［英］斯坦利·莱恩－普尔：《伊比利亚八百年：摩尔人统治下的西班牙》，中国工人出版社2022年版，第118、122页。

② 纳忠：《阿拉伯通史》（上卷），商务印书馆1997年版，第55页。

③ ［美］欧文·费雪：《货币的购买力：它的决定及其与信贷、利率和危机的关系》，张辑译，商务印书馆2021年版，第79页。

安居乐业，城市就能得到发展。[①] 法蒂玛王朝的首都开罗，人口数量的增长使得经济在短时间内开始繁荣。

欧文·费雪认为，人口的增长会加快货币的流通，按照交易方程式 $MV=\sum pQ$，当货币数量保持不变时，货币流通速度越快，价格水平越高。[②] 而梅休在对英国货币史的实证研究的基础上认为，人口的增长对货币流通速度没有影响，即货币在更多人口之间流通时，流通速度不会增加。人口变化对价格的影响应当用人口变化对 GDP 的影响，即对交易方程式中 Q 的影响来解释。[③] 这样就会得出不同的结论，即如果人口增长增加了 V，则价格会随之增长；如果人口增长增加了 Q，则价格会随之下降。

面对这个问题，我们可以考察一下历史中的一些记载。波斯旅行家纳绥里在《旅行记》中对法蒂玛王朝的首都开罗有这样的记载：

当时开罗有 2 万间商店，全属法蒂玛王朝的哈里发私产。哈里发将商店出租，收受房租，每间商店的月租金达 10 第纳尔金币之多。

开罗出租的住宅约 8000 所，有的住宅达六七层。开罗人口约 50 万，仅旧开罗的面积就等于巴格达的 1/3。一所住宅的住户，有的达 200 余人。

① 马玉秀：《伊斯兰经济思想概论》，上海社会科学院出版社 2013 年版，第 149 页。

② ［美］欧文·费雪：《货币的购买力：它的决定及其与信贷、利率和危机的关系》，张辑译，商务印书馆 2021 年版，第 79 页。

③ ［英］尼克·梅休：《历史视野中的货币数量理论》，载［英］马克·卡森、尼格尔·哈希姆扎德主编：《经济史中的大数据：研究方法和案例》，白彩全、陈竹君、张妍译，社会科学文献出版社 2020 年版，第 117 页。

开罗处处芳草，遍地园林。哈里发的巨大宫殿屋顶，被辟成花园，成为王室娱乐休息的场所。

从公元10世纪下半叶到1171年法蒂玛王朝瓦解的200年时间里，埃及基本上是繁荣昌盛的。马木留克王朝之后的250年里，阿拔斯家族一代又一代傀儡哈里发在这里诞生，开罗成了伊斯兰世界新的中心，这里曾一度经济、文化繁荣昌盛。例如，在新大陆的奴隶被引进之前，开罗是世界上最大的奴隶市场。除了奴隶市场，其他专业化市场也非常繁荣。[①]在开罗的例子中，它的特点是其人口增长使得交易（Q）增加。但是，如果货币数量（M）和货币流通速度（V）没有显著增加，按照交易方程式 $MV=\sum pQ$，价格将会下降。这一点早在公元14世纪伊斯兰学者伊本·赫勒敦就已经认识到。他认为，人口的增多会对必需品的价格产生影响。如果人口数量增加，那么生活必需品的价格就会降低。但是，伊本·赫勒敦又认为，奢侈品的价格会伴随人口增长而上涨，而人口数量减少就会出现相反的情况。[②]这是由于财富的聚集效应会导致流入奢侈品交易的货币量（M）增加。更进一步，如果一个地区奢靡成风，则不仅奢侈品价格上涨，也会带动其他商品的价格上涨。历史中的现实是，阿拔斯王朝的首都巴格达在繁荣之后物价持续大幅增长，穷人苦不堪言。究其原因，除了

① 车效梅：《中东中世纪城市的产生、发展与嬗变》，中国社会科学出版社2004年版，第40页。

② 马玉秀：《伊斯兰经济思想概论》，上海社会科学院出版社2013年版，第146页。

这里的人口增长之外，首都巴格达源源不断地从全国各地获得货币形式的税收。这些并非来自贸易的货币大量涌入该区域，使得该区域内货币数量（M）显著增加，进而导致物价水平出现明显上升。

三、商业组织

在伊斯兰实践中，以利润分成方式签订契约进行合伙式的生产获得了广泛的认可。这种形式源自长久以来的实践。

在农业生产中，利润分成被称为穆扎拉。在这种形式中，一方提供土地，另一方提供劳动力。每一方都可以另外再提供一些其他的生产要素，诸如种子、水、工具和其他耕作费用。劳动者是地主的合伙人，双方按照协议确定的收成比例分享利润。这种合伙运作的模式也适用于园艺业。[①]

在商业实践中，这种利润分成的合伙运作模式被称为穆扎拉巴。“穆扎拉巴”最初的含义是指步行或者旅行，用来描述为商业资本家工作的代理人或是商业工人。在穆扎拉巴模式下，一方提供资本，另一方利用这些资本去赚取利润，最后双方按照事先签订的合同进行利润分成。给予代理人的资本既可以是货物，也可以是现金，代理人正是利用这些资本进行商事活动的。代理人并不为他的工作获取工资，也不为合伙事业的损失负责。一旦亏损，代理人的所有劳动就得不到回报。[②]这种商业组织形式在

① 王正伟：《伊斯兰经济制度论纲》，民族出版社 2004 年版，第 200 页。

② 王正伟：《伊斯兰经济制度论纲》，民族出版社 2004 年版，第 202 页。

伊斯兰教产生之前就已经存在于阿拉伯半岛。历史文献显示，缔结穆扎拉巴契约时应当虑及：①签订契约者的数量与身份；②契约的目的及其目标；③合作伙伴贡献的性质和程度（资本、商品、承诺、劳作），以及每位合伙人的特殊权利；④合伙人的盈亏分担以及对投资资本所负的责任；⑤影响合作伙伴开支的条件和合伙人生活费的支出；⑥合伙人能否参与其他的合伙关系；⑦合伙关系的期限（特殊的商业计划除外）；⑧任何形式的特殊条件；⑨缺少一定条件时，可依据贸易习惯法和当时的实践。[①]

伊斯兰的商业组织实践源于伊斯兰教的教义，即商业运作中资本方只能是共用利润和共担风险的合作者而不是成为债主。从钱中生钱是不可接受的。[②]这种模式首先被认为属于符合伊斯兰教义的运作方式，同时在经济上也赋予投资人与管理者相同方向的激励。现代经济学认为，企业管理者作为企业投资者的代理人，存在采取机会主义行为的风险，这就是所谓代理问题。为了克服这一风险，需要采取适当的激励机制使作为代理人的企业管理者与企业投资者的利益相一致。在现代公司治理体系中，会采取股权激励、期权激励等方式激励公司经理人采取公司利益最大化的方式进行管理，也会采取追究信义责任的方式约束经理人的行为。而伊斯兰的商业组织实践实际上已经初步解决了这个代理问题。可能会全部归属投资人的收益，现在要按照比例在投资人和管理人之间进行分成。对于投资人来说，这项额外的支出等同于为了

---

① 马玉秀：《伊斯兰经济思想概论》，上海社会科学院出版社 2013 年版，第 78 页。

② 王正伟：《伊斯兰经济制度论纲》，民族出版社 2004 年版，第 209—211 页。

激励管理人勤勉行事而付出的成本；对于管理人来说，这项额外的收入就是他辛勤劳动的所得。

伊斯兰商业组织实践采取的正向激励，实际上分散了企业所获得的利润。理论上讲，如果资本收益集中于投资人，投资人在获得商业收益后由于无法通过借贷获得收益，因此闲置的货币很有可能会被大量地贮藏而退出流通。而如果管理人获得更多的收益，则他有进行更多消费或是追加投资的趋势。相比较而言，伊斯兰商业组织实践更有利于增加货币的流通。同时，由于这种商业组织实践更加激励管理人勤勉行事，投资人因此会获得更多的回报，会更愿意扩大投资，这在一定意义上会降低金融资产的价格。

另外，伊斯兰经济中也出现了资本主义的萌芽特征。有学者在考察了阿拔斯王朝时期埃及的商业组织后发现，征税人在收集了资本之后，投资于当地的亚麻种植业和纺织业，而在乡村则投资于用于商业生产的原材料。在这些产业中，工人领取工资。①

四、财富观

一个群体的财富观直接影响了这个群体的消费观念。人们是将货币消费，还是将货币贮存起来，将直接影响货币的流通总量和流通速度。按照交易方程式 $MV = \sum pQ$，货币总量若保持不变，流通速度越快，方程式等号左边的数值就越大，右边也就随之增

① Gladys Frantz-Murphy, " A New Interpretation of the Economic History of Medieval Egypt : The Role of the Textile Industry (254-567/868-1171)" , *JESHO*, 1981, pp. 274-291.

大，物价水平就越高。例如，中国人一向偏好储蓄，在古代更是如此。这就导致了货币流通速度的降低，这是中国古代物价水平较低的决定因素之一。

面对蒙昧时代的阿拉伯人，《古兰经》对穆斯林提出了许多行为上的戒律，有些方面我们可以看作伊斯兰经济思想的体现。

伊斯兰经济思想首先提倡适度，也就是中庸适中，不走极端。①《古兰经》云：

阿丹的子孙啊！每逢礼拜，你们必须穿著服饰。你们应当吃，应当喝，但不要过分，真主确是不喜欢过分者的。（7：31）

伊斯兰教所提倡的中庸适中，使信仰伊斯兰教的人有一个在数量上的中道限制，超越了这种限制，任何消费都被认为是一种犯罪，并会导致他在来世的回报。如果在其支付范围内，消费者一旦将消费水平停滞在他已经达到的消费点上，除非他以更多的精神追求来弥补，否则无论是收入增加还是商品价格的下降，都不会导致购买更多的“坏东西”。相应地，伊斯兰消费者的购买决策与经济人不同，在任何给定的商品中，伊斯兰社会的市场需求曲线都在不超过一定的数量范围之内，也不会对价格的下降作出反应。②

其次是效益。对此《古兰经》反对经济资源的不必要的使

① 马玉秀：《伊斯兰经济思想概论》，上海社会科学院出版社 2013 年版，第 41 页。

② 王正伟：《伊斯兰经济制度论纲》，民族出版社 2004 年版，第 189 页。

用，否则会遭受安拉的惩罚，经济资源浪费者被视为恶魔的兄弟，被天园摒弃，进入炼狱，不被安拉饶恕。这种观念对伊斯兰社会的生产与消费产生了明显的影响。[①]同时，伊斯兰讲求社会公正，社会公正尤其运用于收入分配中。[③]《古兰经》云：

他们的财产中，有乞丐和贫民的权利。（51：19）

根据重要的圣传记载，先知穆罕默德曾向阿卜杜拉·本·艾比·赖比尔借款4万银币，向胡韦退卜·本·阿卜杜·欧萨借款4万银币，向赛福旺·本·欧麦尔借款5万银币，共借了13万银币，先知将部分借款发给贫苦人民，每人平均得到50银币。[④]宗教方面的激励机制强调以减少自己的所得甚至放弃自己的私有财产为代价为他人谋取福利和财富。和现世的激励相反，宗教激励机制是在短期内通过削减富人的财产而使他们受到损失，但长期来看，他们会因为现世财富的增加而得到补偿，而且他还会在来世获得拯救和永恒的幸福，否则将遭遇不幸。[⑤]《古兰经》又云：

窖藏金银，而不用于主道者，你应当以痛苦的刑罚向他们报喜。在那日，要把那些金银放在火狱的火里烧红，然后用来烙他们的前额、肋下和背脊。这是你们为自己而窖藏的金银。你们尝尝藏在窖里的东西的滋味吧！（9：34—35）

---

①③　马玉秀：《伊斯兰经济思想概论》，上海社会科学院出版社2013年版，第41页。

④　纳忠：《阿拉伯通史》（上卷），商务印书馆1997年版，第97—98页。

⑤　王正伟：《伊斯兰经济制度论纲》，民族出版社2004年版，第164页。

到了阿拔斯王朝，阿拉伯帝国进入鼎盛期。许多钱花费在哈里发和王公贵族的宫殿里，以及军队统帅、国家官吏身上，而他们又把钱花费在接近宫廷的文学家、学者、歌唱家、女奴和随从身上。[①] 在那个时代，钱来得快，去得也快。哈里发、王公贵族和总督们赏赐钱财非常痛快，没收起来也毫不留情。只要一首歌、一行诗、一句好话或者一个巧妙的回答让他们满意了，他们就成千上万地赏赐。但一句话不对头，就要下狱杀头，钱财也被没收了。[②] 从理论上讲，若手头现金量是给定的，则个人花费越多，流通速度或周转速度就越快；或者说给定了一年的支出总额，这个人持有的平均现金量越少，流通速度或者周转速度就越慢。[③]

例如，阿拔斯王朝艾敏时代，哈里发已经非常富裕。在某个晚上，哈里发赏赐给他的以唱歌为业的叔父 30 万第纳尔。他的这位叔父曾多次获得赏赐，共计 2000 万狄尔汗。[④] 如果我们将这些为取悦王公贵族的艺人看作一种奢侈品的提供者，从某种程度上可以看出，奢侈品对于社会经济有着不可或缺的作用。同时，在社会上，金钱万能的观念也开始流行。公元 10 世纪波斯诗人

---

① ［埃及］艾哈迈德·爱敏：《阿拉伯伊斯兰文化史》（第 2 册），朱凯、史希同译，商务印书馆 2019 年版，第 140 页。

② ［埃及］艾哈迈德·爱敏：《阿拉伯伊斯兰文化史》（第 2 册），朱凯、史希同译，商务印书馆 2019 年版，第 143 页。

③ ［美］欧文·费雪：《货币的购买力：它的决定及其与信贷、利率和危机的关系》，张辑译，商务印书馆 2021 年版，第 72 页。

④ ［美］菲利浦·希提：《阿拉伯通史（第十版）》，马坚译，新世界出版社 2008 年版，第 276 页。

艾哈迈德·本·法里斯的诗歌写得十分明白：

若有什么东西你非常喜欢，
你想要派人前去将它采办，
就派聪明能干者无须叮嘱，
那个聪明能干者就是金钱。

白益王朝的赛弗·道莱是一位有钱的贵族。有一天，一位诗人谒见他，并从衣袖之中抽出一个空口袋和一个纸卷，纸卷上写着一首诗。诗人请求赛弗·道莱准许他朗诵。获得准许后，诗人开始朗诵。诗的第一句是：

你有送礼的习惯，
你的命令有灵验；
你的奴仆
需要一千枚狄尔汗！

诗人把全部诗朗诵完毕后，赛弗·道莱哈哈大笑，命人赏给他 1000 枚银币。银币装满了诗人的空口袋。①

欲望是维持世界运行的主要动因。因为有和别人穿得一样好或更好的不同欲望，才有了多种多样的绫罗绸缎，同样的道理也适用于其他奢侈品。② 中世纪伊斯兰学者伊本·赫勒敦认为，市

① ［埃及］艾哈迈德·爱敏：《阿拉伯伊斯兰文化史》（第 5 册），史希同译，商务印书馆 2019 年版，第 116 页。

② ［美］欧文·费雪：《货币的购买力：它的决定及其与信贷、利率和危机的关系》，张辑译，商务印书馆 2021 年版，第 69 页。

场上奢侈品所增加的劳动不同于以往，以往的劳动仅仅是为了满足人们的基本生活需求，而现在的劳动是为了人们过上富足而奢华的生活。人们的收入增加，会增加消费支出，并日益增加对奢侈品的消费需求，从而加大奢侈品的销售，并刺激和加大奢侈品的生产规模。同时，在这个过程中，劳动力的成本会伴随经济发展水平的提升而增长，拥有丰富文明的城市，劳动力价格会十分昂贵。这是因为，奢侈品的制作非常需要劳动力的技能，并且手工业者的要价很高，同时大量有奢侈品消费需求的人受到奢侈品消费热忱的驱动，乐意为他人提供的服务付出高价的薪酬。从事奢侈品生产者的收入增加，会再次转换为支出，如此循环往复。一旦城市开始走向衰败，城市建设将会减少，人口数量下降，对奢华生活的需求就会降低，人们只会依靠生活必需品过活。[①]

以上种种历史证据表明，在古代阿拉伯帝国，哈里发和达官贵人是非常富足的。他们不仅贮藏了大量财富，还挥霍了大量财产。正所谓“上行下效”，阿拉伯帝国的这种奢靡已经成为一种风俗。在这种财富观的背景下，阿拉伯帝国的货币流通速度必然加快，而物价也会随之水涨船高。

---

① 马玉秀：《伊斯兰经济思想概论》，上海社会科学院出版社 2013 年版，第 148—152 页。

第六章

阿拉伯货币制度的传承与影响

这个时代多灾难，
处处不公真凶残。
愚蠢为美受称赞，
理智成丑被责难。
金钱好似幽灵般，
但总围着小人转。

——哈迈札尼（公元 969—1007 年）《这个时代多灾难》

第一节 阿拔斯王朝之后的伊斯兰国家的货币制度

一、伊尔汗国

在伊尔汗国，旭烈兀继承了阿拔斯王朝的货币制度。在占领巴格达和摩苏尔之后，伊尔汗国就发行了金币第纳尔，只是重量不一，从 3 克多到 8 克多都有。在蒙哥作为大蒙古国的大汗时，旭烈兀发行的钱币上，币文除了传统的《古兰经》章句之外，还用阿拉伯文“خان هلاكو موناكا قاان الاعظم قاان”写着“蒙哥大汗与旭烈兀伊尔汗”。银币狄尔汗也被打制，重量基本稳定在2.9—3 克，币文中也有“蒙哥大汗与旭烈兀伊尔汗”。1259 年，蒙哥去世，旭烈兀的钱币上自此没有再写其他大汗的名讳。

图 6-1　伊尔汗国旭烈兀第纳尔金币，7.44 克

1265 年，旭烈兀去世，其子阿八哈继位。1279 年，阿八哈被忽必烈大汗认可。阿八哈将伊尔汗国国都定于大不里士，以蔑刺哈为陪都。阿八哈时期，出现了双语的第纳尔金币，正面为蒙古语（回鹘文书写），背面为阿拉伯语。银币狄尔汗中也有双语的出现。阿八哈时期，银币狄尔汗的重量基本上在 2.8—3 克，同时还打制了 1.4 克左右的 1/2 狄尔汗，以及 0.7 克左右的 1/4 狄尔汗。这种 1/4 狄尔汗在末代哈里发时期就已经出现。

图 6-2　伊尔汗国阿八哈第纳尔金币，4.37 克

阿八哈时期还突破了传统阿拉伯钱币的固定样式，在呼罗珊的突斯造币厂打制了不同于传统阿拉伯纹饰的银币狄尔汗。这种狄尔汗的重量大约为 2.8 克，正面是蒙古语的统治者名讳，背面是一只狮子、三颗星星，以及阿拉伯语的“安拉”。

图 6-3　伊尔汗国阿八哈狄尔汗银币，2.75 克

阿八哈去世后，先是他的弟弟继承汗位，后来又是他的儿子

阿鲁浑继承汗位。1292 年，奉忽必烈之命，孛罗[①]偕同蒙古使臣护送阔阔真公主去伊尔汗国，嫁给阿鲁浑。但此时阿鲁浑已去世。阿鲁浑去世后，其弟弟海合都继位。海合都挥霍无度，花空了国库。孛罗向海合都介绍了元朝的纸币。当时元朝是通行纸币的。关于元朝的纸币，马可·波罗在其行纪中说，纸币较大者值威尼斯银币半枚，更大者值威尼斯银币 5 枚、6 枚、10 枚。又有值金币 1 枚者，更有值 2 枚、4 枚、5 枚乃至 10 枚者。这些纸币用于一切给付，凡州郡国土及君主统辖之地莫不通行。这些纸币商人都很乐意接受，大概是因为偿价甚优，可立时得价，而且可用此纸币在所至之地易取所欲之物，加之此种纸币最轻便可以携带。同时，君主每年购取贵重物品颇多，而其帑藏不竭，盖因用此纸币给付不费一钱。[②]与马可·波罗的描述类似，孛罗也对海合都说："纸钞是盖有皇印的纸，它代替铸币通行于整个中国，中国所用的硬币巴里失[银锭]便被送入国库。"于是，海合都便下令在大不里士印行纸钞，并且开始在那里发行，同时下令：凡拒绝纸钞者立即处死。大概过了一个星期，人们因为害怕被处死而接受纸钞，但人们用纸钞换不到多少东西。大不里士的很多居民不得不离开，他们想从集市上买些东西随身带走，可是什么都买不到。纸钞后来被废止，铸币又被恢复使用，市场才又逐渐繁荣起来。[③]就这

---

① 孛罗（Bolod）为元朝宰相，曾出使伊尔汗国，并帮助伊尔汗国宰相拉施特主持编纂《史集》。法国汉学家颇节据《元史》转译曾误认为孛罗为马可·波罗。

② 《马可波罗行纪》，[法]沙海昂注，冯承钧译，商务印书馆 2012 年版，第 217 页。

③ 拉施特主编：《史集》（第三卷），余大钧译，商务印书馆 1986 年版，第 232—233 页。

样，中国式的纸币通过马可·波罗一度被带到蒙古人统治下的波斯，但是很快就因为“水土不服”而被抛弃了。

1295年海合都被权臣谋杀，阿鲁浑之子合赞起兵讨灭叛者，夺取汗位。合赞汗改信伊斯兰教，并将其定为国教，并改伊斯兰名“合赞·马哈茂德”。

合赞汗时期，是伊尔汗国的鼎盛时期。他对货币进行了一系列改革。合赞汗认为，本来金银的好处在于利用它能够满足人们的需求和人们想迅速取得的东西，然而现在却变成了由于金银产生了争吵和不和睦，在花用时谁也不接受，这就与人世间的风俗习惯相悖了。于是，合赞汗下定决心要纠正这些弊病：他先按照自己的意志制定钱币的样式，在钱币上作出谁也伪造不了的符号，然后下令让各地方按照这个样式铸造金银币，使钱币到处以真主和他的使者们的名义流通。君主的名字也被铸上。[①] 合赞汗颁布御旨，汗国境内所有地区，改正金银货币和货物的重量单位、谷物度量单位和长度单位，打上印记，在所有地区推行。其中，金银的重量单位和首都大不里士的一致。他委派工匠制成八角形秤砣，以称量金银货币，并向每个州委派两名代理人与当地法官共同推广仿制。仿制后的秤砣要被打上认可的标记，并将持有印记秤砣的人登记在册。[②]

合赞汗统一了银币和金币的名称，他下令：1个第纳尔银币

---

① 拉施特主编：《史集》(第三卷)，余大钧译，商务印书馆1986年版，第478—479页。

② 拉施特主编：《史集》(第三卷)，余大钧译，商务印书馆1986年版，第484—485页。

按照 3 米思考的重量打制。因此，通用的银币重量为 12.96 克。[①]在这个重量体制下，诞生了也被称为“六狄尔汗”的第纳尔银币。此时，我们还不能将第纳尔银币当作银币的基本单位，因为所有的银币重量都基于这个第纳尔重量的 1/6，也就是按照 2.16 克狄尔汗的重量确定，包括二狄尔汗（4.32 克）、狄尔汗（2.16 克）、1/2 狄尔汗（1.08 克）、1/4 狄尔汗（0.54 克）。可以看出，在银币重量上，1 第纳尔 = 3 米思考 = 6 狄尔汗。这种结果就是，传统阿拉伯金币和银币之间的 7/10 的比例关系被取消了。

图 6-4　伊尔汗国合赞汗第纳尔银币（六狄尔汗），12.91 克

在金币方面，合赞汗下令：足值的金币一律按照 100 米思考铸造。[②]这样的话，金币的重量将达到 432 克。合赞汗铸造这样的金币的本意是使“钱币非常华丽、雅致，以至得到它的人不愿花掉它，而一定要珍藏起来。当我们给任何人送礼物时，我们将从这些钱币中送给他一些”。[③]目前看到的金币中还没有这种重量的金币，最大重量的金币为 3 米思考，理论上重 12.96 克。此外，还有 1 米思考（4.32 克）、2 米

图 6-5　伊尔汗国合赞汗改革后的第纳尔金币，12.99 克

①②③　拉施特主编：《史集》（第三卷），余大钧译，商务印书馆 1986 年版，第 482 页。

思考（8.64 克）以及 1/2 米思考（2.16 克）的金币。

或许我们可以这样理解合赞汗的改革。首先，在 13 世纪末 14 世纪初期，合赞汗所统治的波斯地区正在经历黄金的匮乏。于是金币只能作为礼物或是作为记账单位，而主要流通的钱币为银币。为此，金币不再被称为“第纳尔”，而直接称为米思考——这一点在当时的文献中可以得到证明。“第纳尔”仅指银币，而且是价值 6 狄尔汗的银币。合赞汗将 1 米思考金币（4.32 克）的价值规定为等同 1 第纳尔银币的价值，然后再将 1 第纳尔银币的重量规定为 6 狄尔汗银币的重量。于是，4.32 克黄金的价值就等于 12.96 克白银的价值。如此一来，金银兑换比为 1∶3，毫无疑问，按照这种比例来说白银的价值被大大高估了，这种做法保证了改革后的银币可以顺畅地流通起来。

合赞汗的第纳尔金币和狄尔汗银币都为双语币文。其中，蒙古语币文为回鹘文字，阿拉伯币文则写在五瓣花中。但仔细观察，蒙古语币文一面，即背面共有五行文字，第一、二、四、五行为回鹘文字蒙古语，意为“天的气力里合赞汗铸造 [的钱币]”；第三行为阿拉伯文“合赞 · 马哈茂德”。这一面的左边则是三个八思巴文字蒙古语，是“合赞 · 马哈茂德”的缩写。蒙文的出现，一方面是蒙古人在当代统治的表现，另一方面表明蒙古人希望这种钱币也能在其他汗国流通。[①] 这为整个蒙古人统辖下的欧亚大陆的货币流通打下了基础。

---

① 程彤、吴冰冰、陈岗龙：《伊朗伊利汗朝各阶段重要钱币的文化解读》，载上海博物馆：《丝绸之路古国钱币暨丝路文化国际学术研讨会论文集》，上海书画出版社 2011 年版，第 381 页。

二、马木留克王朝

在第七次十字军战争中，艾尤卜王朝末代苏丹萨利哈·奈吉木丁的王后舍查尔·杜尔在其丈夫去世后自称女王。舍查尔·杜尔做女王时，曾发行过钱币。这在阿拉伯式钱币中是相当罕见的。不久后因遭到各方反对，舍查尔·杜尔只得将王位让给马木留克军团首领伊兹丁。伊兹丁上位后，开始肃清国内叛乱以及艾尤卜王朝残余势力，从而掌握了埃及和叙利亚的大权。[①]伊兹丁上位后不久就开始发行钱币，其中既有金币第纳尔，也有银币狄尔汗。

图 6-6　马木留克王朝伊兹丁第纳尔金币，3.7 克

马木留克王朝钱币上有一个明显的特征，就是钱币的币文除了阿拉伯字母，还有许多诸如藤蔓、花朵、卷轴等装饰。这些小小书法性质的装饰，并没有给币文造成混乱，反而使整个钱币的结构看上去更加紧凑。[②]钱币上的装饰如图 6-7 所示。

图 6-7　马木留克王朝钱币上的装饰纹饰

伊兹丁去世后，他的幼子继位，但很快就被权臣古突兹篡位。当时王朝

① 纳忠：《阿拉伯通史》（下卷），商务印书馆 1997 年版，第 99 页。

② Paul Balog, *The Coinage of the Mamlūk Sultans of Egypt and Syria*, The American Numismatic Society, 1964, p.18.

局势十分紧张。1258 年，旭烈兀的军队攻灭巴格达的阿拔斯王朝，于两年后率军西进，占领叙利亚，直抵巴勒斯坦，逼近埃及。古突兹迅速指派大将拜伯尔斯应对，在巴勒斯坦大败蒙古军队，并乘胜追击，收复加沙。之后，蒙古军队又重新杀回，几番回合下来，蒙古军队全军投降。①此后，拜伯尔斯刺杀古突兹，登上苏丹位，又决定在开罗恢复哈里发制。1261 年，成功抵抗蒙古大军的大将拜伯尔斯登上苏丹位，并将巴格达遭劫后的一位名叫艾布·噶西姆的阿拔斯人后裔隆重地迎回开罗，拥戴他为哈里发。在此后的 250 年里，阿拔斯家族的子孙，一个接一个地登上哈里发宝座，接受穆斯林大众的效忠，他们的名讳也被铸在货币上。②尽管如此，他们终究只是马木留克王朝的傀儡而已。

拜伯尔斯的钱币上——无论是金币第纳尔还是银币狄尔汗，都有一个鲜明的特点，就是背面的底部有一只行走的狮子。这种狮子的纹饰，在几乎与他同时代的伊尔汗国阿八哈于呼罗珊打制的狄尔汗银币上也出现过。拜伯尔斯的儿子白赖凯汗的钱币上，也有狮子的徽记，但是在狮子的头前多了一个圆圈和三角，据考证这是他母系的徽记。到了马木留克王朝碉堡系的第一位苏丹贝

图 6-8　马木留克王朝拜伯尔斯第纳尔金币，4.39 克

① 纳忠：《阿拉伯通史》（下卷），商务印书馆 1997 年版，第 109 页。

② 纳忠：《阿拉伯通史》（下卷），商务印书馆 1997 年版，第 112—113 页。

尔孤格的钱币上，为了展示勇猛，雄狮长长的尾巴卷了圈。贝尔孤格的继承人们也都保留了这个徽记。[①] 除此之外，马木留克王朝钱币上还经常出现鹰的徽记。

马木留克王朝时期，开罗成了伊斯兰世界新的中心，每年获得的捐税达到 7 万第纳尔。[②]《元史》中曾记载，元朝使者阿耽于 1282 年出使开罗，这是历史上中国使者第一次访问开罗，双方就陆上和海道进一步发展贸易往来达成协议。[③] 马木留克王朝也经常派遣使节前往蒙古人的汗国。例如，14 世纪初，马木留克苏丹灭里·纳昔尔聘娶了一位钦察汗国成吉思汗系的公主。为此，两个王室开始交换使者和礼物。钦察汗国月即别汗为蒙古公主索要高额聘礼。双方自 1314 年就开始谈判。有一次，马木留克使者来到钦察汗国，月即别汗问是否带了礼物？使者一脸茫然，连忙道歉。月即别汗让他们向钦察汗国的商人去借，于是使者就借了两三万第纳尔。在钦察汗国，第纳尔是银币，月即别汗时期该币大约重 1.5 克。1320 年，蒙古公主被送到苏丹王宫内。后来两方王室缔结了婚约，约定支付 3 万米思考金币，但是要减去此前支付的 2 万第纳尔。[④] 由此也可以看出，马木留克王朝派去的使者在当地借钱，只能借到银币；而真正的彩礼，钦察汗国索要的

---

① Paul Balog, *The Coinage of the Mamlūk Sultans of Egypt and Syria*, The American Numismatic Society, 1964, p.21.

② 纳忠：《阿拉伯通史》（下卷），商务印书馆 1997 年版，第 136 页。

③ 车效梅：《中东中世纪城市的产生、发展与嬗变》，中国社会科学出版社 2004 年版，第 39 页。

④ ［苏联］鲍里斯·格列科夫、亚历山大·亚库博夫斯基：《金帐汗国兴衰史》，余大钧译，商务印书馆 2021 年版，第 87 页。

是黄金。

14世纪末，在马木留克王朝境内开始流通威尼斯的达克特金币，这主要是由于达克特具有的稳定性。于是，第纳尔逐渐被商人们放弃。后来的马木留克苏丹设法对抗达克特金币的影响，经过多次尝试，成功推行了媲美达克特金币的伊斯兰金币，这就是阿什拉夫金币。阿什拉夫金币开始打制于1425年，理论上包含3.41克纯金。此后，阿什拉夫成为伊朗、奥斯曼、印度地区指代伊斯兰金币的标准名词。[①] 除了重量，钱币正面和背面的四行币文之间用三个链条来区隔的样式也开始流行起来。自此，阿拉伯米思考金币体系渐渐退出历史舞台，3.41克重量体系的金币开始成为普遍的标准。

图6-9　马木留克王朝阿什拉夫·赛弗丁·白尔斯贝阿什拉夫金币，3.36克

在银币方面，据历史文献记载，阿什拉夫银币即将1米思考黄金掺入1000枚狄尔汗中（也就是1∶700的比例）。[②] 因此，阿什拉夫银币狄尔汗也被称为“优质银币”。但是，随着白银价格的上涨，银币狄尔汗的重量逐渐减少到2.08克。[③]

---

① ［英］凯瑟琳·伊格尔顿、乔纳森·威廉姆斯：《钱的历史》，徐剑译，中央编译出版社2011年版，第112页。

② Subki，Takmila，10:281.1ff.

③ Paul Balog, *The Coinage of the Mamlūk Sultans of Egypt and Syria*, The American Numismatic Society, 1964, p.48.

三、帖木儿帝国

帖木儿于1370年最初在巴里黑建立政权之后，并没有完全以自己的名义发行货币，而是以他扶持的傀儡汗王锁咬尔哈迷失（1370—1388年在位）与速檀·马哈谋（1388—1402年在位）的名义发行。因此，名义上帖木儿是他们的臣属，即帖木儿称锁咬尔哈迷失和速檀·马哈谋为苏丹，自称埃米尔。最初发行的金币，是以"苏丹锁咬尔哈迷失"和"埃米尔帖木儿"的名义共同发行的。最初的1/4第纳尔金币重量只有1克左右（1379年/回历781年）。

图6-10　苏丹锁咬尔哈迷失与埃米尔帖木儿名义的金币1/4第纳尔，0.9克

此后，帖木儿发动了对波斯地区的征伐。在呼罗珊西北，以马赞德兰城为中心有一支势力，统治者是爱弥儿·瓦力。1381年，马赞德兰政权所属领地伊斯法罕城被帖木儿军队摧毁。1382年以后，爱弥儿·瓦力向帖木儿称臣纳贡。[①] 也许是因为在这次行动中获得了黄金，1384年帖木儿在伊斯法罕发行了标准重量的第纳尔金币，重量在4.3克左右。这也是帖木儿第一次以自己的名义发

图6-11　帖木儿帝国帖木儿第纳尔金币，4.29克

① 蓝琪、刘刚：《中亚文明史》（第四卷），商务印书馆2018年版，第248页。

行的钱币。但是，1386 年之后，帖木儿似乎没有发行过金币，更多的是发行银币和铜币。

对于银币，帖木儿似乎按照一种新的标准来发行：1379 年后，帖木儿开始发行两种银币，一种约 7 克重，另一种是 1.5 克重。此时的重量单位米思考的标准已经升到了 4.8 克。帖木儿发行的 7 克重的银币有可能是 1.5 倍米思考的重量，而 1.5 克重的银币则为 1/3 米思考的重量。此后，他在撒马尔罕发行的一种迷离银币（mīrī），重量大约为 1/3 米思考，即 1.6 克，而价值等于 1/4 天罡币。[①] 此时，在重量上，帖木儿通过迷离银币将米思考和天罡币的重量建立了联系，即 1.6 克 = 1/3 米思考 = 1/4 天罡，于是米思考和天罡之间就有了 3 ∶ 4 的关系。按照这个标准，1396 年，帖木儿在赫拉特发行的银币被钱币学家称为天罡币，重量大约为 6.2 克。帖木儿的军队曾跨过阿富汗山区，到达印度河，并进军德里苏丹国。很有可能帖木儿在这之后采用了德里苏丹国的天罡币的标准打制银币。但是，德里苏丹国天罡币的理论重量是 96 拉蒂 = 10.56 克。而帖木儿在波斯戈尔甘发行的 1/2 天罡币的重量为 2.8 克，1/4 天罡币的重量为 1.4 克。有观点认为，帖木儿发行的这种 1/2 天罡币应当被称为四狄尔汗，天罡币应当被称为八狄尔汗，或者是

图 6-12　帖木儿帝国帖木儿天罡银币，5.56 克

① ［塔吉克斯坦］阿西莫夫、［英］博斯沃思：《中亚文明史》（第四卷），华涛译，中译出版社 2016 年版，第 400 页。

按照印度的标准被称为 1/2 天罡币。但是，有证据表明当时的钱币上明确写着面值天罡。帖木儿在波斯发行的银币重新定义了它的重量标准，他并没有采用印度天罡币 10.56 克的一半重量，而是将其减重到约 5.6 克。

到了 15 世纪初，帖木儿开始发行一种被称为“怯别币”（kebekī）的第纳尔银币，前面提到的 7 克重的银币有可能就是根据这种标准打制的。怯别币来自察合台汗国怯别汗（1318—1326 年）的一次货币改革。怯别汗的货币改革旨在结束混乱，制止官员和投机者的恶性弊端。怯别汗以伊尔汗国和金帐汗国为典范进行改革，将 1 怯别第纳尔的重量等于 2 米思考，而 1 怯别狄尔汗的重量等于 1/3 米思考。① 因此，理论上，1 怯别第纳尔的重量应该为 8.6 克，而怯别狄尔汗的重量为 1.44 克。但实际上，怯别第纳尔的重量大多少于 8 克，而怯别狄尔汗的重量为 1.32 克。帖木儿发行的怯别第纳尔的重量不足 8 克，1/2 怯别第纳尔的重量不足 4 克。

图 6-13　帖木儿帝国锁咬尔哈迷失与帖木儿怯别第纳尔银币，7.09 克

帖木儿时代，中亚的经济还是繁荣的，手工业和商业都有了很大的进步。当时，来自西班牙的公使罗・哥泽来滋・特拉维约在游记中写道：撒马尔罕境内，地方肥沃，所有小麦、果品，以及葡萄之类，莫不出产。至于各种家畜，亦多肥美。大尾绵羊，

① ［塔吉克斯坦］阿西莫夫、［英］博斯沃思：《中亚文明史》（第四卷），华涛译，中译出版社 2016 年版，第 253 页。

躯体特大。羊群既伙，肉价低廉。虽有帖木儿大军数十万驻扎此地，每羊之价，当时不过 1 个半银币。至于面包、大米，到处丰足。[①]帖木儿非常重视国际贸易，他曾致信法王查理六世，要求法国商人前来贸易，他说，世界因为商人才繁荣。他还致信英王亨利五世，提议与英国人民自由贸易往来。[②]帖木儿王朝的银币纯度很高。在 15 世纪许多买卖契约中，当需要计算时，钱币的纯度标准规定为“十分之十”，也就是含银百分之百。[③]

在整个 15 世纪，货币经济不断深入与发展，货币交易的重要性不断提高，因此尤其值得注意的是铜币。帖木儿王朝的铜币有四种，即弗鲁斯（fulus）、阿德里（adli）、第纳尔和单罡（dangi）。在钱币铭文和地方文献中，这些名称有时单独出现，但更多的情况是出现在各种组合中。15 世纪后半叶，“第纳尔”一词成为铜币基本面值的主要名称，并且为了区分铜第纳尔、金第纳尔、银第纳尔而需要加上修饰词。最常见的修饰词是 fulus，所以 dinar-i fulus，就是指铜第纳尔。[④]

帖木儿帝国是最后一个横跨欧亚的大帝国。借助帖木儿帝国，阿拉伯钱币文化再次在欧亚大陆上传播。在帖木儿帝国之后的奥斯曼帝国和波斯的萨法维王朝、印度的莫卧儿王朝，其钱币制度都受到了它的直接影响。

---

① ［西班牙］罗·哥泽来滋·克拉维约：《克拉维约东使记》，杨兆钧译，商务印书馆 1957 年版，第 156 页。

② 蓝琪、刘刚：《中亚文明史》（第四卷），商务印书馆 2018 年版，第 287 页。

③④ ［塔吉克斯坦］阿西莫夫、［英］博斯沃思：《中亚文明史》（第四卷），华涛译，中译出版社 2016 年版，第 402 页。

四、奥斯曼帝国

1299年，奥斯曼宣布完全独立，建立奥斯曼王国，自称埃米尔。此时，塞尔柱王朝已经成为奥斯曼王国的属国。奥斯曼成为后来的奥斯曼土耳其帝国的奠基人，史称奥斯曼一世。[①]奥斯曼帝国需要某种形式的货币，以此收税和支付士兵、官僚以及其他人的工资或者薪酬。这种动机来自古代地中海。然而只从这个方面看是狭隘的。奥斯曼帝国也意识到资金的可用性与贸易和经济的繁荣之间存在的强大联系。从早期起，奥斯曼帝国就位于长途贸易线上，贸易总是涉及某种形式的货币。另外，货币的使用也不限于少量的城市人口、大量的农村人口，通过参与市场活动，以及因国家在广泛的经济活动中开始征税，而开始使用货币。[②]可以说，奥斯曼帝国诞生于一个货币经济已经较为充分发展的时代。

奥斯曼帝国从1299年建立到第一次世界大战后凯末尔革命结束，持续了600余年，因而它是一个从中世纪走向近代的国家。简单来说，奥斯曼帝国的货币史可以划分为五个阶段。[③]

第一阶段是1300—1477年，基于位于安纳托利亚和巴尔干

---

① 纳忠：《阿拉伯通史》（下卷），商务印书馆1997年版，第414页。

② ［土耳其］瑟夫科特·帕慕克：《奥斯曼帝国货币史》，张红地译，中国金融出版社2021年版，第15页。

③ 关于奥斯曼帝国货币的简要发展史，参见［土耳其］瑟夫科特·帕慕克：《奥斯曼帝国货币史》，张红地译，中国金融出版社2021年版，第18页。

半岛的贸易路线上的新兴国家的相对稳定的货币而出现银币。银币被称作阿克（aqche），重量在 1 克左右。尽管奥斯曼帝国银币最初的样式源自阿拉伯货币，而其最初在经济与贸易上受到最重要影响的是蒙古人的伊尔汗国，但是重量来源于拜占庭，[①] 因为奥斯曼帝国最初的领土来自拜占庭的小亚细亚地区。这再一次说明了，金属货币的重量体制会在一个地方持续保持下去。

图 6-14　奥斯曼帝国木拉德一世阿克银币，1.02 克

第二阶段是 1477—1585 年，奥斯曼帝国经济、财政和政治力量更加强大，帝国境内同时流通金币、银币和铜币。金币的发行开始统一，银币的发行地方化。1477 年，伊斯坦布尔开始发行金币，金币称为苏坦尼（sultani）。奥斯曼帝国的金币非常精致，它的重量标准源自伊尔汗国大不里士米思考，即与 4.608 克有关，但并不是直接采用这个重量。最初的苏坦尼金币，按照规定，每 100 大不里士米思考铸造 129 个，[②] 因而，最初的苏坦尼金币的理论重量 = 100 × 4.608 ÷ 129= 3.57 克。这个重量标准实际上和威尼斯的

图 6-15　奥斯曼帝国穆罕默德二世苏坦尼金币，3.54 克

① ［土耳其］瑟夫科特 · 帕慕克：《奥斯曼帝国货币史》，张红地译，中国金融出版社 2021 年版，第 30 页。

② ［土耳其］瑟夫科特 · 帕慕克：《奥斯曼帝国货币史》，张红地译，中国金融出版社 2021 年版，第 56 页。

达克特金币是一样的。在1526年和1564年，苏坦尼金币经历了两次减重，但是减重的规模都不大。奥斯曼帝国最早发行金币的是穆拉德，金币正面币文是："苏丹·穆罕默德·伊本·穆拉德，主啊，使他的胜利充满荣耀吧，君士坦丁堡，882年"，背面币文是"两地两海之主，辉煌的"。

第三阶段是1585—1690年，奥斯曼帝国开始出现了财政、经济和政治的困境，导致货币不稳定，洲际货币流动带来的负面效应加剧了这种不稳定。在这个阶段，银币阿克消失，外国钱币的流通性增强。

图6-16　奥斯曼帝国艾哈迈德三世库鲁斯银币，26.64克

第四阶段是1690—1844年，新的银币库鲁斯（kurush）建立。早期的库鲁斯重量为26.0克，含有60%的白银，即15.6克。但紧随其后的就是严重的财政危机和货币的迅速贬值。19世纪初，库鲁斯的重量下降为12.8克，含银量下降到46%，纯银含量约为5.9克。

图6-17　奥斯曼帝国阿卜杜·阿齐兹1/2里拉（50库鲁斯）金币，3.57克

第五阶段是1844—1918年，在工业革命之后，奥斯曼帝国渐渐融入世界市场，形成了金币里拉和银币库鲁斯的复本位体系。金币里拉的纯度为91.67%（22K），面值为100库鲁斯的金币，重7.216克，含有6.6克黄金。面值为50库鲁斯的

金币，重 3.608 克，含有 3.307 克黄金。在这个阶段，金属货币很明显已经是近代的机制币了。

第二节
15 世纪之后伊斯兰国家和地区的货币制度

一、汉志

阿拔斯王朝时期，汉志的麦加圣地由当地谢里夫统治。1120 年前后，塔达家族获得麦加谢里夫的地位，此后不仅发行了当地的铜币，也发行了当地的银币。麦加的银币，似乎有独特的重量标准，此时谢里夫塔达发行的银币狄尔汗重量不足 0.7 克。

图 6-18　麦加谢里夫狄尔汗银币，0.68 克

1174 年萨拉丁在埃及建立艾尤卜王朝后，逐渐控制了汉志地区。1193 年萨拉丁去世后，艾尤卜王朝被他的儿子们瓜分，其中一个儿子获得在也门和汉志的统治地位，并定都亚丁。他在亚丁和麦加发行了银币狄尔汗。麦加发行的银币狄尔汗被称为“卡比尔”（kabír），是按照埃及的重量标准打制的，重量为 2.8 克左右。

图 6-19　艾尤卜王朝卡比尔狄尔汗银币，2.06 克

在艾尤卜王朝势力撤出阿拉伯半岛南部后，统治半岛上汉志、也门和哈达拉毛地区的是拉苏德王朝。其先祖拉苏伦，可以追溯到伽色尼王朝的末代君主。他们曾被误认为是土库曼人。1180 年，巴格达的哈里发让拉苏伦来到也门做他的使者。拉苏伦的儿子后来成为麦加的总督，孙子则成为拉苏德王朝的第一位苏丹。拉苏德王朝的经济中心在亚丁，在那里发行了自己的货币。王朝以银币狄尔汗为主，重量大约为 1.8 克。15 世纪上半叶，拉苏德王朝经历了一场瘟疫，在马木留克人的叛乱与王朝埃米尔之间的征战中，这个王朝逐渐落下帷幕。

图 6-20　拉苏德王朝优素福一世狄尔汗银币，1.86 克

1258 年巴格达陷落，阿拔斯王朝结束统治。庞大的阿拉伯帝国被划分为东、西两大部分。东部以伊拉克及大不里士为中心，由蒙古人建立的伊尔汗国统治，延续了大约 100 年；西部以叙利亚和埃及为中心，由马木留克王朝统治，延续了大约 200 年。直到 16 世纪上半叶，东、西两部分统一于奥斯曼帝国。

16 世纪初，汉志受埃及马木留克王朝的控制。但是，埃及政府每年要派出朝圣长官向麦加送去礼品与财富。实际上，这个传统早在 13 世纪就已经开始了。奥斯曼帝国兴起后，土耳其人先是占领了埃及，终结了马木留克王朝的统治。1517 年，土耳其的军队留下一位总督后，便撤回伊斯坦布尔。在此之前，哈里发已经先踏上了前往伊斯坦布尔的旅程，他被奥斯曼苏丹留在自己的宫廷中。在人们看来，哈里发的大位实际上已经落到了奥斯曼帝国的手中。更看得见摸得着的是，先知穆罕默德的旗帜和长袍也被送到了伊斯坦布尔。谁拥有了这些圣物，谁就等于成了麦加、麦地那两圣地以及汉志的朝觐之路乃至整个伊斯兰教的保护者。[①] 土耳其人保持了以前的传统，将政权交还被选出的谢里夫，每年依然送去俸给，并派去大法官及军队首长。[②] 由于麦加和麦地那获得供养，很有可能不再自己发行货币，而奥斯曼帝国实行统一的货币制度，也应当是未曾再见到麦加银币的原因。除了麦加之外，作为一个整体，汉志和也门重要的造币厂分布在亚丁、塔依兹、宰比得、萨那。在土耳其人控制汉志和也门不久之后，尽管没有了麦加的银币，但是亚丁的造币厂依然出现了以总督名义发行的银币，后来又出现了以苏莱曼一世名义打制的被称为卜克萨（buqšah）的银币。这种银币重量小，在 0.5—1 克之间。

图 6-21　奥斯曼帝国苏莱曼一世卜克萨银币，0.78 克

二、黑羊王朝与白羊王朝

黑羊王朝的创立者卡拉·优素福遵循帖木儿帝国的传统，发行了天罡银币。

黑羊王朝 5.4 克重的天罡银币，基本符合帖木儿天罡币的重量标准。

---

① ［英］帕特里克·贝尔福：《奥斯曼帝国六百年：土耳其帝国的兴衰》，栾立夫译，中信出版社 2018 年版，第 194 页。

② 纳忠：《阿拉伯通史》（下卷），商务印书馆 1997 年版，第 423—424 页。

图 6-22　黑羊王朝卡拉·优素福天罡银币，5.32 克

卡拉·优素福去世后，其子伊斯坎达尔和贾汗沙先后继位。在此之前，由于帖木儿的入侵，黑羊王朝向其称臣，而称臣期间钱币上不再有黑羊王朝首领的名讳。直到 1447 年贾汗沙恢复统治权并开始称“苏丹”。贾汗沙在大不里士发行过金币阿什拉夫，重量为 3.5 克左右。金币阿什拉夫显然是受到不久前马木留克王朝的影响。

图 6-23　黑羊王朝贾汗沙天罡银币，5.08 克

在银币方面，贾汗沙继续发行天罡银币，重量略轻，理论上为 5.15 克左右。除了天罡币，还有 1/2 天罡币，重量为 2.56 克，以及 1/4 天罡币，重量为 1.28 克。

贾汗沙的儿子哈桑·阿里在 1467 年还发行了完整重量的天罡币，即二天罡银币。

图 6-24　黑羊王朝哈桑·阿里二天罡银币，10.2 克

1467 年，白羊王朝的乌宗·哈桑伏击并杀死了黑羊王朝的首领贾汗沙，夺取了原黑羊王朝的大部分领土，并将自己的首都迁到大不里士。在 1472 年挑战奥斯曼帝国失败后，乌宗·哈桑集中精力巩固自己在伊朗的统治，通过各种改革，旨在使一个游牧民族的国家转变为定居

国家。[①]

白羊王朝发行过金币阿什拉夫，这种金币完全来自马木留克王朝的阿什拉夫金币，理论重量为3.4克。马木留克王朝、黑羊王朝与白羊王朝的阿什拉夫金币的纹饰有一个共同的特点，就是正面和背面都有三条锁链，锁链之间为阿拉伯语币文。

图6-25　白羊王朝乌宗·哈桑阿什拉夫金币，3.41克

哈桑发行的银币为天罡银币，重量约为5.1克。自此，哈桑的银币除了按照二分法之外设置面值，如2.5克重的1/2天罡币，还采取了三分法。因此，在他发行的银币系列中，有一种独特的重量为3.4克的2/3天罡银币，这个重量正好和金币相等。除了2/3天罡银币，还有1.7克重的1/3天罡银币。

图6-26　白羊王朝乌宗·哈桑2/3天罡银币，3.44克

三、萨法维王朝

波斯人易司马仪·萨法维于1500年在过去蒙古人和突厥人统治的伊朗、伊拉克和阿塞拜疆的废墟上，建立了波斯人的萨法维王朝。[②]作为16世纪的开端，中国正处在明朝弘治十三年。葡

---

① ［美］埃尔顿·丹尼尔：《伊朗史》，李铁匠译，东方出版中心2016年版，第84—85页。

② 纳忠：《阿拉伯通史》（下卷），商务印书馆1997年版，第411页。

萄牙人已经开始登陆印度，并在该地设立货场。昔班尼侵入中亚河中地区，攻陷撒马尔罕。而截至 1500 年，西班牙人在 8 年中运回欧洲的贵金属，大约每年价值 25 万金元。

就像以往一样，萨法维王朝也是金币、银币和铜币并存的国家。铜币主要用于当地交易，银币主要用于政府支付和长途贸易，而金币不仅适用于长途贸易，也适用于囤积和购买奢侈品。在 16 世纪的萨法维王朝，第纳尔已经被用来称呼铜币，铜币的主要面值是 1 第纳尔，重 1.09 克。金币的标准重量单位是阿什拉夫，重 3.55 克；或者是米思考，重 4.6 克。[①] 阿什拉夫的重量显然是受到地中海达克特金币的启发，而米思考金币则是继承了阿拉伯的重量标准。萨法维王朝的金币纹饰，则保持了阿拉伯币的传统，只是币文书写方式略有变化。米思考标准与阿什拉夫标准长期共存，并且都保持了相对的稳定状态。到了萨法维王朝后期，金币上的字体则发生了很大变化。

图 6-27　萨法维王朝易司马仪阿什拉夫金币，3.55 克

萨法维王朝的银币有许多变化。与之前的各个王朝都不一样，萨法维王朝不仅垄断了货币的铸造权，还对铸币的成色和重量做出了规定。[②] 银币被称作沙希（shahi）。沙希有不同的重量标准。在易司马仪时期，第一阶段的沙希重量为 9.4 克，面值有六沙希（56.4

① ［美］鲁迪·马特、威廉·富勒、帕特里克·克劳森：《伊朗货币史》，武宝成译，法律出版社 2019 年版，第 26–34 页。

② ［美］鲁迪·马特、威廉·富勒、帕特里克·克劳森：《伊朗货币史》，武宝成译，法律出版社 2019 年版，第 13 页。

克）、四沙希（37.6 克）、二沙希（18.8 克）、沙希（9.4 克）、1/2 沙希（4.7 克）、1/4 沙希（1.17 克）。之所以有这样大重量和大面值的银币，应当和当时的黄金匮乏有关系，大面值和大重量的银币在某种程度上可以代替金币。第二阶段分为西方标准和东方标准。西方标准的沙希重量为 7.88 克，其面值还有 1/2 沙希（3.94 克）、1/4 沙希（1.97 克）；东方标准的沙希，又被称为普尔（pul），重量为 10.6 克，其还有 1/2 沙希（5.08 克）、1/4 沙希（2.64 克）。东方标准的沙希发展到第三阶段重量降至 9.4 克左右，至第四阶段重量为 7.88 克，与西方标准一致。显而易见，钱币的重量标准从地方走向了统一。钱币学家认为，在东部和西部的标准之外，还存在一种天罡币重量标准，大约为 3.6 克，这种钱币一直流通到 17 世纪初。[①] 严格说来，这应当是一种重量为 32 拉蒂的吉塔尔币。

图 6-28　萨法维王朝易司马仪六沙希银币，56.33 克

易司马仪之后，沙希银币的重量标准一直在降低，到了 16 世纪末，东方标准的 1 沙希已经降到了 2.88 克。17 世纪到 18 世纪初王朝后期的沙希银币失去了统一的重量标准，集中在 1.7 克左右。

四、昔班尼王朝

昔班尼在 1507 年攻入呼罗珊，夺取呼罗珊首府赫拉特。进

① ［美］鲁迪 · 马特、威廉 · 富勒、帕特里克 · 克劳森：《伊朗货币史》，武宝成译，法律出版社 2019 年版，第 23 页。

城之后的第一个星期五，他就以该城新君的身份进行货币改革。这次货币改革是为了应对当时的通货膨胀。帖木儿王朝在当地发行的银币，重量大约为 1 米思考，即 4.8 克，在 1504—1505 年时可兑换 18 枚赫拉特铜币；而到了 1506 年则可以兑换 36 枚，赫拉特铜币贬值了一半。由于日常商品交易主要是通过铜币进行，所以当时的物价在理论上翻了一番。昔班尼的货币改革，据史料记载，首先是在原有银币的基础上加上半个当（dang），“印有最尊严印模印记的每一枚硬币都应考虑价值 6 怯别第纳尔，而原来 1 米思考重的银币应该接受兑换 5 第纳尔”。此时，“第纳尔”这一称谓已经有了很多含义。最初是指金币，后来指镀金的银币，再接下来是指银币，而在 15 世纪则是指银币或铜币。对这一记载的解释，货币史学家认为，这里的“怯别第纳尔”应该是指银币，一枚怯别第纳尔的价值是通过它的重量来确定的，6 枚怯别第纳尔的重量等于 1 米思考白银，它与一定数量的第纳尔铜币等值。一个当的重量为 1/6 米思考（0.8 克），半个当的重量就是 1/12 米思考（0.4 克）。一个米思考加上半个当就是 13/12 米思考 = 5.2 克。这就是昔班尼王朝最初改革后发行的银币的重量。为了使帖木儿王朝发行的 4.8 克旧银币在市场上消失，“原来 1 米思考重的银币应该接受兑换 5 第纳尔银币”。改革后的 5 第纳尔银币为 4.0 克重，也就是 4.8 克旧银币相当于兑换 4 克白银。[①] 但是从实际结果来看，昔班尼王朝的 5.2 克的新银币——六怯别第纳尔，依

① ［伊朗］恰赫里亚尔·阿德尔、［印度］伊尔凡·哈比卜：《中亚文明史（第五卷）· 对照鲜明的发展：16 世纪至 19 世纪中叶》（修订版），蓝琪译，中译出版社 2017 年版，第 427—432 页。

然是传统印度 10.56 克天罡币重量的一半，并且接近帖木儿王朝的天罡币的重量。

图 6-29　昔班尼王朝昔班尼汗六怯别第纳尔，5.2 克

1510 年，昔班尼汗去世。此后昔班尼王朝与萨法维王朝和巴布尔进行了一场毁灭性的战争。1512 年的残酷天气也加剧了经济的恶化。1511 年和 1512 年初，六怯别第纳尔的重量标准降至 3.2 克，也就是 2/3 米思考的重量。当时的忽春赤汗又开始对货币进行改革。改革的第一阶段是提高铜币的重量，以消除通货膨胀，并消除民众的不信任。但是铜币并不能在整个国家流通，缺乏一致性。改革的第二阶段是促使货币在全国范围内流通。1525—1526 年以及 1527—1528 年发行的银币，是在统一的重量标准，即 1 米思考（4.8 克）的基础上铸造的。而在之前，铜币的重量也已经统一到了 1 米思考以上。在忽春赤汗之后，银币的平均重量降至 4.65 克，但也有钱币学家认为这是由流通损耗造成的，因为当时的银币纯度和重量都是很高的。①

图 6-30　昔班尼王朝忽春赤汗米思考银币，4.73 克

① ［伊朗］恰赫里亚尔·阿德尔、［印度］伊尔凡·哈比卜：《中亚文明史（第五卷）· 对照鲜明的发展：16 世纪至 19 世纪中叶》（修订版），蓝琪译，中译出版社 2017 年版，第 432—434 页。

第三节
阿拉伯货币制度在亚洲与非洲的传播

一、中国境内发现的古代阿拉伯货币

1964 年 4 月，陕西省西安市西窑头村一座唐墓中出土了三枚阿拉伯文金币第纳尔，每枚的重量是 4.2—4.3 克。按照币文上的年代，这三枚金币分别打制于 702 年、718 年、746 年。墓主人是阿拉伯人，抑或其他国家穆斯林并不能确定，但是从其他随葬品看，似乎应该是汉人。[①]2013 年 10 月，河北省涿州市出土了 1 枚金币第纳尔，重 4.22 克，打制于倭马亚王朝马利克统治时期，也就是阿拉伯帝国进行货币改革的时期。

相较于在中国出土的波斯钱币，在中国出土的阿拉伯钱币的数量非常少，通常只作为陪葬的“纪念品”出现。

之所以如此，可能存在两种解释：一种解释是，流入中国的阿拉伯金币（或者是银币）被作为黄金熔化了；另一种解释是，金币极少流入中国。

我们倾向于认为阿拉伯金币极少流入中国。原因有以下几点：第一，丝绸之路中会有许多贸易集散地，中国和阿拉伯之间并非直接的贸易往来，更大的可能性是由不同商段上的商人分批

---

① 夏鼐：《西安唐墓出土阿拉伯金币》，《考古》，1965 年第 8 期。

完成，因而阿拉伯金币可能不会直接流入中国。在丝路上的贸易集散地，历史上曾出现融合东西方特征的钱币，这是为了双方都能接受，如古代于阗的汉佉二体钱（于阗马钱）。第二，古代商人用铜钱采买中国商品，再到贸易中转站换成金银货币，然后再买回商品后卖到中国，换回铜钱，以此往复。这也就造成了中国铜钱没有大量流出，外国金银币也没有大量流入中国。即便有铜钱流出，唐、宋钱币流出区域也主要是在东亚、东南亚地区。[①]第三，中国与阿拉伯之间的丝路贸易路线是商品流通的贸易路线，而非货币流通的路线。同时，两地商人携带金银货币跨境的利润远不如携带商品跨境的利润高，所以缺少金银货币的流动。第四，中国铜钱与外国金银币本质上不同，前者是虚币，属于信用货币，后者则是贵金属实币。通行贵金属实币制度的国家之间，相同重量的贵金属货币可以无障碍流通。例如，《隋书·食货志》载："河西诸郡或用西域金银钱，而官不禁。"从出土证据看，萨珊波斯的银币就曾在西域小国广泛流通。如果都采取铜钱制度，则存在流通的可能性。但是虚币在不同货币制度的国家之间难以顺畅流通。为此，中国商人"交广之域则全以金银为货"（《隋书·食货志》）。

当然，中国古代并非不接受黄金作为货币，只是中国唐宋时期黄金作为货币的形式为金铤。[②]中国人并非不爱黄金，不可能在国际贸易中不接受金币，只是中国人不爱金币，获得金币后，

---

① 翁东玲：《丝绸之路上中国古代货币的境外流通及启示》，《石河子大学学报（哲学社会科学版）》，2018年第6期。

② ［日］加藤繁：《唐宋时代金银之研究——以金银之货币机能为中心》，中华书局2006年版，第248页。

极有可能将其熔化并重新铸造为金铤。中国的金铤作为货币，履行支付手段和贮藏手段的职能，并不能作为一般货币流通。这样的解释，也符合格雷欣法则。金银币流入中国，之所以不能流通，是因为中国使用铜钱，在国内交易中，劣币驱逐良币，金银币要么再次流出，要么被贮藏起来。而在国际贸易中，良币驱逐劣币，铜钱无法作为支付手段进行使用。

另有观点认为，阿拉伯金币对中国钱币的影响非常大。因为与阿拉伯金币几乎同一时期流通的开元通宝的重量也是 4.25 克左右。[①] 此观点极富启发性，但是金币对铜钱的重量产生直接影响，还是需要进一步研究的。

二、在中亚的传播与嬗变

在阿拉伯人征服前，中亚的钱币大体上分为两种类型：一种是花剌子模币，正面币图为国王半身像，背面币图为燃烧着圣火的祭坛。这种钱币源自波斯。另一种是粟特钱币，多为铜钱，种类繁多，从纹饰上看，应当是一种融合了希腊、波斯与中国钱币的混合类型。

图 6-31　粟特撒阿尔罕铜币（公元 5—6 世纪），4.23 克

公元 705 年，倭马亚王朝呼罗珊总督古太白以木鹿为基地，

① 宋岘、周素贞：《阿拉伯文古钱及其在中国的流传》，《西域研究》，1993 年第 3 期。

开始向中亚进军。公元711—712年，古太白的军队征服粟特河中游南部重镇撒马尔罕和西部的花剌子模。公元713—715年，深入锡尔河中下游及南部的拔汗那地区。阿拉伯人征服以后，帝国的钱币逐渐传播到这里。然而，倭马亚王朝时期，金币似乎只在大马士革打制。同时，帝国统一样式的银币在中亚打制的也不多见。目前可以看到的，例如在哈里发希沙姆（公元724—743年）时期巴里黑（al-Baida）打制的银币狄尔汗。这主要是因为倭马亚王朝时期征服中亚并不久，当地的货币制度还长期保存。同时，粟特、撒马尔罕、布哈拉在公元8世纪最初的20年间，都再三遣史请求唐朝保护，以免受阿拉伯人的入侵，[①] 因而中国在中亚的影响还存在。公元8世纪20—30年代，中亚发生了突厥人领导的叛乱，倭马亚王朝中亚地区的长官是奈斯尔·本·塞雅尔，他领兵镇压了这次叛乱。很有可能为了筹集军费，塞雅尔在当地打制了银币狄尔汗。

图6-32　倭马亚王朝希沙姆狄尔汗银币，2.63克

阿拔斯王朝时期，阿拉伯帝国加强了对中亚的控制。从王朝奠基人曼苏尔时代（公元754—775年）开始，撒马尔罕就打制阿拉伯式的铜币。而到了艾敏时代（公元809—813年），中亚地区开始大规模出现银币狄尔汗。在接下来的麦蒙时代（公元

① ［法］勒内·格鲁塞：《草原帝国》，蓝琪译，商务印书馆1998年版，第174页。

813—833 年)，中亚地区的钱币数量最多。麦蒙驻在呼罗珊时期（公元 809—818 年)，认为有派军进入粟特、乌什鲁桑那和拔汗那的必要，同时谕令这些地方的统治者遣史觐见以表忠顺。由此看来，麦蒙在继任哈里发之前，就十分重视中亚。

中亚在历史上深受波斯文化影响，所以当地的货币也受波斯影响最深，因而中亚中世纪的货币史呈现一种非常复杂的状态。公元 709 年，古太白对布哈拉国发起战争，使其成为臣属国。[①]阿拉伯统治者并没有在当地强行推行阿拉伯的狄尔汗银币，有时结合当地的情况，采取相对独立的货币制度。例如，在布哈拉，最早的银币始于公元 7 世纪上半叶的纯银迪拉姆。公元 8 世纪，这种纯银币被花剌子模的钱币所取代。布哈拉人对此不满，请求改革。[②]公元 8 世纪的最后 25 年，当地进行了一次货币改革，改革后的狄尔汗属于铜胎银币衣，即镀两层银，含银量不超过 40%，这就是穆罕默德币（Muhammadī)。[③]第二次改革仅在布哈拉实行，当地人恳请总督赫特里夫・本・阿塔为他们铸造与纯银迪拉姆相同的银币，但仅用于满足地方需要，不能输出外省。当时银价昂贵，为此，布哈拉代表们勉强同意用六种金属（金、银、铅、锡、铁、铜）的合金打制钱币。新币形制皆同旧币，但是标有赫特里夫的名字，因而被称为赫特里夫币（Ghitrīfī)。最初，

① ［法］勒内・格鲁塞:《草原帝国》,蓝琪译,商务印书馆 1998 年版,第 172 页。

② ［俄］巴托尔德:《蒙古人入侵时期的突厥斯坦》，张锡彤、张广达译，上海古籍出版社 2011 年版，第 236 页。

③ ［塔吉克斯坦］阿西莫夫、［英］博斯沃思主编:《中亚文明史》（第四卷)，华涛译，中译出版社 2016 年版，第 387 页。

布哈拉居民拒绝使用这种黑色的钱币，于是总督规定6枚赫特里夫币相当于1枚纯银的狄尔汗，贡赋可以按此比率折算，用赫特里夫币缴纳。当时，布哈拉及附近郊区共收取20万狄尔汗银币，折合117万赫特里夫币。然而，就在1∶6的兑换率颁布后，赫特里夫币开始涨价，一直涨到与白银狄尔汗比价相等，但税额并未照减，因此布哈拉人不得不负担六倍于以前的赋税。此后，赫特里夫币仍然上涨，以至于835年100枚纯银币值85枚赫特里夫币，而到了1128年，仅值70枚赫特里夫币。[①]有评论家认为，规定赫特里夫币的兑换率，是为了使白银不会流出。除了穆罕默德币、赫特里夫币，还有一种纯度更高的穆萨币（Musayyabī）。总体来说，这三种币的区别不仅在于币文，还在于金属质地、重量、大小以及外观，并且这三种钱币和中央王朝的银币狄尔汗并存。穆萨币、穆罕默德币、赫特里夫币这三种成色不足的银币主要用于区域性（河中地区、粟特地区）的经济活动，如商业和税收，而巴格达的狄尔汗银币则用于国际贸易和其他重要的交易，例如，据历史文献记载，王朝统治者在买卖地产时均使用狄尔汗银币，大宗交易时也使用狄尔汗银币。[②]这种独特的布哈拉币的打制一直持续到公元9世纪上半叶，停止

图6-33　布哈拉赫特里夫合金币，2.37克

① ［俄］巴托尔德：《蒙古人入侵时期的突厥斯坦》，张锡彤、张广达译，上海古籍出版社2011年版，第236页。

② 许序雅：《中亚萨曼王朝研究》（增订本），商务印书馆2017年版，第100页。

打制之后仍在被使用。从钱币学角度来说，这种独特纹饰的钱币自成一派。最早的布哈拉币上只有粟特文，接下来既有粟特文又有阿拉伯文，直到最后仅有阿拉伯文。由此也可以看出阿拉伯文化对当地影响的逐步深入。

中亚最早打制于撒马尔罕的金币第纳尔，是在穆尔台米德时期（公元870—892年），也是在这一时期，割据王朝萨曼王朝兴起。萨曼王朝在易司马仪统治时期之前只发行自己的铜币，换句话说，萨曼王朝在初期只是作为地方政权发行货币，并不敢发行与中央一样的金币和银币，撒马尔罕的金币造币厂还是由中央王朝控制。

图6-34 阿拔斯王朝穆尔台米德第纳尔金币，3.84克

直到易司马仪击败萨法尔王朝称霸中亚之后，才开始真正发行金币和银币。这也是货币对政治的体现。使中亚河外地区最终成为穆斯林的领土，正是在萨曼王朝时期。萨曼王朝将阿拉伯的金币和银币完全推广到中亚。

伴随阿拉伯钱币一起到来的除了其特有的钱币纹饰，还有它的重量标准。阿拔斯王朝的金币第纳尔，源自倭马亚王朝4.24克的重量标准。这个重量标准来自叙利亚，具体来说是叙利亚的20克拉，每克拉重0.212克。这与拜占庭采用0.189克重的希腊罗马标准、1索利多为24克拉的重量标准不同。[①] 大约在公元9

① ［英］菲利普·格里尔森：《拜占庭货币史》，武宝成译，法律出版社2018年版，第253页。

世纪下半叶，4.24 克重的金币伴随着米思考这个重量标准开始向东西方传播。传播到欧洲后，这一重量标准的金币被称为“曼库西”；在向东方传播时，这种金币仍被称为第纳尔，但有时也直接被称为米思考。在萨曼王朝之后，中亚相继由伽色尼王朝、塞尔柱王朝、花剌子模王朝所统治。随着历史的流变，米思考在向东方传播时，重量逐渐上升，最高时达到 4.8 克。

马克思曾经说，执行价格标准职能的贵金属的重量不断变动和减轻，但是它的重量名称却保持不变。① 阿拔斯王朝之后，蒙古人以及蒙古人之后的突厥人王朝，在其建立的广大的欧亚帝国中，不断将米思考和其他地方的钱币重量标准进行融合。在这个过程中，从西亚到中亚，各国的银币重量标准逐渐降低，银币的名义价值相对提升。

首先是 13 世纪末来自伊尔汗国合赞汗的货币改革。合赞汗以米思考为基本重量单位，规定 1 第纳尔银币重量为 3 米思考。结合目前存世的钱币，1 米思考重 4.32 克，于是 3 米思考 = 12.96 克。这便是 1 第纳尔银币的重量。但是，如前所述，第纳尔还不是银币的基本单位，因为合赞汗发行的银币都是围绕 1 第纳尔银币重量的 1/6，也就是米思考重量的 1/2 进行的，而这个 1/6 重量的银币被称为狄尔汗，理论重量为 2.16 克，是合赞汗货币改革后银币的基本单位。合赞汗的货币改

图 6-35　伊尔汗国合赞汗改革后的狄尔汗银币，2.15 克

① 马克思：《政治经济学批判》，人民出版社 1976 年版，第 55 页。

革得到了两个结果：一是银币的重量标准直接和金币的重量标准挂钩，两者采用同样的重量等级；二是合赞汗将传统的2.97克狄尔汗的重量降到了2.16克，而6狄尔汗银币则被称为1第纳尔。

在伊尔汗国的合赞汗之后，14世纪初察合台汗国的怯别汗也进行了货币改革。怯别汗的统治与他的前辈不同，他对城市生活更感兴趣，并发行了一种被称为怯别币的钱币。在此之前，察合台汗国流通的只是个别城市或地方王朝发行的钱币。[①]与合赞汗不同，怯别汗规定1第纳尔银币的重量为2米思考，于是，怯别汗的第纳尔银币的理论重量应为8.64克，而银币狄尔汗的重量应当是1.44克。实际上，怯别汗发行的银币共有三种：第一种是在布哈拉发行的怯别第纳尔，重量大多小于8克。第二种是在撒马尔罕发行的怯别狄尔汗，重量为1.26克，是怯别第纳尔的1/6。14世纪旅行家伊本·白图泰在游记中曾写道，他在前往撒马尔罕时，当地长官曾赠送他1000狄尔汗，而他用其中的35枚买了一匹上好的黑马。[②]第三种是在更靠近阿富汗的铁尔梅兹发行的银币狄尔汗，重量为1.8—2.0克，是怯别第纳尔重量的1/4。由此可见，察合台汗国进一步降低了银币的重量——理论重量是

图6-36　察合台汗国怯别狄尔汗银币，1.26克

① ［法］勒内·格鲁塞：《草原帝国》，蓝琪译，商务印书馆1998年版，第469页。

② 伊本·白图泰：《伊本·白图泰游记》，马金鹏译，宁夏人民出版社1985年版，第292—293页。

伊尔汗国的 2/3，实际重量则更轻。

接下来登场的是帖木儿。1379 年后，帖木儿开始发行两种银币，一种重约 7 克，另一种重 1.5 克。此后他在撒马尔罕发行的一种迷离银币（mīrī），重量大约也是 1/3 米思考，即 1.6 克，而价值上等于 1/4 天罡币。[①] 于是，天罡币的重量应当在 6.4 克左右。前面曾说过，源自印度的天罡币的理论重量应当为 10.56 克，而此时的实际重量为 6.2 克，这应当是减重的结果。此后，帖木儿又将天罡币的重量减到 5.6 克。与天罡币并行的是帖木儿在 15 世纪初发行的怯别币，这是他借鉴察合台汗国的结果。帖木儿发行的怯别第纳尔币，重量也不足 8 克，而 1/2 怯别第纳尔的重量不足 4 克。

接下来就发生了一系列转换。如前所述，伊尔汗国或是察合台汗国，都是通过六的分数来得出基本的银币单位。也就是说，伊尔汗国将 3 米思考重量的第纳尔除以 6 得出 1 狄尔汗的重量；察合台汗国将 2 米思考的第纳尔除以 6 得出 1 狄尔汗的重量。而到了帖木儿王朝以及后来相继而起的黑羊王朝与白羊王朝，则是以减重后的天罡币（5.3 克）为基数除以 6 得出狄尔汗的重量：1/2 天罡币的重量为 2.65 克，1/3 天罡币的重量为 1.75 克。由于理论上 1/3 米思考 = 1/4 天罡，则 1 天罡 = 4/3 米思考。因而，银币的基数从 3 米思考降到 2 米思考，再降到 4/3 米思考。而到了 16 世纪初，昔班尼王朝进入赫拉特时，6 怯别第纳尔的重量只有 1 米思考，1 怯别第纳尔只有 1/6 米思考。换句话说，从最初的

---

① ［塔吉克斯坦］阿西莫夫、［英］博斯沃思主编：《中亚文明史》（第四卷），华涛译，中译出版社 2016 年版，第 400 页。

1 第纳尔银币 = 3 米思考，现在降到了 1/6 米思考，银币的重量成了以前的 1/18。昔班尼入城后，开始进行货币改革，他将新的第纳尔银币的重量恢复到天罡币的标准，但也仅是 5.2 克。这个重量，按照当时的文献记载，是 13/12 米思考。

这里值得一提的是，钦察汗国将米思考的重量单位和阿拉伯式钱币带去了欧洲。钦察汗国发行的银币被称为“当”（dang）。当的重量，根据后世文献记载，为 1/6 米思考，也就是说，理论重量为 0.72—0.8 克。例如，钦察汗国鼎盛时期的统治者月即别汗（1312—1340 年）在东部里海北岸萨莱地区发行的银币，可以理解为“二当”，重量为 1.5—1.6 克。而在西部黑海克里米亚半岛地区发行的银币，属于减重的“二当”，重量通常在 1.2 克以下，有的甚至在 1 克以下。1360 年前后，钦察汗国的钱币流通到罗斯地区，而且很大可能性是这种减重的“二当”银币。1380 年，德米特里 · 伊凡诺维奇在库里科沃之役中战胜了钦察汗国马迈率领的军队，但是在两年后，莫斯科又沦陷于脱脱迷失的铁蹄。也许是为了筹集军饷，也有可能是为了向汗国纳贡，在莫斯科，未来的顿斯科伊大公德米特里 · 伊凡诺维奇在 1380 年模仿钦察汗国钱币铸造出第一批 0.79 克重的“金戛”（денга）。[①] 顿斯科伊大

图 6-37　钦察汗国月即别汗二当银币，0.88 克

① ［俄］B. 杜利耶夫：《俄罗斯货币史》，丛凤玲译，法律出版社 2019 年版，第 19 页。

公德米特里临终前的遗嘱中说："如果上帝不再护佑汗国我们就不用向汗国进贡了。"[①]

三、在印度的传播与融合

公元 711 年，在伊斯兰教兴起后的第一个世纪，阿拉伯军队抵达印度的信德地区。

信德是第一个拥有伊斯兰教君主的印度国家。由于远离哈里发的权力中心，信德总督几乎独立统治当地。伊斯兰教植根于信德社会，而信德社会在伊斯兰化的同时，也成为印度文化和知识西传的通道。

印度的数学、天文、寓言文学和医学实践被吸纳入伊斯兰世界，部分被传入欧洲。[②]伊本·卡西姆在信德担任总督时，以哈里发钱币的形状为基础，发行了一些小钱币。但是，这些小规模的发行对印度本地的货币体系影响不大。[③]总督们在信德地区发行的钱币，尽管采用了哈里发钱币的样式，但是在重量标准方面却完全不同。

图 6–38　倭马亚王朝信德地区总督银币，0.57 克

---

① ［苏联］鲍里斯·格列科夫、亚历山大·亚库博夫斯基：《金帐汗国兴衰史》，余大钧译，商务印书馆 2021 年版，第 235 页。

② ［美］托马斯·特劳特曼：《印度次大陆：文明五千年》，林玉菁译，当代世界出版社 2021 年版，第 208 页。

③ ［印］帕尔梅什瓦里·拉尔·笈多：《印度货币史》，石俊志译，法律出版社 2018 年版，第 106 页。

公元1000年前后，伽色尼王朝的马哈茂德开始征服北印度。马哈茂德来自中亚，定居阿富汗，通过西进伊朗、东进印度，建立起一个庞大的帝国。他的军队多次深入恒河谷地，更沿着印度河流域进入古吉拉特大肆劫掠，从北印度富裕的王国和香火鼎盛的寺庙，带回大量战利品和赎金。[①] 也正是从马哈茂德的伽色尼王朝开始，印度的货币体系开始发生变化。马哈茂德将阿拉伯的钱币纹饰与印度的本土文化相结合，在拉哈尔发明了一种双语狄尔汗银币，重量2.85克左右。对于钱币背面的梵文“Ayamtankam”，存在两种不同的认识：第一种是“Ayam tankam”，意思就是这个天罡币；第二种是将真主翻译为“avyakta”，意思是无形的。第二种翻译体现了穆斯林对印度哲学的真实理解，但似乎过于随意。[②] 然而，如果依据第一种解释，这种银币的重量标准与天罡币的重量似乎不符。传统印度天罡币的重量为96拉蒂 = 10.56克，而马哈茂德的双语币的重量接近天罡币重量的1/4。我们似乎也可以认为，这种双语币的重量略高于1/4天罡币的重量，却又略低于标准的哈里发狄尔汗银币的重量，发行者是有意在二者间寻求一种平衡。

图6-39　伽色尼王朝马哈茂德双语狄尔汗银币，2.84克

伽色尼王朝的王公们逐渐被古尔人所驱逐，他们后来在拉合

① ［美］托马斯·特劳特曼：《印度次大陆：文明五千年》，林玉菁译，当代世界出版社2021年版，第211页。

② ［印］帕尔梅什瓦里·拉尔·笈多：《印度货币史》，石俊志译，法律出版社2018年版，第107页。

尔定都，并在那里生活了大约一个半世纪。在拉哈尔，伽色尼王朝发行了将阿拉伯钱币与印度钱币相结合的“公牛骑士”型钱币。在此之前，印度的吉塔尔钱币已经开始在王朝疆域内流行。因此，伽色尼王朝时期，是一个阿拉伯钱币和印度钱币相融合的时期。

阿拉伯钱币重量标准和印度钱币重量标准，主要是指阿拉伯的米思考重量和印度的吉塔尔重量以及天罡币重量。米思考的重量在 4.2—4.8 克，各地各时期均有差异。吉塔尔和天罡币以拉蒂为基础。1 拉蒂 = 0.11 克，吉塔尔的理论重量是 32 拉蒂 = 3.52 克；天罡币的理论重量是 96 拉蒂 = 10.56 克。[①]8 拉蒂 = 1 马沙，1 天罡 = 3 吉塔尔 = 12 马沙。而关于马沙和密斯卡的关系，据后世史书记载，5 马沙（40 拉蒂）= 1 米思考。[②] 也就是说，1 吉塔尔 = 4/5 米思考，1 天罡 = 12/5 米思考。

1192 年穆罕默德 · 本 · 山姆建立的德里苏丹国，是印度历史上第一个伊斯兰王朝。最初，穆罕默德 · 本 · 山姆按照笈多王朝金币的样式，开创了一种全新的阿拉伯金币。它的正面是吉祥天女，而背面则是梵语书写的穆罕默德 · 本 · 山姆的名字。尽管如此，我们仍然应当认为这种钱币受到了阿拉伯钱币的影响，因为它的重量是阿拉伯第纳尔金币的重量标准，即 4.2 克左右。但

图 6–40　德里苏丹国穆罕默德 · 本 · 山姆第纳尔金币，4.17 克

① Robert Tye, *Early World Coins and Early Weight Standards*, York: Early World Coins, 2009, p. 96.

② 巴布尔：《巴布尔回忆录》，王治来译，商务印书馆 1997 年版，第 501 页。

是不久后，穆罕默德·本·山姆改用印度的 20 拉蒂的重量标准发行了新的金币，也就是新金币的理论重量为 2.2 克。

1246 年之后，纳绥尔·阿伦定·马哈迈德开始改革货币，其核心可以概括为钱币的纹饰逐渐伊斯兰化，重量则逐渐本地化。一方面，从重量标准来说，无论是金币还是银币，都采用了 96 拉蒂的标准，即 10.56 克的天罡币重量标准，而且纯度较高。发行纯度较高的天罡银币，据说是为了满足富人的需求，因为当时合金的吉塔尔币正在不断贬值。[①] 另一方面，从钱币的纹饰来看，改革后的天罡币正面和背面都改为阿拉伯文币文。

图 6-41　德里苏丹国吉雅斯乌德丁·巴尔班天罡金币，10.96 克

14 世纪中叶，尽管阿拔斯王朝已经被蒙古人灭亡，但是远在印度的德里苏丹国的苏丹穆罕默德·本·图格鲁克，依然希望将哈里发视为宗主。当穆罕默德·本·图格鲁克得知埃及有一位神秘的哈里发——实际上就是被马木留克王朝在埃及拥戴的傀儡哈里发——之后，谦虚地写了一封信，请求哈里发承认其政权。此后他立即将苏丹国最尊贵的金币上的币文由自己的名讳改为哈里发的名讳。[②] 实际上，远在埃及的傀儡哈里发不可能对印度的苏丹有任何真正的影响，只是穆罕默德·本·图格鲁克需要在政

① Robert Tye, *Early World Coins and Early Weight Standards*, York: Early World Coins, 2009, p. 79.

② ［印］帕尔梅什瓦里·拉尔·笈多：《印度货币史》，石俊志译，法律出版社 2018 年版，第 116 页。

治上获得哈里发的支持。但从这个角度也可以看出，阿拉伯的影响力在印度远没有消失。至于金币的使用，14 世纪旅行家伊本·白图泰在游记中曾记述，当时印度的一位长官念及他在德里时花费大，故而让他将自己的村庄拿去生息，结果白图泰弄到了 5000 第纳尔金币。[①] 这说明当地使用金币已经较为普遍。

图 6-42　德里苏丹国穆罕默德·本·图格鲁克天罡金币，10.87 克

14 世纪末，帖木儿的大军入侵北印度，帖木儿的军队俘获的战利品堆积如山，以为此前两百年突厥人苏丹们从印度王公那里劫掠的财富都积聚在德里。[②] 苏丹国的最后阶段是帖木儿入侵后的一百年。在这个混乱的一百年中，成色不足的合金币开始充斥市场，同时银币和铜币也在不断减重。例如，1451 年的统治者巴洛尔·洛迪完全取消了金币和银币，市场上只用合金币与铜币。[③]16 世纪上半叶，则是莫卧儿王朝统治的开始。但是此时的孟加拉被阿富汗人舍尔沙·苏尔统治。舍尔沙·苏尔发行了银币和铜币，并将合金币驱逐出去。舍尔沙·苏尔及其继任者并没有采用此前的 96 拉蒂标准，或者说是 170 格令的重量标准，而是

① 伊本·白图泰:《伊本·白图泰游记》，马金鹏译，宁夏人民出版社 1985 年版，第 333 页。

② ［法］勒内·格鲁塞:《草原帝国》，蓝琪译，商务印书馆 1998 年版，第 607 页。

③ ［印］帕尔梅什瓦里·拉尔·笈多:《印度货币史》，石俊志译，法律出版社 2018 年版，第 117 页。

将其提高到 180 格令，即 11.6 克。这种银币被称为“卢比”（rupee），卢比是梵语音译，意思是银币。当时的铜币被称作“派萨”（paisa），重量标准并不统一。

图 6-43　德里苏丹国舍尔沙·苏尔卢比银币，11.43 克

图 6-44　16 世纪初葡萄牙人绘制的印度古吉拉特的货币兑换商

1526 年巴布尔进入印度后，又将蒙古人所继承的阿拉伯货币制度带回印度，开始在印度的造币厂继续打制米思考金币，重量大约为 4.7 克。这些在印度发行的米思考金币，纹饰上具有了不一样的风格。同时，巴布尔也将帖木儿王朝的沙鲁克希银币带到了印度，并且保持了 72 格令，即 4.66 克的重量。

图 6-45　莫卧儿王朝巴布尔米思考金币，4.71 克

巴布尔的继任者胡马雍发行了很多种类的货币。在金币方面，有1/4阿什拉夫金币，重量为0.8—1克。银币则为重4.7克左右的沙鲁克希。胡马雍在1539年还发行过一种可以被称为卢比的银币，它们被打制于班加拉的造币厂。这一年，胡马雍在孟加拉地区反叛谢尔沙。[①]这是一种比较重的银币，应当是来自德里苏丹国的天罡币，钱币币文非常精美且清晰，重量在11.8克左右，要重于理论重量。

图6-46　莫卧儿王朝胡马雍卢比银币，11.83克

胡马雍的继任者阿克巴在1562年发行的金币被称为摩诃币（mohur），重量为11马沙。[②]这是16世纪中期以来印度地区首次发行金币。[③]钱币学家帕尔梅什瓦里·拉尔·笈多认为，11马沙大约为170格令，摩诃币的理论重量为10.98克。这个重量和目前发现的金币实际重量相符合。但是，从度量衡的体系来说，1马沙＝8拉蒂，11马沙＝88拉蒂。按照泰尔的观点，1拉蒂＝0.11克，88拉蒂＝9.68克。[④]这里就出现了差异，拉蒂的重量增加了，即从0.11克上升到

①② ［印］帕尔梅什瓦里·拉尔·笈多：《印度货币史》，石俊志译，法律出版社2018年版，第147页。

③ John S.Deyell, “The Development of Akbar’s Currency System and Monetary Integration of the Conquered Kingdom” , in John F. Richard(eds.), *The Imperial Monetary System of Mughal India*, Oxford University Press, 1987, p.23.

④ Robert Tye, *Early World Coins and Early Weight Standards*, York: Early World Coins, 2009, p. 96.

0.12 克。

阿克巴发行的摩诃币中令人惊叹的是五摩诃金币，重达 54 克左右。阿克巴发行的银币是卢比，重量为 178 格令，约 11.5 克。当时 29 卢比银币 =1 摩诃金币，金、银兑换率为 29 × 11.5 ÷ 10.7 = 31.1。可见，黄金在此时已经上涨了 1 倍。

图6-47　莫卧儿王朝阿巴克五摩诃币，54.36 克

阿克巴不仅发行了传统的圆形货币，还发行了方形以及其他形状的货币，包括摩诃金币和卢比银币，为阿拉伯式货币开拓了新的样式。新的形状的采用，并不简单是设计上的变化，同时也是为了强调自己与先人的不同，以及与其他领域内的钱币之间保持独立性。[①]

整个阿克巴时期，造币厂一直保持着金币、银币及铜币的高质量。金币几乎是纯金，银币的纯度也从未跌到 96% 以下，即便是铜币，质量也很高。而且，此时是一个自由开放的铸币体系。当时的铸币厂分布广泛，有 4 个生产金币、14 个生产银币、42 个生产铜币。任何一个人只要愿意支付规定的铸币费用，都可以携带金属或外国旧货币到铸币厂铸币。[②]

---

① David J. Wasserstein, “Coins as Agents of Cultural Definition in Islam”, *Poetics Today*, Summer, Vol. 14, No. 2(1993), Cultural Processes in Muslim and Arab Societies: Medieval and Early Modern Periods (Summer, 1993), pp. 303–322.

② ［美］约翰 · F. 理查兹：《新编剑桥印度史：莫卧儿帝国》，王立新译，云南人民出版社 2014 年版，第 71 页。

对于铸币费用而言，铜块大约为10.77%，银块为5.63%。[①]当时，政府十分乐于接受老式的货币或是外国货币来支付赋税，但是兑换率却足以把其价值压到金属块的价值以下。于是，大量来自阿富汗的钱币涌入这里，并被熔化重铸。[②]因为用国外钱币缴纳赋税虽然获得了政府的认可，但只有较低的兑换率。而如果将其熔化再铸新币，按照兑换率则可以获得更多的现行货币。在这种货币制度下，王朝政府的钱币不仅总量在增加，而且迅速流通起来。新铸造的钱币，往往在当年就会从帝国的心脏流转到边疆。[③]

图6-48　莫卧儿王朝阿克巴卢比银币，11.38克

图6-49　莫卧儿王朝阿克巴米哈拉比摩诃金币，10.82克

除了方形的钱币，更为精美的是一种被称为米哈拉比（mihrabi）的六边形

① Marie Martin, "The Reform of the Sixteenth Century and Akbar's Administration: Metrological and Monetary Consideration", in John F. Richard(eds.), *The Imperial Monetary System of Mughal India*, Oxford University Press, 1987, p.71.

② ［美］约翰·F. 理查兹：《新编剑桥印度史：莫卧儿帝国》，王立新译，云南人民出版社2014年版，第72页。

③ John S.Deyell, "The Development of Akbar's Currency System and Monetary Integration of the Conquered Kingdom", in John F. Richard(eds.), *The Imperial Monetary System of Mughal India*, Oxford University Press, 1987, p.45.

摩诃金币。这种金币极为罕见，应当是为了纪念某个历史事件而发行。但无论被打制成什么形状，钱币在重量上依然保持圆形摩诃金币的重量标准。

阿克巴在位时间很长，于 1605 年去世。阿克巴之后是贾汉季继位。

贾汉季在德里加冕前，并没有以自己的名义发行货币。因此，这一年还是以阿克巴的名义发行货币。

17 世纪初，尽管印度的金银矿已经开始枯竭，但是来自新世界的金银很快涌入这个国家。换句话说，在近代早期，印度是黄金白银的终极沉淀地。贾汉季加冕后，立即下令将金币和银币的重量增加 20%，即金币的重量为 212 格令，银币的重量为 222 格令。但到了第六年，人们向他提出新的重量级货币不便于交易，于是他又将钱币改回了阿巴克时期的重量标准。[①]

贾汉季曾经发行过铸有他的父亲阿巴克肖像的钱币。而在他登基后的第六年到第九年，他发行了铸有自己肖像的金币，用于送给他宠信的人。从第六年到第九年，每一年的肖像样式都不一样。

到了第十三年，贾汉季在日记里说，他突然想把印在货币背面的月份名字换成该月份的星座图，因此造币厂所发行的金银币的一侧有星座图。[②]

---

① ［印］帕尔梅什瓦里·拉尔·笈多：《印度货币史》，石俊志译，法律出版社 2018 年版，第 153 页。

② ［印］帕尔梅什瓦里·拉尔·笈多：《印度货币史》，石俊志译，法律出版社 2018 年版，第 155 页。

图 6-50　莫卧儿王朝贾汉季十二星座金币

四、在非洲的传播与发展

非洲早期的贵金属钱币，是北非的迦太基钱币。迦太基是来自地中海东岸的腓尼基人建立的国家，所以东方的货币制度与传统被他们带到非洲。同时由于迦太基和希腊罗马之间的商贸与战争不断，所以其钱币的纹饰深受希腊罗马的影响。可以说，早期北非迦太基的钱币，是希腊式钱币与波斯钱币的结合。从钱币的纹饰来说，迦太基钱币采用了精美的浮雕图案的方式，通常正面为塔尼特女神，背面为一匹马，这是希腊城邦钱币的典型特征。

图 6-51 迦太基第一次布匿战争时期 $1\frac{1}{2}$ 舍克勒琥珀金币，10.98 克

从钱币重量与材质来说，迦太基金币早期采用的是琥珀金，即金银合金，后来采用纯金。通常认为，迦太基的钱币以舍客勒为基本单位，1 舍客勒 = 1/60 弥那，而当时迦太基的 1 弥那 = 448 克，于是，1 舍客勒 = 7.46 克。也有迦太基货币采用三德拉克马重量标准的。除金币外，迦太基银币也采用舍客勒重量标准。

北非的埃及等地在亚历山大征服之后，属于托勒密王朝。这里采用亚历山大大帝钱币的重量标准发行四德拉克马银币。金币重量一般都比较大，如五德拉克马（17.77 克）、八德拉克马（27.65 克）。罗马帝国崛起之后，埃及成为罗马帝国的一个行省，但是在货币方面属于特区，保留了自己的四德拉克马银币，即著名的蛇篮币。当时埃及的货币体系是封闭的，无法与帝国其他地区流通。[①] 拜占庭时期，北非有许多帝国的造币厂，如迦太基就是帝国西部最重要的造币厂，而在埃及的首府亚历山大，也有帝国的造币厂。这些造币厂都在生产拜占庭的货币，包括金币、银币和铜币。

公元 7 世纪 40 年代，阿拉伯人开始袭击黎波里塔尼亚。距离迦太基不足 200 公里的凯鲁万城在公元 670 年成为阿拉伯的阿非利加省的首府。埃及陷落之后，拜占庭在北非各行省的统治仍然持续了半个多世纪。公元 695 年，迦太基一度被占领，但很快又被收复；一直到公元 698 年，迦太基彻底沦陷。紧接着，拜占庭在北非最后的据点休达也于公元 709 年彻底沦陷了。不过，早在公元 695 年迦太基陷入困境之前，部分造币厂就已经搬到了撒丁岛。[②] 失去非洲，对拜占庭的打击是沉重的，因为这个强大的帝国从此失去了来自非洲的黄金。阿拉伯人到达北非之后不久，就发行了仿制拜占庭索利多的金币。阿拉伯人正式发行金币是在公元 700 年前后，此时不仅发行了没有任何人物的纯文字纹饰钱币，还将重量标准确定在 4.24 克。此前模仿拜占庭而发行的金币，重量也是如此。有钱币学家认为，北非阿拉伯—拜占庭货币是在公

图 6-52　倭马亚王朝仿制索利多金币，4.26 克

① ［丹麦］艾瑞克·克里斯蒂安森：《罗马统治时期埃及货币史》，汤素娜译，法律出版社 2018 年版，第 144 页。

② ［英］菲利普·格里尔森：《拜占庭货币史》，武宝成译，法律出版社 2018 年版，第 210 页。

元 695 年至公元 715/718 年期间发行的，此后它们被完全的阿拉伯货币所取代。公元 718 年的造币通常使用当地的厚币坯，而在公元 719/720 年被大马士革和哈里发其他主要造币厂使用的更宽、更扁平的币坯所取代。有图案的币模是在迦太基雕刻的，而那些带有拉丁铭文但没有图案的币模则是在建于公元 670 年的纯粹伊斯兰城市凯鲁万雕刻的。[①] 这一点似乎可以从平行存在的纹饰上得到印证。

图 6-53　倭马亚王朝苏莱曼狄尔汗银币，2.34 克

倭马亚王朝时期，位于非洲的造币厂开始正式打制马利克改革后的阿拉伯货币。非洲在阿拉伯语中被称为“伊非利基亚”。倭马亚王朝时期存在一个被称为“Ifrîqiya”的造币厂，打制了大量银币狄尔汗流传于世。

公元 8 世纪末开始，阿拔斯王朝开始出现了独立割据的地方政权。公元 788 年，什叶派伊玛目哈桑的曾孙伊德里斯·伊本·阿卜杜拉在北非西部的摩洛哥建立伊德里斯王朝，定都伊德里斯。伊德里斯去世后，伊德里斯二世（公元 804—828 在位）继位。在柏柏尔部落酋长的帮助下，伊德

图 6-54　伊德里斯王朝伊德里斯二世狄尔汗银币，2.11 克

① see Michael Bates, “Roman and Early Muslim Coinage in North Africa”, in M.Horton and T. Wiedemann(eds.), *North Africa from Antiquity to Islam*, Bristol, 1995, pp. 12–15.

里斯二世励精图治，建立行政制度，发展农业和商业，并且发行了当地的货币。货币以银币为主，重量相较于标准的狄尔汗要轻一些。值得注意的是，钱币背面除了币文之外，在第一行和第五行还多了两处特别的徽记。然而，这种徽记并不普遍，而是十分罕见的。

同时，阿拔斯王朝各地总督割据的局面也开始形成。公元800年，大将易卜拉欣·伊本·艾格莱卜在获得突尼斯封土之后，便在北非东部易弗里基叶地区建立艾格莱卜王朝，首都凯鲁万城。艾格莱卜自称埃米尔，名义上承认哈里发宗主地位，实际上独立行使行政、军事、司法和税收权力，每年只向哈里发缴纳4万第纳尔的贡赋。艾格莱卜王朝的货币包括金币、银币和铜币，从纹饰看，和巴格达的没有区别。但是，在艾格莱卜王朝后期，开始出现第纳尔银币，重量标准、钱币纹饰和第纳尔金币是一样的。

图6-55　艾格莱卜王朝易卜拉欣二世第纳尔银币，4.18克

公元909年，欧贝杜拉·麦赫迪率领军队，推翻艾格莱卜王朝，在莱嘎代城宣布建立哈里发王朝，即法蒂玛王朝。此后，北非处在法蒂玛王朝的统治之下。法蒂玛王朝到了木伊兹时代，则出现了一种完全不一样的钱币纹饰，即以前横着写的币文，变成了环绕圆圈书写。钱币的正面和背面都会有四个同心圆，最中间的圆中间是一个小乳钉，而外面的三层圆则写了三圈币文。这种金币也被称为木伊兹金币。尽管这种金币上的三圈币文并不好辨

认，但统治者更关心的是将这种金币与阿拔斯王朝的金币明显地区分开。[①] 在重量标准方面，法蒂玛王朝依然采用米思考的重量，只是略轻一些。

1171 年，法蒂玛王朝灭亡。此后统治埃及的是艾尤卜王朝。艾尤卜王朝崛起于十字军战争时代，地处东西交会地带，因而钱币纹饰更加多元，这在阿拉伯钱币世界里属于比较有特色的。取代艾尤卜王朝的是马木留克王朝。最初，马木留克王朝依然发行阿拉伯式的第纳尔金币，但是到了公元 14 世纪末，马木留克王朝苏丹为了对抗威尼斯的达克特金币的影响，经过多次尝试，成功推行了媲美达克特的伊斯兰金币——阿什拉夫金币。阿什拉夫金币开始打制于 1425 年，包含 3.41 克纯金。[②]

公元 12—13 世纪在北非西部摩洛哥和欧洲的西班牙南部建立政权的是柏柏尔人的穆瓦希德王朝。穆瓦希德王朝建立了一种比较独特的货币纹饰，即将币文写在一个正方形框里。从重量标准来看，穆瓦希德王朝发行了许多 $\frac{1}{2}$ 第纳尔金币，重量集中在 2.4 克左右，相较于半个第

图 6-56　穆瓦希德王朝阿卜杜勒·穆敏 $\frac{1}{2}$ 第纳尔金币，2.4 克

① David J. Wasserstein, "Coins as Agents of Cultural Definition in Islam", *Poetics Today*, Summer, Vol. 14, No. 2(1993), Cultural Processes in Muslim and Arab Societies: Medieval and Early Modern Periods (Summer, 1993), pp. 303–322.

② ［英］凯瑟琳·伊格尔顿、乔纳森·威廉姆斯：《钱的历史》，徐剑译，中央编译出版社 2011 年版，第 112 页。

纳尔的理论重量要重一些。穆瓦希德王朝的第纳尔影响了西班牙卡斯蒂利亚王朝的金币，在西班牙这种第纳尔金币被称为多乌拉。

1269 年，兴起于非斯城的马林王朝第二任君主艾卜·优素福攻占穆瓦希德王朝首都马拉喀什，成为这里新的统治者。此后马林王朝的领土不断扩大至摩洛哥全境，并持续统治 300 多年。马林王朝继承了穆瓦希德王朝的钱币样式和重量标准，并且开始恢复打制第纳尔金币，重量在 4.6 克以上。马林王朝的银币并不多见，而且样式与此前的阿拉伯银币相差很远。马林王朝的银币是正方形的，尽管仍称为狄尔汗，但是早期的$\frac{1}{4}$狄尔汗重量为 0.67 克，后来减至 0.43 克。

图 6-57　马林王朝艾卜·优素福$\frac{1}{4}$狄尔汗银币，0.67 克

直至今日，摩洛哥的法定货币仍称狄尔汗（迪拉姆），而利比亚和突尼斯的法定货币则称为第纳尔。

东非红海西岸的阿克苏姆王朝是公元前或公元初建立的国家，首都为阿克苏姆城（今属埃塞俄比亚的提格雷省）。公元 1 世纪，一位古希腊商人写的《红海环航记》中首次提到它。国王埃扎纳在位时（公元 320 — 360 年），征服埃塞俄比亚高原、麦罗埃和南阿拉伯，与罗马帝国皇帝君士坦丁缔结同盟条约。国王埃扎纳皈依基督教，推行新拼音文

图 6-58　阿克苏姆王朝索利多金币（约公元 5 世纪），1.57 克

字，使阿克苏姆王朝成为世界上第一个以基督教为国教的国家。此后，阿克苏姆王朝的货币呈现为一种拜占庭式的非洲货币，但也有自己的特色。阿克苏姆的金币参照拜占庭的索利多金币的重量标准，采用的为 1/3 索利多的重量，即 1.5 克左右。

希腊人称呼黑人为阿扎尼亚（Azania），因而东非也被称为辛吉（Zanj）之地，中文亦称僧祇。辛吉人居住的地方，是阿曼与锡拉夫的船只在桑给巴尔海的终点。[①] 这里是印度洋西岸重要的贸易集散地。阿拉伯人很早就来到这里建立殖民地。10 世纪来到辛吉的群体，他们的领导者很快就主张相互独立。每个领袖都骄傲地自称苏丹。例如，公元 930 年前后一位从巴士拉来到阿拉伯半岛的商人艾哈迈德·本·伊萨，其后裔于 11 世纪末到达东非，并在那里创立了基尔瓦王朝。这里的苏丹在国都基尔瓦城用珊瑚石建造了清真寺和宫殿，并且发行了阿拉伯式的钱币。据记载有银币和金币，但数量最多的还是铜币。铜币是在非洲内陆用熔炼的金属制成，用来在当地购买货物，它们试图取代从马尔代夫群岛传过来的传统的贝币。[②] 这里还发现了来自印度与中国的钱币，但大多是商人的纪念品。阿拉伯的金币在这里是流通的。得益于印度洋的贸易，13 世纪的基尔瓦王朝逐渐变得强大起来。元朝旅行家汪大渊曾到过东非，据《岛

图 6-59　基尔瓦王朝铜币，3.0 克

① 马苏弟：《黄金草原》，耿昇译，中国藏学出版社 2013 年版，第 391 页。

② ［英］理查德·霍尔：《季风帝国：印度洋及其入侵者的历史》，陈乔译，天津人民出版社 2019 年版，第 36 页。

夷志略》载，当地“气候稍热，风俗淳厚。男女髡发，穿长衫。煮井为盐，酿椰浆为酒。地产绵羊，高大者二百余斤……贸易之货，用青白花碗、细绢、铁条、苏木、水银之属。”16 世纪初，基尔瓦成为葡萄牙的殖民地。

第四节

阿拉伯货币制度对欧洲货币的影响

一、对拜占庭的影响

拜占庭在优士丁尼二世（公元 685—695 年）期间，开始发行一种完全不同于以往钱币纹饰的索利多金币。以往索利多金币正面都为皇帝肖像，而优士丁尼二世发行的新索利多的正面，则是基督像。在公元 692 年的“五六会议”上制定的第 83 条教规禁止基督以神羔像（Paschal Lamb）的形象出现，并授予基督以人像出现的合法性。

图 6-60 拜占庭优士丁尼二世索利多金币，4.45 克

有学者指出，该像的出现，并不是因为这一教规的出现，而是这种钱币的打制引发了人们的讨论。[①]

① ［英］菲利普·格里尔森：《拜占庭货币史》，武宝成译，法律出版社 2018 年版，第 173 页。

也有学者认为，这种带有基督像的金币是由于东西方宗教的对抗而产生，[①]拜占庭在索利多金币上故意打制基督像以通过其流通而进行宗教上的宣传。而在接下来的阿拉伯金币上，马利克则完全取消了任何肖像，金币正、反两面都为币文。

公元10世纪60年代，尼基弗鲁斯二世在位时，拜占庭开始打制减重的金币。此时的金币可以被称为两个系列：较重的被称为希斯塔麦伦（histamenon），希斯塔麦伦是比较符合标准重量的金币；较轻的被称为特塔特伦（tetareron）。关于减重的原因，有两种观点。一种观点认为，这是政府为了获取财政收入而采取的权宜之计：政府征收税款时以全重金币为单位，支付时却以轻量的金币为单位。另一种观点认为，当时拜占庭在从阿拉伯人手里夺回的土地上发行轻量金币，是为了迎合当地人的用钱习惯，因为特塔特伦金币与穆斯林的第纳尔货币相同。或者说，它的引入是为了日后普遍采用第纳尔做准备。[②]

还存在第三种原因的可能性。

在当时的阿拔斯王朝，由于银币重量降低和成色下降而出现贬值，金币第纳尔与银币狄尔汗的兑换比降为1：15，由此金与银的兑换比率为1：10.3（$2.92 \times 15 \div 4.24$）。这与当时同样使用金币和银币的拜占庭是存在差距的。公元720年，拜占庭皇帝利

① 王丹：《货币如何塑造我们的世界：一部全新的世界经济史》，天地出版社2022年版，第158页。

② ［英］菲利普·格里尔森：《拜占庭货币史》，武宝成译，法律出版社2018年版，第365页。

奥三世（公元 717—741 年在位）开始发行米拉瑞逊（miliaresion）银币。米拉瑞逊银币重 1/144 罗马磅，即 2.27 克。有观点认为，尽管重量上有差异，但这是比照阿拉伯的狄尔汗银币打制的拜占庭银币。按照当时的规定，1 枚索利多金币兑换 12 枚米拉瑞逊银币。索利多金币的重量为 1/72 罗马磅，即 4.54 克。由此我们可以计算出，金与银的兑换比为 1：6（2.27 × 12 ÷ 4.54）。而实际上，当时拜占庭的金与银的兑换比应当为 1：18。按照规定的金银兑换比，1 枚米拉瑞逊银币应当等于 1/36 索利多，而实际上则等于 1/12 索利多。

图 6-61 拜占庭利奥三世索利多金币，4.51 克

如此看来，拜占庭与阿拉伯的金银兑换比之间有巨大差异。在拜占庭一方，银币的价值被高估，并使米拉瑞逊银币成为一种虚币，这样导致铸造银币有利可图，米拉瑞逊银币流通了将近三个世纪。[①] 换句话说，将白银打制为银币，对人们更加有利。而相较于拜占庭，阿拉伯一方黄金的价值更高。因此，不排除这样一种经济上的动机，使白银逐渐向拜占庭流动，而黄金则不断向阿拉伯流入。

图 6-62 拜占庭巴希尔二世特塔特伦金币，4.2 克

① 石俊志：《拜占庭帝国的米拉瑞逊银币》，《金融博览》，2022 年第 7 期。

到了公元 11 世纪 30 年代，拜占庭的希斯塔麦伦和特塔特伦两种金币的重量都开始下降。到了 40 年代，较重的希斯塔麦伦的形状变成了凹形。伴随金币的减重，金币纯度也在下降。维持了将近 700 年的索利多金币体系至此崩溃。

此后，拜占庭开始打制一种被称为“海伯龙”（hyperperon）的不足金的金币（20.5 克拉），其也有着令人满意的金色外观。与此同时，拜占庭还发行了一种金银合金币，纯度为 7 克拉，价值为 1/3 海伯龙。20.5 克拉的海伯龙金币，实际含金量为 3.87 克；而 7 克拉的 1/3 海伯龙金币，实际含金量为 1.323 克。

图 6-63　拜占庭阿莱克修斯一世海伯龙金币，4.25 克

海伯龙金币和 1/3 海伯龙金币打制于 1092 年前后，它们在一定程度上也可能影响了阿拉伯的金币。如前所述，海伯龙金币的实际重量为 4.2 克左右，这一重量和阿拉伯的第纳尔金币大致相同。但是它的实际含金量只有 3.87 克。如此一来，相对于阿拉伯同等重量的金币，拜占庭的海伯龙金币就相当于一种“劣币”甚至是“伪币”。如果仅按照外观重量 1∶1 兑换，就会形成一种非等价关系。故而，在接下来的阿拉伯金币体系中，不同程度地出现了减重现象。1160 年继位的哈里发穆斯坦吉德时期（1160—1170 年在位），金币第纳尔的重量处于一种紊乱的状态，从 1.09 克到 2.67 克都有。

在银币方面，阿拉伯人对拜占庭也有影响。在最初的时候，阿拉伯人既采用了源自拜占庭的金币体系，改造为自己的第纳尔；又采用了源自波斯的迪拉姆（德拉克马），改造为自己的狄尔汗，这就导致产生了实质的复本位经济，以及货币兑换体系。[①]然而，如前所述，公元8世纪时，利奥三世发行的米拉瑞逊银币与传统的罗马样式的银币相去甚远，它是由一种很薄的金属片打制而成。以往的拜占庭银币——西力克或者是米拉伦斯，背面的纹饰是图案或者是花押字。而利奥三世发行的米拉瑞逊银币，背面的纹饰变成了五行字：LЄON / S CONSτ/ ANTINЄ Є/ CΘЄЧ bA / SILIS（蒙神之恩，利奥与君士坦丁为国王）。这种钱币的样式很有可能受到了阿拉伯狄尔汗的影响。

图6-64　拜占庭利奥三世米拉瑞逊银币，1.5克

不排除这样一种假设，从罗马帝国时代起，银币和金币就是两种并行的货币，但银币在罗马帝国时期持续贬值，以至于到了拜占庭时期，都没有建立起一个完整而可靠的银币体系。

银币的缺失，对日常生活中的货币经济将造成很大的影响。鉴于此，拜占庭开始借鉴阿拉伯的货币制度——最直接的表现就是重量和纹饰，尝试发行自己新的银币米拉瑞逊。为了让这种银币能够被市场接受并认可，法律规定1枚索利多金币兑换12枚米拉瑞逊银币，这样一来，米拉瑞逊银币的价值被大大提升，开始在市场上被广泛接受。

① ［英］伯纳德·路易斯：《中东两千年》，郑之书译，民主与建设出版社2020年版，第231页。

二、对法兰克的影响

在伊斯兰教兴起之前的西欧，正处在墨洛温王朝（公元481—751年）时期。当时的法兰克王国，有大量的黄金流入。出现这种现象的原因，历史学家争论不休，难以给出满意的答案。

由于阿拉伯伊斯兰政权与阿拉伯商人的兴起，拜占庭在地中海地区的商业活动开始走向没落。东方贸易和海商交通衰败所导致的一个后果就是职业商人在西方这一社会空间之内消失了。黄金流通是商业所带来的一种结果，因此，除了在意大利南部地区，西欧的黄金流通随商业衰败而消失了。[①]公元8世纪的各类合同、契约提到的价格，都是以谷物或者牲畜来标明的。[②]货币在中世纪早期更多的是起象征性作用，而市民和农民的日常贸易再一次依赖于自然经济。[③]墨洛温王朝所铸造的钱币就变成了金银合金币。这是因为东方的黄金已经停止流入了。高卢地区的黄金相当匮乏，以至于除了极个别情况外，自加洛林王朝矮子丕平和查理曼时代开始，就只能铸造银币了。[④]

加洛林王朝的丕平进行了货币改革，他的儿子查理曼大帝在

① ［比利时］亨利·皮朗：《穆罕默德与查理曼》，王晋新译，商务印书馆2021年版，第245页。

② ［比利时］亨利·皮朗：《穆罕默德与查理曼》，王晋新译，商务印书馆2021年版，第346页。

③ ［德］亨利·维尔纳：《全球货币进化史》，丁树玺译，世界图书出版公司2020年版，第70页。

④ ［比利时］亨利·皮朗：《穆罕默德与查理曼》，王晋新译，商务印书馆2021年版，第244页。

其基础上进一步完成了货币改革。丕平币制倾向于采用薄而大的币坯很有可能是受阿拉伯和萨珊的传统影响，而不是受到欧洲罗马过去任何货币制度的影响。公元 794 年前后，查理曼大帝重建币制，融合了东西方银币的做法，进一步改革度量衡。① 他或许是借鉴了阿拉伯人的重量标准，开创了全新的重量体系和货币体系，包含索利多和狄纳里，索利多仅有记账价值，并非实体钱币②，1 磅 = 20 盎司（索利多）= 240 狄纳里。

之所以说查理曼大帝的货币改革融合了东方和西方的货币制度，我们可以这样来理解：首先，他继承了罗马帝国的银币名称"狄纳里"，尽管此时它在东方是指金币。尼禄时期，狄纳里银币的重量是 12 盎司罗马磅（327 克）的 1/96，即 3.4 克。现存的查理曼大帝的银币狄纳里，重量为 1.7 克，正好是尼禄狄纳里的一半。由于 1 磅 = 240 狄纳里，故而当时的 1 磅 = 1.7 × 240 = 408 克。也就是说，此时的查理曼磅是罗马磅的 5/4。同时，1 索利多 = 12 狄纳里，这一标准似乎来自公元 8 世纪初拜占庭利奥三世时期规定的 1 枚索利多兑换 12 枚米拉瑞逊银币。但是同样的比例，由于查理曼大帝的银币更轻，12 枚狄纳里银币的重量仅为 20.4 克白银，这样一来金银兑换比就为 4∶5。由于金币索利多并不存在，只是记账使用，在这种将银币高估值的法律规定下，查理曼大帝创造的狄纳里银币开始流通起来。

---

① Robert Tye, *Early World Coins and Early Weight Standards*, York: Early World Coins, 2009, p.135.

② ［德］伯纳德·克鲁格：《世界钱币 2000 年》，杜涵译，中国友谊出版公司 2021 年版，第 44 页。

其次是关于盎司磅的不同标准。查理曼大帝和哈里发哈伦·拉希德是政治盟友，他们的宫廷之间存在大量的礼物往来。一个古老的法国传说讲述了哈伦众多礼物中有一套阿拉伯砝码，查理曼大帝正是基于此砝码建立了自己的重量标准。泰尔对这个问题的解释是，408 克 = 15 罗马盎司，每盎司是 27.2 克，正好为 10 枚狄尔汗银币的重量。于是查理曼大帝创造了 15 盎司磅。而银块与银币的兑换比为 16：15，因而银块盎司磅的重量为 16 罗马盎司 = 437 克。查理曼大帝从阿拉伯人那里得到的并不是一个绝对标准，而是一种度量衡理念。他的货币重量标准，就像他的货币设计一样，代表了东西方实践的融合。① 在同时期的西班牙，银币是 1/120 罗马磅（12 盎司磅 = 327 克），也就是 1 盎司的 1/10（2.7 克）。而加洛林王朝的银币是 15 盎司磅（408 克）的 1/240，也就是 1 盎司的 1/16（1.7 克）。

在换算上，西班牙银币：加洛林银币 = 8：5。

对于泰尔的解释，需要提出一些修正意见。首先，27.2 克与 10 枚狄尔汗的重量存在误差，误差至少为 2 克。从目前出土发现的阿拔斯王朝的狄尔汗铜权看，10 狄尔汗的铜权重量为 29.27 克，因此每狄尔汗的重量为 2.927 克。由于这枚铜权上明确写着阿拉伯铭文“عشرة”（10），因此可以确定为 10 倍狄尔汗的重量。② 29.27 克的铜权具有双重意义：29.27 克 ÷ 10 = 2.93 克，这

① Robert Tye, *Early World Coins and Early Weight Standards*, York：Early World Coins, 2009, p.136.

② Paul Balog, "Islamic Bronze Weights from Egypt", *Journal of the Economic and Social History of the Orient*, Vol. 13, No. 3(1970), pp. 233–256.

是一枚狄尔汗银币的重量；29.27 克 ÷ 7 = 4.18 克，这是一枚第纳尔的重量。接下来是问题的关键，我推测，在最初，1 第纳尔兑换 10 狄尔汗，这也许正是金币取名“第纳尔”（10）的本意。因此，这枚铜权重量除以 10 就是银币的重量；而“7”则有可能是当时的金银兑换比。于是，这个接近 30 克的铜权，既代表银币的重量，也代表金币的重量。很有可能哈伦·拉希德将这种铜权送给了查理大帝，并且告诉他铜权的作用。但是，查理大帝不能用这个铜权的重量除以 7，因为在欧洲金银之间的兑换不是按照这样的标准进行的。查理曼大帝有可能采用了拜占庭的 1∶18 这个兑换比，[①] 于是 29.27 克 ÷ 18 = 1.62 克，这样就非常接近真实货币的重量了。我们知道，29.27 克除以 18 得到的结果，应当是 29.27 克白银所价值的黄金的重量，也就是 29.27 克白银价值 1.62 克黄金，本来这个重量应当被赋予金币。但是，查理曼大帝的改革是推出银币，金币仅仅作为一种记账的货币。于是，他决定采用和金币一样的名字“狄纳里”来命名他的银币。

图 6-65　查理曼大帝狄纳里银币，1.62 克

1 索利多记账金币 = 12 狄纳里，12 枚狄纳里的真实重量是 1.62 克 × 12 = 19.44 克，按照 1∶18 这个兑换比，12 枚狄纳里价值 1.08 克黄金。而索利多金

① 参见石俊志：《拜占庭帝国的米拉瑞逊银币》，《金融博览》，2022 年第 7 期。

币的重量应当为 4.54 克，将实际价值 1.08 克黄金的银币在法律上提升到价值 4.54 克黄金，显然是有利于银币的流通的。

查理曼大帝的孙子秃头查理，于公元 864 年颁布了《皮特雷敕令》，敕令中不仅规定了狄纳里钱币的样式以及造币厂，还规定了新币的使用，以及对拒绝使用新币的惩罚。狄纳里银币在西欧具有很大的影响，许多西欧王国、封建领主甚至修道院都铸造狄纳里银币，此后的 500 年，被称为欧洲的“狄纳里时代”。同时，由于此时西欧缺乏金币，被定义为 30 狄纳里的金币曼库西作为一种货币单位被使用。“曼库西”来自阿拉伯语，专指金币。[①] 西欧国家也会仿制和阿拉伯第纳尔大致相同重量的曼库西。自 10 世纪起，欧洲的狄纳里改称便士。

三、对英国货币制度的影响

公元 700 年前后被哈里发阿卜杜勒·马利克所采用的 2.92 克的银币狄尔汗重量标准，在一个世纪之后被废弃，因为此后狄尔汗重量的标准为 2.97 克，2.92：2.97 = 15：16。但之后又被犹太人所复活，并成为中世纪银衡制（sterling）标准体系的源头。这里以英国的金衡制和重量体系为例进行说明。

在英国，至少是在 12 世纪之前，小麦格令的绝对重量大约是 0.0486 克。英国的货币单位“便士”，在古撒克逊语中为“pæning”，源自“狄纳里”这个单词。这种重量体系和加洛林王

---

① 罗比特·奈史密斯：《货币与时代：货币的多元性》，载［美］比尔·莫勒主编，［英］罗里·奈史密斯编：《货币文化史Ⅱ：中世纪黄金的盛宴与贸易兴起》，王小庆译，文汇出版社 2022 年版，第 204 页。

朝的是一致的。肯特的艾特尔伯特国王和后来的麦西亚的奥法国王——查理曼大帝的朋友和仰慕者——将这一改革推广到他们在不列颠群岛的王国内。① 奥法的便士银币相当成功，以至于1066年威廉征服后，征服者威廉决意拒绝颁布一项旨在将便士贬值的政策。② 英国货币存在两套重量体系。一是英国延续至今的金衡制（troye）体系：1 金衡制磅 = 12 金衡制盎司，1 金衡制盎司 = 20 金衡制便士，1 金衡制便士 = 32 小麦格令。因此，12 金衡制盎司 = 7680 小麦格令 = 373 克。二是银衡制体系：1 银衡制磅 = 12 银衡制盎司（tower ounce），1 银衡制盎司 = 20 银衡制便士，1 银衡制便士 = 30 小麦格令。因此，12 银衡制盎司 = 7200 小麦格令 = 350 克。因而，银衡制磅就正好等于 15/16 金衡制磅。③

根据英国货币两套重量体系的关系，来推演公元 700 年阿拉伯人的银币，仅有一处细节上的差异，即阿拉伯人采用的重量标准不是 32 小麦格令重量作为 1 金衡制便士，而是 64 小麦格令重量作为 1 狄尔汗银片（bullion dirhem）。类似的是，30 小麦格令重量的银衡制便士，被替换为 60 小麦格令重量的狄尔汗银币（coin dirhem）。于是，阿拉伯的 1 磅银片 = 12 盎司 = 10 × 64 小

① ［意］卡洛 · M. 奇波拉：《工业革命前的欧洲社会与经济》，社会科学文献出版社 2022 年版，第 235 页。

② ［美］彼得 · L. 伯恩斯坦：《黄金简史》，黄磊译，上海财经大学出版社 2020 年版，第 104 页。

③ Robert Tye, *Early World Coins and Early Weight Standards*, York: Early World Coins, 2009, p.129.

麦格令；1 磅银币 = 12 盎司 = 10 × 60 小麦格令。[①]

现代金衡制重量体系可以追溯到古代埃及的班加（beqa）体系。有两种途径可以理解班加体系。一是 16 金衡制盎司 = 497.7 克，非常接近于 1 弥那 = 40 班加 = 500 克。这样，金衡制和古代埃及标准都具有一个共同的标准。因此，16 盎司 = 32 × 20 × 16 = 10240 小麦格令；而 1 埃及弥那 = 256 × 40 = 10240 小麦格令。换句话说，这两种"磅"几乎一模一样。主要的不同是，16 金衡制盎司 = $2^6 \times 10 \times 2^4$，而 1 弥那 = $2^8 \times 10 \times 2^2$。二是通常来说，1 金衡制磅被分解为 12 金衡制盎司，而埃及的 40 班加（1 弥那）等于 16 金衡制盎司。[②]

在数学计算方面会发现一些有意思的地方。1 金衡制磅 = 7680 小麦格令，1 银衡制便士 = 30 小麦格令，于是 1 金衡制磅 = 256 银衡制便士。这样一来，"256"这个 2^8 的结果，就很容易将其通过二进制的方法拆解为银衡制便士。造币厂可以将 256 银衡制便士（1 金衡制磅）看作 16 银衡制盎司，每盎司含有 16 银衡制便士（256 = 16 × 16）。委托人带来 16 银衡制盎司白银，带回 15 银衡制盎司银币。这也就是说，委托人带来 240 金衡制便士，带回 240 银衡制便士。之所以如此，是因为下面这个等式：15 × 16 = 20 × 12。[③]因此，从数量上说，每打制 16 枚钱币，有 1 枚作为铸币税被收走；从重量上说，每 1 盎司白银，有 1/16 作为铸币税。

尽管金衡制重量体系与波斯的度量衡体系没有直接的联系，

---

①②③　Robert Tye, *Early World Coins and Early Weight Standards*, York: Early World Coins, 2009, p.129.

但还是有些重要的相似点。首先，非常重要的是，16 金衡制盎司的 497.7 克非常接近于波斯的 500 克 1 弥那。实际上，波斯后期库斯老二世的钱币，重量为 4.15 克，可以得出 120×4.15= 498 克，两者重量上已经十分接近了。由此也无法阻止我们认为，阿拉伯早期的科学家采用了波斯的弥那体系，这个重量体系经由犹太人传到中世纪的欧洲。其次，无论是 12 金衡制盎司的银片，还是银币，都被分为 120 狄尔汗。波斯人同样是将 1 弥那金属片分为 120 西格罗斯。当然，波斯的德拉克马和阿拉伯人的狄尔汗在重量上是不同的。按照银片标准，狄尔汗减少了 3/4，而按照银币标准，狄尔汗减少了 3/4×15/16 = 45/64 = 0.703125。[①]

表 6-1　英国与阿拉伯重量对比

英国			阿拉伯		
	金衡制	银衡制	银币	银片	
便士	32 格令	30 格令	60 格令	64 格令	狄尔汗
重量（×0.0486）	1.5552 克	1.458 克	2.916 克	3.1104 克	重量（×0.0486）
盎司（格令）	×20=640	×20=600	×10=600	×10=640	盎司（格令）
磅（格令）	×12=7680	×12=7200	×12=7200	×12=7680	磅（格令）
重量（×0.0486）	373.25 克	350 克	350 克	373.25 克	重量（×0.0486）
比例	16	15	15	16	比例

四、对西班牙货币制度的影响

在阿拉伯人占领下的伊比利亚，被称为“安达卢斯”（Andalus）。

① Robert Tye, *Early World Coins and Early Weight Standards*, York: Early World Coins, 2009, p.130.

公元 8 世纪初，安达卢斯的造币厂开始打制一种混合了拜占庭索利多与阿拉伯第纳尔风格的金币。这种金币发行于哈里发苏莱曼时期（公元 716 年），正面正中为一个八角星，四周为拉丁文币文“FERITOS SOLI IN SPAN ANXCI”。八角星是此前在西班牙打制的基督教金币的共同特点。金币背面则是阿拉伯语币文。这种双语钱币重 4.16 克，在阿拉伯人占领伊比利亚的最初两年被打制。其目的一是便于货币流通，保持此前的传统；二是便于对当地居民的宗教宣传。

图 6-66　倭马亚王朝苏莱曼时期在安达卢斯的金币，4.16 克

12 世纪，西班牙的基督教国王们向穆斯林收取贡赋。于是，穆斯林缴纳的金币在基督教国家就开始像他们本国的货币一样流通。在此之后，西班牙卡斯蒂利亚王国国王阿方索八世（1158—1214 年在位）开始制造金币，这便是已知的这些基督教王国最古老的金币。这些金币被称为马拉维迪（maravedí），其称谓来源于穆拉比特。穆拉比特是 11 世纪由来自撒哈拉的柏柏尔人在西非所建立的王朝。阿方索八世的马拉维迪金币保留了穆拉比特狄纳里金币的成色、重量和币文布局，币文表述也几乎一致，而且还是阿拉伯文的。这些模仿币大约持续到 1221 年。据 12 世纪来自西班牙的犹太人旅行家记载，当时伊斯兰国家境内的犹太人缴纳的

图 6-67　卡斯蒂利亚王国阿方索八世马拉维迪金币，3.86 克

人头税为一个第纳尔，他认为相当于 $1\frac{3}{4}$ 马拉维迪。[①]

12 世纪下半叶，穆瓦希德王朝入侵西班牙，并将他们的金币和银币带入半岛。当时穆瓦希德王朝使用的是 4.6 克的金币第纳尔，也被称为多乌拉。4.6 克等于此前卡斯蒂利亚马克的 1/50，以及 460 克磅的 1/100，这种磅正好是 2 马克。在此我们看到，重量标准米思考（4.6 克）就这样传播到西班牙。

图 6-68 穆瓦希德王朝叶尔库白·优素福第纳尔（多乌拉）金币，4.6 克

费尔南多三世（1217—1252 年在位）是第一位仿制这种多乌拉金币来替代马拉维迪金币的西班牙卡斯蒂利亚君主。这种多乌拉金币一直到 15 世纪末都是西班牙的金币单位。[②] 此时，马拉维迪作为一种计价单位，用于计算被称为迪内罗（狄纳里）的银铜合金币。费尔南多三世将 180 布尔戈斯狄纳里确定为 1 马拉维迪，将 96 莱昂狄纳里确定为 1 马拉维迪。[③] 此后，阿方索十世考虑到金币单位从马拉维迪变为多乌拉带来的短缺，开始制造马拉维迪银币。这一时期在货币领域做出的最重大的事情就是建立起了完整的银币体系。在更早以前，萨拉丁时期的艾尤卜王朝，以及再晚些的伊尔汗国、察合台汗国、金帐汗国的领域内也在面对黄金

① 《本杰明行纪》，李大伟译注，商务印书馆 2022 年版，第 398 页。

② ［西班牙］奥克塔维奥·吉尔·法雷斯：《西班牙货币史》，宋海译，中国金融出版社 2019 年版，第 153—154 页。

③ ［西班牙］奥克塔维奥·吉尔·法雷斯：《西班牙货币史》，宋海译，中国金融出版社 2019 年版，第 155 页。

的缺失。金币的打制都在减少，或者只是作为一种记账的货币。各个国家都在将银币作为基本货币。

在西班牙，具体来说，理论上金马拉维迪仍然是一种贸易结算单位，因此是一种计价货币。新的货币单位马拉维迪银币，重量在 5.40—6.00 克。这个重量标准在英国被称作四便士（四狄纳里）。我们可以推算出，当时的 1 便士的重量已经从查理曼大帝时的 1.7 克降至 1.5 克以下。6 马拉维迪银币 = 1 马拉维迪金币，这一比值使得金、银兑换比为 1 : 9。进一步讲，6 马拉维迪银币 = 36 克银 = 3.90 克金（马拉维迪金币）；7 马拉维迪银币 = 42 克银 = 4.60 克金（多乌拉金币）。[①] 但同时我们也可以发现，西班牙的 1 米思考金币多乌拉，价值 42 克银，假设换成 6 枚银币的话，则每枚银币应当为 7 克重，如前所述，实际上每枚马拉维迪银币只有 6 克重。与此类似的是，伊尔汗国合赞汗货币改革，将 1 米思考黄金确定为价值 6 枚重 2.16 克的狄尔汗银币。由此可见，为了解决黄金缺失问题而推行银币，各国不断地在提升银币的价值，银币逐渐走向虚币。

1469 年，半岛的卡斯蒂利亚王国的女王伊莎贝拉与阿拉贡王国的王储费尔南多结婚。费尔南多继承王位后，西班牙的卡斯蒂利亚和阿拉贡在政治上联合起来，成为西班牙帝国的真正缔造者，史称天主教双王时期。在这一时期，作为一种计价货币的马拉维迪金币，以及作为一种金币重量单位的多乌拉，在后世西班

① ［西班牙］奥克塔维奥·吉尔·法雷斯：《西班牙货币史》，宋海译，中国金融出版社 2019 年版，第 157 页。

牙产生了重要的影响。关于天主教双王时期的第一次货币改革，1475 年推出了一份货币比较：

卡斯蒂利亚的 1 里恩凯 = 435 马拉维迪

绶带多乌拉 = 335 马拉维迪

阿拉贡的 1 弗罗林 = 240 马拉维迪

卡斯蒂利亚的里亚尔银币 = 30 马拉维迪[①]

在当时，金币与银币的重量标准采用卡斯蒂利亚马克，即 50 多乌拉 = 230 克。伊莎贝拉女王给塞维利亚的造币厂的一封信函中命令道，金币的重量为每马克 25 枚。女王将这种重量为二倍多乌拉的金币，命名为艾克塞伦特金币，也就是“优质”金币的意思。同时女王命令银币里亚尔的重量为每马克 67 枚，[②]即每枚 3.43 克。这个重量标准和马木留克王朝的阿什拉夫金币一样，都是以地中海的达克特金币为蓝本的。

① ［西班牙］奥克塔维奥 · 吉尔 · 法雷斯：《西班牙货币史》，宋海译，中国金融出版社 2019 年版，第 174 页。

② ［西班牙］奥克塔维奥 · 吉尔 · 法雷斯：《西班牙货币史》，宋海译，中国金融出版社 2019 年版，第 175 页。

附　录

附录一 货币史大事记

1. 公元前后，阿拉伯半岛赛伯邑人开始使用贵金属称量货币。

2. 公元7世纪前，阿拉伯半岛人使用拜占庭金币、铜币以及萨珊波斯的银币。

3. 公元7世纪上半叶，仿制萨珊波斯德拉克马银币。

4. 公元660—690年，仿制拜占庭的索利多金币。

5. 公元692—694年，马利克货币改革第一阶段，发行拜占庭皇帝肖像的阿拉伯金币。同时发行萨珊样式的阿拉伯银币。

6. 公元694—697年，马利克货币改革第二阶段，发行哈里发肖像的阿拉伯金币。

7. 公元698年，马利克货币改革第三阶段，发行完全阿拉伯样式的金币第纳尔，重量为4.24克。

8. 公元700年，马利克发行阿拉伯样式的银币，重量为2.92克。

9. 麦蒙（公元813—833年在位）时期，出现了所谓的重狄尔汗，其重量大致和金币第纳尔一样，即4.25克左右。

10. 穆台瓦基里（公元847—861年在位）时期的金币第纳尔，出现了不同程度的减重现象。

11. 公元8世纪50年代，西班牙的后倭马亚王朝开始发行银币狄尔汗。

12. 公元9世纪下半叶，银币狄尔汗出现了不同程度的增重现象。

13. 10世纪初，法蒂玛王朝建立，并发行金币第纳尔，重量为4.15克。

14. 10世纪下半叶至11世纪上半叶，白益王朝统治时期，银币狄尔汗出现了混乱，同时银币开始大幅度减少。

15. 西班牙后倭马亚王朝阿卜杜勒·赖哈曼三世（公元912—961年在位）自称哈里发。也正是从这个时期开始，西班牙的后倭马亚王朝开始发行金币第纳尔。

16. 穆斯坦吉德时期（1160—1170年在位），金币第纳尔的重量处于一种紊乱的状态。

17. 13世纪上半叶，在银币消失了几乎三个世纪之后又重新被发行，并且重量标准与规格比较整齐。狄尔汗的理论重量约为2.8克。

18. 1284年，威尼斯发行达克特金币用于国际贸易，重量为3.5克左右。为了与之抗衡，马木留克王朝于1425年开始打制阿什拉夫金币，包含3.41克纯金。此后，阿什拉夫金币成为伊朗、奥斯曼、印度地区指代伊斯兰金币的标准名词，伊斯兰金币的重量标准开始发生重大转折。

附录二 术语表

中文	外文	含义
索利多	solidus	拜占庭金币，理论重量 4.54 克
弗里斯	follis	拜占庭铜币
弗鲁斯	fulus	阿拉伯铜币
罗马磅	liber	理论重量 327 克
德拉克马	drachm	古希腊、萨珊波斯的银币。萨珊波斯德拉克马重量约为 4.1 克
第纳尔	لدينر	阿拉伯金币，理论重量为 4.24 克
狄尔汗	لدرهم	阿拉伯银币，理论重量为 2.92 克。后期理论重量为 2.97 克
吉塔尔	jital	伽色尼王朝铜币，源自印度。理论重量为 3.52 克
天罡币	tanka	德里苏丹国银币，源自印度。理论重量为 96 拉蒂 =10.56 克
怯别币	kebeki	来自察合台汗国怯别汗。1 怯别狄尔汗的重量等于 1/3 米思考
米思考	mithqal	金币的重量单位，最初为 4.24 克
阿什拉夫币	Ashrafi	马木留克王朝发行的金币，理论重量为 3.4 克
阿克币	aqche	奥斯曼帝国的一种银币，重量约为 1 克
沙希币	shahi	波斯萨法维王朝银币
沙鲁克希币	shahrukhi	帖木儿王朝银币，约重 4.6 克
卢比币	rupee	莫卧儿王朝银币，约重 11.8 克
摩诃币	mohur	莫卧儿王朝金币，约重 10.8 克
弥那	mina	两河流域重量单位，约 500 克
班加	beqa	古代埃及重量单位，约 12.5 克。40 班加重量约为 498.6 克
得本	deben	古代埃及重量单位，约 91 克。5 得本约 455 克
克拉	carat	克拉是一种树种的重量，拉丁语中称为西力克（siliqua），希腊语称为赫拉特（χρατιον），通过阿拉米语转写的称为齐拉特（qirat）。叙利亚克拉重 0.212 克，希腊罗马克拉重 0.189 克

参考文献

[1] A Seminar at the University of Michigan, "Early Islamic Mint Output: A Preliminary Inquiry into the Methodology and Application of the 'Coin-die Count' Method", *Journal of the Economic and Social History of the Orient*, Dec., Vol. 9 (1966).

[2] Albert Hourani, *A History of the Arab Peoples*, Grand Central Publishing, 1991.

[3] Andrew S. Ehrenkreutz, "Studies in the Monetary History of the Near East in the Middle Ages: The Standard of Fineness of Some Types of Dinars", *Journal of the Economic and Social History of the Orient*, Vol. 2, No. 2 (May, 1959).

[4] David J. Wasserstein, "Coins as Agents of Cultural Definition in Islam", *Poetics Today*, Summer, Vol. 14, No. 2 (1993), Cultural Processes in Muslim and Arab Societies: Medieval and Early Modern Periods (Summer, 1993).

[5] George C. Miles, *The Numismatic History of Rayy*, The American Numismatic Society, 1938.

[6] Gladys Frantz-Murphy, "A New Interpretation of the Economic History of Medieval Egypt: The Role of the Textile

Industry（254-567/868-1171）”, *JESHO*, 1981.

［7］Haim Gitler, Matthew Ponting, “Chemical Analysis of Medieval Islamic Coin Dies”, *The Numismatic Chronicle*, Vol. 166（2006）.

［8］Harry W. Hazard, *The Numismatic History of Late Medieval North Africa*, The American Numismatic Society, 1952.

［9］Ingrid Schulze, Wolfgang Schulze, “The Standing Caliph Coins of al-Jazīra：some Problems and Suggestions”, The Numismatic Chronicle, Vol. 170（2010）.

［10］J.L.Bolton, “What is Money？What is Money Economy？When did a Money Economy Emerge in Medieval England？”, in Diana Wood, *Medieval Money Matters*, Oxbow, 2004.

［11］Jere L. Bacharach, “The Shahada, Qur Anic Verses, and the Coinage of 'ABD AL-MALIK”, *Muqarnas*, Vol. 27（2010）.

［12］John S.Deyell, “The Development of Akbar's Currency System and Monetary Integration of the Conquered Kingdom”, in John F. Richard（eds.）, *The Imperial Monetary System of Mughal India*, Oxford University Press, 1987.

［13］Kolbjørn Skaare, *Coins and Coinage in Viking-Age Norway*, Universitetsforlaget, 1976.

［14］Lionel Holland, “Islamic Bronze Weights from Caesarea Maritima”, *Museum Notes*（*American Numismatic Society*）, Vol. 31（1986）.

［15］Marie Martin, “The Reform of the Sixteenth Century

and Akbar's Administration : Metrological and Monetary Consideration", in John F. Richard (eds.), *The Imperial Monetary System of Mughal India*, Oxford University Press, 1987.

[16] Maya Shatzmiller, "Economic Performance and Economic Growth in the Early Islamic World", *Journal of the Economic and Social History of the Orient* , Vol. 54, No. 2 (2011) .

[17] Nayef G. Goussous, Khalaf F. Tarawneh, *Coinage of the Ancient and Islamic World*, Arab Bank, 1991.

[18] Norbert Oberauer, "Money in Classical Islam : Legal Theory and Economic Practice", *Islamic Law and Society*, Vol. 25, No. 4 (2018) .

[19] P.M.Holt, A.K.Lambton, B.Lewis, *The Cambridge History of Islam*, Vol. 2B, Cambridge University Press, 1975.

[20] Paul Balog, *The Coinage of the Mamlūk Sultans of Egypt and Syria*, The American Numismatic Society, 1964.

[21] Paul Balog, "Islamic Bronze Weights from Egypt", *Journal of the Economic and Social History of the Orient*, Vol. 13, No. 3 (1970) .

[22] Peter Spufford, *Money and its Use in Medieval Europe*, Cambridge University Press, 1988.

[23] Philip Grierson, "The Monetary Reforms of 'ABD AL-MALIK : Their Metrological Basis and Their Financial Repercussions", *Journal of the Economic and Social History of the Orient*, Oct., Vol. 3 (1960) .

[24] Richard J. Plant, *Arabic Coins and how to Read them*, B. A. Seaby ltd., 1973.

[25] Robert Tye, *Early World Coins and Early Weight Standards*, York : Early World Coins, 2009.

[26] Roman K. Kovalev, Alexis C. Kaelin. "Circulation of Arab Silver in Medieval Afro-Eurasia : Preliminary Observations", *History Compass*, No.5 (2007) .

[27] Rory Naismith, *Medieval European Coinage (Vol. 8) : Britain and Ireland (c. 400–1066)*, Cambridge University Press, 2017.

[28] Stuart D. Sears, "Before Caliphal Coins : Transitional Drahms of the Umayyad North," *American Journal of Numismatics*, Vol. 15 (2003) .

[29] Ziad Al-Saa'd, "Chemical Analysis of Some Umayyad Dirhems Minted at Wāsit", *Journal of the Economic and Social History of the Orient*, Vol. 42, No. 3 (1999) .

[30] [埃及] 艾哈迈德爱敏 :《阿拉伯伊斯兰文化史》(第 1 册), 纳忠译, 商务印书馆 2019 年版。

[31] [埃及] 艾哈迈德爱敏 :《阿拉伯伊斯兰文化史》(第 2 册), 朱凯、史希同译, 商务印书馆 2019 年版。

[32] [埃及] 艾哈迈德爱敏 :《阿拉伯伊斯兰文化史》(第 5 册), 史希同译, 商务印书馆 2019 年版。

[33] [埃及] 艾哈迈德爱敏 :《阿拉伯伊斯兰文化史》(第 6 册), 赵军利译, 商务印书馆 2019 年版。

[34][澳]莫文K. 刘易斯、[英]保罗 D. 米曾：《货币经济学》，勾东宁等译，经济科学出版社 2008 年版。

[35][比利时]亨利皮朗：《穆罕默德与查理曼》，王晋新译，商务印书馆 2021 年版。

[36][比利时]亨利皮朗：《中世纪的城市》，陈国樑译，商务印书馆 1985 年版。

[37][德]伯德史蒂芬格雷：《黄金：权利与财富的世界简史》，民主与建设出版社 2021 年版。

[38][俄]巴托尔德：《蒙古人入侵时期的突厥斯坦》，张锡彤、张广达译，上海古籍出版社 2011 年版。

[39][法]勒内格鲁塞：《草原帝国》，蓝琪译，商务印书馆 1998 年版。

[40][古希腊]斯特拉博：《地理学》，李铁匠译，上海三联书店 2015 年版。

[41][美] A.A. 瓦西列夫：《拜占庭帝国史》（第一卷），许家玲译，商务印书馆 2020 年版。

[42][美]埃尔顿丹尼尔：《伊朗史》，李铁匠译，东方出版中心 2016 年版。

[43][美]比尔莫勒主编，[德]斯特凡克姆尼切克编：《货币文化史 Ⅰ：希腊罗马时期钱币的诞生与权力象征》，侯宇译，文汇出版社 2022 年版。

[44][美]比尔莫勒主编，[美]斯蒂芬登编：《货币文化史 Ⅲ：文艺复兴时期假币盛行与信任危机》，文汇出版社 2022 年版。

[45][美]比尔莫勒主编，[英]罗里奈史密斯编：《货币文

化史Ⅱ：中世纪黄金的盛宴与贸易兴起》，王小庆译，文汇出版社 2022 年版。

［46］［美］布鲁斯坎普、斯科特弗里曼、约瑟夫哈斯拉赫：《货币经济学基础》（第四版），张庆元等译，中国金融出版社 2019 年版。

［47］［美］菲利浦希提：《阿拉伯通史（第十版）》，马坚译，新世界出版社 2008 年版。

［48］［美］理查德 W. 布利特：《9—12 世纪伊朗的棉花、气候与骆驼》，孙唯瀚等译，北京大学出版社 2022 年版。

［49］［美］鲁迪马特、威廉富勒、帕特里克克劳森：《伊朗货币史》，武宝成译，法律出版社 2019 年版。

［50］［美］欧文·费雪：《货币的购买力：它的决定及其与信贷、利率和危机的关系》，张辑译，商务印书馆 2021 年版。

［51］［美］托马斯特劳特曼：《印度次大陆：文明五千年》，林玉菁译，当代世界出版社 2021 年版。

［52］［美］希提：《阿拉伯简史》，马坚译，商务印书馆 2018 年版。

［53］［美］约翰 F. 理查兹：《新编剑桥印度史：莫卧儿帝国》，王立新译，云南人民出版社 2014 年版。

［54］［日］加藤繁：《唐宋时代金银之研究——以金银之货币机能为中心》，中华书局 2006 年版。

［55］［苏联］鲍里斯格列科夫、亚历山大亚库博夫斯基：《金帐汗国兴衰史》，余大钧译，商务印书馆 2021 年版。

［56］［塔吉克斯坦］阿西莫夫、［英］博斯沃思主编：《中亚

文明史》（第四卷），华涛译，中译出版社 2016 年版。

[57] [土耳其] 瑟夫科特帕慕克：《奥斯曼帝国货币史》，张红地译，中国金融出版社 2021 年版。

[58] [西班牙] 奥克塔维奥吉尔法雷斯：《西班牙货币史》，宋海译，中国金融出版社 2019 年版。

[59] [西班牙] 罗哥泽来滋克拉维约：《克拉维约东使记》，杨兆钧译，商务印书馆 1957 年版。

[60] [伊朗] 恰赫里亚尔阿德尔、[印度] 伊尔凡哈比卜主编：《中亚文明史（第五卷）对照鲜明的发展：16 世纪至 19 世纪中叶》（修订版），蓝琪译，中译出版社 2017 年版。

[61] [伊朗] 图拉吉达利遥义：《萨珊波斯：帝国的崛起与衰落》，吴赟培译，北京大学出版社 2021 年版。

[62] [意] 卡洛 M. 奇波拉：《工业革命前的欧洲社会与经济》，社会科学文献出版社 2022 年版。

[63] [印度] 帕尔梅什瓦里拉尔笈多：《印度货币史》，石俊志译，法律出版社 2018 年版。

[64] [印度] G.D. 古拉提：《蒙古帝国中亚征服史》，刘瑾玉译，社会科学文献出版社 2017 年版。

[65] [印度] 巴布尔：《巴布尔回忆录》，王治来译，商务印书馆 1997 年版。

[66] [英] 伯纳德路易斯：《中东两千年》，郑之书译，民主与建设出版社 2020 年版。

[67] [英] 大卫赛尔伍德、飞利浦惠廷、理查德威廉姆斯：《萨珊王朝货币史》，付瑶译，中国金融出版社 2019 年版。

[68][英]菲利普格里尔森：《拜占庭货币史》，武宝成译，法律出版社 2018 年版。

[69][英]吉姆哈利利：《寻路者：阿拉伯科学的黄金时代》，李果译，中国画报出版社 2020 年版。

[70][英]凯瑟琳伊格尔顿、乔纳森威廉姆斯：《钱的历史》，徐剑译，中央编译出版社 2011 年版。

[71][英]理查德霍尔：《季风帝国：印度洋及其入侵者的历史》，陈乔译，天津人民出版社 2019 年版。

[72][英]尼克梅休：《历史视野中的货币数量理论》，载[英]马克卡森、尼格尔哈希姆扎德主编：《经济史中的大数据：研究方法和案例》，白彩全、陈竹君、张妍译，社会科学文献出版社 2020 年版。

[73][英]帕特里克贝尔福：《奥斯曼帝国六百年：土耳其帝国的兴衰》，栾立夫译，中信出版社 2018 年版。

[74][英]斯坦利莱恩普尔：《伊比利亚八百年：摩尔人统治下的西班牙》，中国工人出版社 2022 年版。

[75][英]托马斯孟：《英国得自对外贸易的财富》，袁南宇译，商务印书馆 1959 年版。

[76][英]威廉阿瑟肖：《货币大历史：金融霸权与大国兴衰六百年》，张杰译，华文出版社 2020 年版。

[77][英]威廉斯坦利杰文斯：《货币与交换机制》，佟宪国译，商务印书馆 2020 年版。

[78][英]休肯尼迪：《大征服》，孙宇译，民主与建设出版社 2020 年版。

［79］［英］伊恩卡拉代斯：《古希腊货币史》，黄希韦译，法律出版社 2017 年版。

［80］《〈古兰经〉译注》，伊斯梅尔马金鹏译，宁夏人民出版社 2005 年版。

［81］《阿拉伯古代诗选》，仲跻昆译，人民文学出版社 2001 年版。

［82］《本杰明行纪》，李大伟译注，商务印书馆 2022 年版。

［83］《马可波罗行纪》，［法］沙海昂注，冯承钧译，商务印书馆 2012 年版。

［84］曾晨宇：《古希腊钱币史》，文物出版社 2019 年版。

［85］车效梅：《中东中世纪城市的产生、发展与嬗变》，中国社会科学出版社 2004 年版。

［86］程彤、吴冰冰、陈岗龙：《伊朗伊利汗朝各阶段重要钱币的文化解读》，载上海博物馆编：《丝绸之路古国钱币暨丝路文化国际学术研讨会论文集》，上海书画出版社 2011 年版。

［87］郭云燕：《罗马—拜占庭帝国嬗变与丝绸之路：以考古发现钱币为中心》，中央编译出版社 2022 年版。

［88］郭筠：《中世纪阿拉伯地理学研究》，山东大学出版社 2016 年版。

［89］哈全安：《“肥沃的新月地带”诸国史》，天津人民出版社 2016 年版。

［90］哈全安：《阿拉伯半岛诸国史》，天津人民出版社 2016 年版。

［91］哈全安：《阿拉伯伊斯兰国家的起源》，天津人民出版

社 2016 年版。

[92] 哈全安:《埃及史》,天津人民出版社 2016 年版。

[93] 哈全安:《哈里发国家史》,天津人民出版社 2016 年版。

[94] 哈全安:《伊朗史》,天津人民出版社 2016 年版。

[95] 贾比尔古麦哈:《四大哈里发论集》,潘世昌、赵新霞译,甘肃人民出版社 2012 年版。

[96] 金宜久:《伊斯兰教小辞典》,上海辞书出版社 2006 年版。

[97] 拉施特主编:《史集》(第三卷),余大钧译,商务印书馆 1986 年版。

[98] 蓝琪、刘如梅:《中亚史》(第三卷),商务印书馆 2018 年版。

[99] 蓝琪、赵永伦:《中亚史》(第二卷),商务印书馆 2018 年版。

[100] 蓝琪:《中亚史》(第五卷),商务印书馆 2018 年版。

[101] 李荣建、王鹏:《阿拉伯帝国为何没能产生重商主义?》,《阿拉伯世界研究》,2007 年第 6 期。

[102] 刘天明:《伊斯兰经济思想》,宁夏人民出版社 2001 年版。

[103] 马苏弟:《黄金草原》,耿昇译,中国藏学出版社 2013 年版。

[104] 马玉秀:《伊斯兰经济思想概论》,上海社会科学院出版社 2013 年版。

[105] 纳忠:《阿拉伯通史》,商务印书馆 1997 年版。

［106］尼扎姆莫尔克：《治国策》，蓝琪译，商务印书馆 2013 年版。

［107］裴成国：《中古时期丝绸之路金银货币的流通及其对中国的影响》，《吐鲁番学研究》，2021 年第 1 期。

［108］彭信威：《中国货币史》，上海人民出版社 2015 年版。

［109］沙特阿拉伯货币管理局：《沙特阿拉伯王国货币发展史》，李世峻译，北京师范大学出版社 2021 年版。

［110］沙宗平：《伊斯兰哲学》，中国社会科学出版社 1995 年版。

［111］石俊志：《拜占庭帝国的米拉瑞逊银币》，《金融博览》，2022 年第 7 期。

［112］石俊志：《萨珊王朝的第纳尔金币》，《金融博览》，2022 年第 9 期。

［113］宋岘、周素贞：《阿拉伯文古钱及其在中国的流传》，《西域研究》，1993 年第 3 期。

［114］苏丁哈伦、万那索非则万阿兹米：《伊斯兰金融和银行体系——理论、原则和实践》，中国人民大学出版社 2012 年版。

［115］王丹：《货币如何塑造我们的世界：一部全新的世界经济史》，天地出版社 2022 年版。

［116］王有勇：《阿拉伯货币的发展（一）》，《阿拉伯世界》，2000 年第 2 期。

［117］王正伟：《伊斯兰经济制度论纲》，民族出版社 2004 年版。

［118］吴云贵：《真主的法度——伊斯兰教法》，中国社会科

学出版社 1994 年版。

[119] 希罗多德：《历史：详注修订本》，徐松岩译注，上海人民出版社 2018 年版。

[120] 夏鼐：《西安唐墓出土阿拉伯金币》，《考古》，1965 年第 8 期。

[121] 伊本白图泰：《伊本白图泰游记》，马金鹏译，宁夏人民出版社 1985 年版。

[122] 伊本赫勒敦：《历史绪论》，李振中译，宁夏人民出版社 2015 年版。

[123] 伊本胡尔达兹比赫：《道里邦国志》，宋岘译注，华文出版社 2017 年版。

[124] 伊本马哲辑录：《伊本马哲圣训集》，穆萨余崇仁译，宗教文化出版社 2013 年版。

[125] 张锡模：《圣战与文明：伊斯兰与西方的永恒冲突》，生活读书新知三联书店 2016 年版。

[126] 张永庆、马平、刘天明：《伊斯兰教与经济》，宁夏人民出版社 1994 年版。

[127] 张宇燕、高程：《美洲金银和西方世界的兴起》，中信出版社 2016 年版。